西南大學創新團隊項目『古文字與出土文獻研究』（SWU2009108）

出土文獻綜合研究集刊

第十一輯

西南大學出土文獻綜合研究中心
西南大學漢語言文獻研究所
主辦

劉釗題

巴蜀書社

出土文獻綜合研究集刊

古文字和出土文獻研究的第一要義是求真、務實，亟望你們的刊物能辨出自己的特色，儘可能刊登有價值的文章。

裘錫圭

二〇二〇年一月十八日

目　録

Contents

殷墟卜辭所記考察

趙　誠

摘　要：殷墟出土的甲骨文中存在着大量的卜辭。對於這些卜辭如何理解、如何釋讀，大部分學者曾形成過一種共識。一直到20世紀50年代末，始有個別學者提出疑問並試圖另作新解，但經另一學者反駁遂告終結。大概又經過了十多年，才又有學者從不完全相同的角度提出疑問並提出自己的新解，隨之引起國際性的大討論，從20世紀的70年代延續到90年代，經過二十幾年，仍未形成共識。又經過二十多年的考察，似乎可以參考傳世文獻結合商代人的意識從另一角度作出解釋，特此提出，以供學界明鑒。

關鍵詞：命辭；貞；天意

一

殷墟甲骨文於19世紀末在河南安陽小屯村被發現，學術界經過近半個世紀的探索、考察、研究，確認這一批甲骨刻辭中有一大部分實屬卜辭。這些卜辭究竟記録了一些什麼内容？如何釋讀？學界曾經形成過一個觀念，認爲一條完整的殷墟卜辭由“前辭”“命辭”“占辭”“驗辭”四部分組成。如：

庚子卜，争貞：翌辛丑啓？　（《合集》3297正）

貞：翌辛丑不其啓？

王占曰：今夕其雨，翌辛丑啓。

之夕允雨，辛丑啓。　（《合集》3297反）

其中，“庚子卜，争貞”被稱爲“前辭”，或稱“叙辭”“序辭”。“翌辛丑啓”被稱爲“命辭”，或稱爲“問辭”“貞辭”。“貞：翌辛丑不其啓”被認爲是對貞辭中省去前辭的命辭。“王占曰：今夕其雨，翌辛丑啓”被稱爲“占辭”。“之夕允雨，辛丑啓”被稱爲“驗辭”[①]。這一些名稱都是現代學者根據研究並結合傳世文獻的記載所提出並確立的，是否符合當時占卜者們心中的概念，尚未得到證實。又，殷墟卜辭本無斷句，更無標點，以上所引卜辭的標點，乃20世紀50年代及之前多數學者根據對殷墟卜辭的理解所施。後來也有學者在“貞”字之後施以逗號或將“貞”字和後面的詞語連讀；還有學者在所謂的“命辭”之後不施問號而施以句號，等等。凡此種種，均是現代學者根據自己的理解或採用他人之説所進行的標點，是否符合商代人心目中的標點斷句觀念，尚待考證。關於卜辭由四部分組成的説法，可見於多部專著，如《中國甲骨學史》明確指出：“一條完整的卜辭，常由以下四個部分所組成：叙辭（或稱述辭、前辭），首先記叙占卜的時間、地點和占卜者；命辭，即命龜之辭，向龜陳述要貞問的事；占辭，即因兆而定吉凶；驗辭，占卜之後記録應驗的事實。”[②]又如《甲骨學小辭典》“前辭”條下注云：“一條完整的卜辭是由‘前辭’（叙辭）、‘問辭’（命辭）、‘占辭’和‘驗辭’四部分組成。”[③]再如《中國大百科全書·考古學》（第441頁）云：“一條完整卜辭，應包括叙辭、命辭、占辭、驗辭等項。”如《殷虚文字丙編》第247片：

甲申卜，㱿，貞婦好娩嘉。王占曰：

其隹丁娩，嘉。其隹庚娩，弘吉。

三旬又一日甲寅娩，不嘉，隹女。

考釋云：此辭之“甲申卜，㱿”即“叙辭”，爲貞卜日期及貞人名；“貞婦好娩嘉”爲所問之事，稱“命辭”或“貞辭”；“王占曰：其隹丁娩，嘉。其隹庚娩，弘吉”，爲商王親自視兆占問以判斷吉凶，稱“占辭”；“三旬又一日甲寅娩，不嘉，隹女”，爲卜後31日，事情應驗，記其結果而補刻，即“驗辭”[④]。

這一解説和對所引卜辭的標點，與其他各家略有差别，如“貞”字下未斷開

①參看陳夢家《殷虚卜辭綜述》，科學出版社，1956年，第86頁。

②吴浩坤、潘悠：《中國甲骨學史》，上海人民出版社，1985年，第86頁。文中所説“命龜之辭”，可能與傳世文獻所記有關。《禮記·雜記上》：“大夫之喪，大宗人相，小宗人命龜，卜人作龜。”《十三經辭典·禮記卷》：“命龜，占卜前將所卜之事告龜。”（陝西人民出版社，2011年，第182頁）古人爲什麼要在占卜之前將所要貞問之事告訴龜呢？爲的是預知吉凶。《易·繫辭上》：“探賾索隱，鉤深致遠，以定天下之吉凶，以成天下之亹亹者，莫大乎蓍龜。”這大概是周或周以後之觀念。殷商時代是龜甲獸骨並用，有些卜辭，用獸骨比用龜甲還要多，似不宜用這些觀念來硬套。

③孟世凱：《甲骨學小辭典》，上海辭書出版社，1987年，第139頁。

④《中國大百科全書·考古學》於1986年8月由中國大百科全書出版社出版。文中所引《殷虚文字丙編》，著作人爲張秉權，該書於1962年在臺北出版，所引第247片，見於該書中輯（一）第231頁。該書的釋文、標點如下：

甲申卜，㱿貞：（帚）好娩嘉？王占曰：其隹丁娩。嘉。其隹庚娩。弘吉。三旬又一日寅娩。

不嘉。隹女。

兩相比較，可以明顯發現略有不同，此不贅。需要説明的是：

而連下讀；肯定“貞婦好娩嘉”“爲所問之事”而不施以問號；稱“命辭”或“貞辭”，等等。但肯定一條完整卜辭應包括四個部分，則與以上各家所述相同。由此可見，一條完整的卜辭應包括四個部分已爲學術界大多數學者所認可。但也有個别學者另有看法，如李學勤於所著《失落的文明》一書中肯定（第26頁）：“完整的卜辭包括上面提到的署辭、前辭、貞辭、兆辭、果辭、驗辭六部分。”該書於1997年12月由上海文藝出版社出版，至今已過二十多年，未見有明顯的贊同者。從另一個角度也説明，殷墟甲骨卜辭究竟記載了一些什麼内容，這些内容宜分爲幾個部分，各個部分應該如何定名，這些問題是可以再考察、再研究、再討論的。

值得注意的是，原來所定四個部分中的“命辭”，其後爲什麼要施以問號？即使不施以問號爲什麼也要認爲是“所問之事”？學者們基本上認爲是由於“命辭”中的那個“貞”字。《説文・卜部》：“貞，卜問也。”《周禮・春官・大卜》：“凡國大貞，卜立君，卜大封。”鄭玄注引鄭司農云：“貞，問也。國有大疑，問於蓍龜。”學者們根據這些記載，確認卜辭中“貞”字下面的那一部分詞語爲貞問之内容，所以被稱爲“問辭”或“命辭”①，正因爲有那個“貞”字，所以又被稱爲“貞辭”，因是貞問之語，故其詞語之末多施以問號。郭沫若《卜辭通纂序》：“貞下辭語當付以問符。”《殷契粹編》425片考釋：“凡卜辭，本均是疑問語。”一直到20世紀50年代將近末期，學術界多從之不疑。

到了1959年，饒宗頤在所著《殷代貞卜人物通考》一書中明確指出：“舊説於貞字下，每施問號，多不可通。”②謂“貞”字之下，即舊説之命辭，則“貞”字究竟應該是何義呢？饒氏結合傳世文獻肯定，其義有四：1.“貞字有取疑問語氣者，爲‘貞問’之義”，“此指貞卜動作之過程言之”；2.“訓‘當’，此指貞卜之職掌言之。《書・洛誥》：‘我二人共貞。’《釋文》引馬融云：‘貞，當也。’……當猶言當值”；3.“專言‘正龜’，引申爲事之‘正’，此指貞卜之手

（接上頁）釋文中的“殻”是個代替字，兩家的隸定也不完全相同，在此是一個貞人名。

釋文中的“帚”是個半殘的字，從另一條辭可以確定是這個字，因爲原字半殘，所以在字外加一個括號。“帚”這個字，公認是後代的“婦”字，所以，引者直接釋爲“婦”。

釋文中的“嘉”爲郭沫若所釋，見郭氏《殷契粹編考釋》160頁第1233片釋文。郭氏所釋已基本上爲學界認可，如于省吾主編《甲骨文字詁林》第一册475頁第5行按語即肯定郭沫若讀作嘉是對的。由於原字從女從力，故有學者仍將此字隸定爲從女從力。

釋文中的“占”字，原文的構形是在“占”形之外還有一個方框，有學者如張秉權就認爲此字“即占字”，見《殷虚文字丙編考釋》第5頁。也有學者認爲兩種構形同訓，見《甲骨文字詁林》第四册3422頁。《説文・卜部》：“占，視兆問也。从卜，从口。”與卜辭用義合，所以有學者將此字直接釋爲“占”。

所引《丙編》第247片，亦見《乙編》7731，即《甲骨文合集》14002正，可參看中華書局1988年出版之《殷墟甲骨刻辭摹釋總集》。

①參見吴浩坤、潘悠《中國甲骨學史》，第86頁。

②饒宗頤：《殷代貞卜人物通考》，香港大學出版社，1959年，第71頁。

續及其結果言之”；4.“訓‘定’，又以‘鼎’代貞。貞訓正，故引申爲定”①。簡而言之，饒氏以爲貞字之下，有的爲問句，有的則不是問句。不久，張秉權在《殷虛文字丙編》中輯（二）之《殷虛文字丙編考釋》中對饒氏所説貞下不是問句的那三類用義逐一加以反駁。張氏指出：“經傳中的貞字，有種種不同的解釋，講卜辭的人自然應該詳辨的，正因爲貞字有許多不同的解釋，所以我們必須選擇一個恰當的意義去解釋卜辭中的序辭中的‘貞’字。如果要把經傳中所有的那些貞字的意義，分别去解釋那個貞字，反而會使卜辭弄得‘不可通’的。”②具體而言：1. 饒氏所引《粹編》1424片上面的“貞”字，其下的“旬亡禍”，張氏以爲“還是應該施以問號”，否則“命辭而非疑問，占卜所謂何來”？2. 饒氏在第（3）義訓“正”的一節，引了兩條有“吉正”的卜辭，張氏指出，這兩條“吉正”都是殘辭，這一類卜辭中的“正”字，是否與經傳中的“正龜”之事有關，“實在還是問題”。張氏因此特别强調：“其不能用以解釋卜辭的序辭中的貞字，則可斷言。”3. 饒氏在第（4）義訓“定”的一節中，列了“同版鼎與貞並見”的一例作爲證據，張氏指出，這只能證明“貞字的異體可作鼎狀”，“却不能證明‘鼎或貞’當訓‘定’，也不能説在那二條卜辭之下加上問號，便不可通了”。張氏不批駁饒氏所説貞有貞問義，顯然是肯定貞就是貞問義。由此可知饒、張二氏並非完全不同。同時也説明，弄清楚卜辭中的“貞”字的用義對理解卜辭究竟記載了一些什麽内容關係重大。

張著問世多年，未見饒氏有任何回應，想來已經默認。饒氏雖然未另外著文補充説明，但他提出的那一點異議也在實際上引導着某些殷墟卜辭的研究者從不同的角度進行各種各樣的思考和假設，從而推論、求證出各種類型的結論。

二

1972年，美國加州大學伯克利分校的吉德煒（David N. Keightley）教授，在提交給太平洋沿岸亞洲研究學會於加州蒙特利舉行的會議的論文《釋貞——商代貞卜本質的新假設》一文中從另一個角度提出了命辭不是問句的意見。吉氏認爲：甲骨文中卜辭之“命辭”不是疑問句，而是一個有關未來之陳述命題。這些“命題”之文法亦皆無任何問句形式，若將其視爲某種“意圖”或“預見”之宣示，則有關甲骨文卜辭之命辭上的許多困難，便可迎刃而解。他還指出，《説文》釋“貞”爲

①饒宗頤：《殷代貞卜人物通考》，第70—71頁。
②張秉權：《殷虛文字丙編考釋》，臺灣“中研院”史語所，1965年，第444—447頁。

“卜問”，乃屬後起之解釋。言下之意也就是説，《説文》的解釋不能證明甲骨文的“貞”就是“卜問”之義。於是，吉氏最後將卜辭的“貞”和“正”聯繫起來，而釋序辭中之“某（貞人）貞”爲“由某（貞人）正之”。於此可以隱隱感到和饒宗頤某種觀點的聯繫。吉氏之説，高嶋謙一有詳細的評述和修正，後面介紹的張玉金《殷墟卜辭命辭語言本質及其語氣研究述評》一文，可供參考。

美國芝加哥大學夏含夷（Edward L. Shaughnessy）教授主編的《中國古史新資料：銘文、寫本釋讀導論》（中譯本改名爲《中國古文字學導論》）[①]第一章《商代甲骨文》由吉德煒撰寫，所引卜辭在解釋時，多數用現代口語加以今譯，對於瞭解吉氏關於殷墟卜辭的看法頗有幫助。如該書中譯本58頁引了這樣一條辭：

乙未卜行貞：王其田亡災。在二月在狽[②]卜。　《合集》24474

吉氏解釋云：“在乙未（第32天）灼兆，行預測：‘如果王田獵，將没有災害。’在第二月，是在狽占卜的。”由此，可以清楚地知道，吉氏把“卜”解釋爲“灼兆”，把“貞”解釋爲“預測”。既然認定卜辭的“貞”表示“預測”之義，則其後之語句即所謂命辭之後自當施以句號。另外，由吉氏的這一解釋也可發現，吉氏的看法也是在發展的。

前面提到的吉德煒的那一篇文章的要點，法國學者雷焕章（Jean A. Lefeurre）在《法國所藏甲骨録》（臺北光啓出版社1985年）的釋文裏有概括説明，似表示贊成其説。華盛頓大學的舒璉（Paul L-M. Serruys）於1974年刊登在《通報》卷60的《商代卜辭語言研究》一文中，也以爲命辭不是問句，並以“正”“定”來解釋“貞”，主張卜辭貞卜之“貞”的意義近似於檢驗、校正，命辭的内容即指需要檢驗、校正的行動方針。他還批評了有些學者認爲卜辭裏常見的“其”和“唯”以及出現在句末的某些“乎”和“不”是表疑問的語詞的看法。

到此爲止，關於殷墟甲骨卜辭的所謂命辭，學術界已經有了多種看法：

1. 全是問句；

2. 有部分問句，其他不是；

3. 全不是問句，而是“預測”的内容；

4. 全不是問句，而是“檢驗”“校正”的行動方針。

① ［美］夏含夷主編，《中國古文字學導論》翻譯組譯：《中國古文字學導論》，中西書局，2013年。

② “狽”字原釋作䮃，作者表示懷疑，特在該字後面加了一個問號。該字究竟是一個什麼字，待考。從文例可知，此字在此表示地名，姑且寫作狽字。

三

1980年，李學勤在《關於自組卜辭的一些問題》[①]一文中指出“在自組卜辭中還有一個語末助詞‘艮’”[②]，“和‘不’在句中的作用相同”。如：

丙辰卜，丁巳其陰不？允陰。[③]　　《合集》19781

丙辰卜，丁巳其陰艮？允陰。　　《合集》19780

李氏又指出：“‘艮’還可以和另一個助詞‘執’結合起來”，“正問用助詞‘艮’，反問用助詞‘執’（有時相反）”。如：

癸酉卜，王貞：自今癸酉至於乙酉，邑人其見方艮？不其見方執？一月。　　《合集》799

癸酉卜，貞：方其征今二月艮？不執？余曰：“不其征。”允不。　　《合集》20411[④]

到了1982年，斯坦福大學教授倪德衛（David S. Nivison）在提交給在美國檀香山舉行的商代文明國際討論會的論文《The “Question” Qustion》[⑤]一文中充分肯定了李氏之説：“李教授有趣的分析辨認出了商代語言中的質問（語助詞、語尾否定）。”由此承認只有師組卜辭的命辭裏有一些帶有語法標誌（如抑、執）[⑥]的問句，並論定一般的命辭實非問句。可以看得很清楚，李氏和倪氏所承認的卜辭命辭中存在的問句是由助詞來表示的，與“貞”字無關，這就和饒氏等所説之命辭中有問句不同，可以説是關於卜辭命辭的第5種觀點。

後來，芝加哥大學教授夏含夷（Eduard L. Shaughnessy）、加拿大英屬哥倫比亞大學教授高嶋謙一（Ken-ichi TAKASHIMA）、法國學者雷焕章（Jean A. Lefeurre）等也主張命辭非問句，觀點與倪氏相近。

---

①李學勤：《關於自組卜辭的一些問題》，《古文字研究》第三輯，中華書局，1980年。自，有的學者釋爲師。

②李氏釋爲艮，是一個誤會，學術界基本上認同此字𠨘實是“印”即“抑”字，其詳可參看《甲骨文字詁林》。

③卜辭標點一依李氏。

④卜辭中的“征”，原字作𤰈。甲骨文另有一個𤴓。有學者認爲此二字相同，只是繁簡之別。也有學者認爲，此二字用義有別。還有學者認爲，如果征伐敵人，這兩個字都可以用來表示“征”，如果是敵方來侵犯，只見用𤰈，仍似有別。故略作説明，其詳可參看《甲骨文字詁林》第一册第0823和0821號字頭下。

⑤裘錫圭譯爲《問句的問題》，陳煒湛譯爲《問“問”》。

⑥請注意，此文已直接釋爲“抑”，而不釋爲“艮”。

李學勤最初也認爲“殷墟卜辭大多爲問句”[①]。到了1983年，李氏在《續論西周甲骨》一文中則明確表示：“我們在《幾點研究》一文中，認爲有些是問句，有些不是，這個看法是錯誤的，現在應該更正。”[②]他的理由是：西周卜辭在全辭最後常有“斯正”“斯又（有）正”“斯尚（當）”一語。“正”“有正”和“當”三者意義相同，殷墟黄組卜辭辭末也常有“正”或“有正”。古代“貞”“正”二字相通假，所以洪洞坊堆卜骨辭尾的“貞”也就是“正”，恰與《周易》文例相合。因此，李氏肯定：“既然西周卜辭的‘斯正’‘斯有正’之類不是問句，殷墟卜辭的‘正’‘有正’也肯定不是問句。”並表示：“卜辭是否問句，近年在學術界是一個争論問題，涉及對所有卜辭的理解。”[③]李氏的觀點發生變化，從其論述來看，當是源於對西周卜辭的進一步研究。如果稍作深入分析，可以發現，李氏確也受到從饒氏以來各家論證的影響。從實際的論證來看，李氏與倪氏的觀點有一定差别，與其他各家也有所不同。到此爲止，對卜辭命辭有不同看法者已有六種類型。

四

1987年，裘錫圭提交給在安陽召開的中國殷商文化國際學術討論會一篇論文，題目爲《關於殷墟卜辭的命辭是否問句的考察》[④]。在文章裏，裘氏表示：“命辭是否問句的問題‘涉及對所有卜辭的理解’。對這樣重要的問題有必要繼續進行研究和討論，以求取得比較一致的認識。”“主張命辭不是問句的學者，大都撇開《説文》的定義，對‘貞’字另作解釋。但是正如倪（德衛）文已經指出的那樣，‘貞’字的意義實際上並不能决定跟在它後面的命辭的語氣。所以我們不想涉及‘貞’字的解釋問題，只準備具體討論一下在殷墟卜辭裏，究竟有哪些可以確定的問句，有哪些可以確定不是問句。”裘文的論述主要有這樣幾點：

1. 裘氏同意李（學勤）氏之説，認爲殷墟卜辭裏用在句末的“抑”和“執”是疑問語氣詞，用這種語氣詞的句子是問句，並列出了51例爲證[⑤]。另外，裘氏發現《合集》20196有兩條卜辭，一條辭末有“抑”字，一條辭末無“抑”字。裘氏指

①李學勤：《西周甲骨的幾點研究》，《文物》1981年第9期。

②李學勤：《續論西周甲骨》，香港中文大學《中國語文研究》第7期。

③（编者按）參見前文“二”的相關内容。

④此文1988年刊於《中國語文》第1期，後收入裘氏的《古文字論集》（中華書局1996年）第249—276頁。

⑤其中21例爲李氏原有。

出："這兩條卜辭大概也是正反對貞的關係，但反面命辭未加'抑'字，似可説明不加句末疑問語氣詞的命辭也有可能是問句。"裘氏還發現："在殷墟卜辭裏，句末用疑問語氣詞'抑'和'執'的，實際上並非只限於師組。"他一共發現了6條，但僅列出了4條。其中2條爲賓組（另有2條即《合集》797和798，是用"抑"和"執"的殘辭，未列，裘氏以爲，從字體看，大概也屬賓組）：

壬午[卜]，争貞：□其來抑，不其來執。　　《合集》800

貞：御婦抑，勿執。　　《合集》802

另有兩條爲午組（僅句末有一"抑"字）：

壬戌卜：蔡侯□余□乎見君以蔡侯抑。　　《合集》22065

□申卜：束御子自祖庚至于父戊抑。　　《合集》22101

裘氏認爲"這兩條也應是問句"。這幾條辭例説明，不僅非王卜辭有這種現象，王卜辭也有這種現象。

2. 裘氏首先列出《粹編》425一片師組殘甲上部的二辭：

丁未卜，扶：又咸戊、學戊乎。

丁未，扶：又咸戊牛。不。　《合集》20098（《粹》425 +《甲》264）

郭沫若於《殷契粹編考釋》66頁下解釋説："案此二詞，一綴以'乎'，一綴以'不'，蓋均表示疑問之語詞，不者否也。凡卜辭本均是疑問語。"舒琜不同意郭沫若關於"乎"的意見。他認爲如果命辭是問句，"乎"是句末疑問語氣詞，"爲什麽在大量所謂問句裏只有一個用'乎'的例子呢？"（《通報》卷60第1—3，23頁）裘氏指出："在師組卜辭中，跟上引同類型的以'乎'結尾的命辭，實際上是屢見的。"隨之列出了14條同類型的辭，並表示："既然師組卜辭中'乎'字句屢見，郭説是不是就可以成立呢？那倒不一定。上引各辭都是卜祭之辭，而且句式相當一致，'乎'字一般緊接在被祭者之名後面，前邊不出現牲名等詞。如果'乎'確是疑問語氣詞，爲什麽只在這種句子裏出現呢？它會不會指跟祭祀有關的某件事呢？所以用'乎'字結尾的這種命辭究竟是不是問句，還有待研究。"①

3.《合集》6252有三條辭：

貞：呼伐吾方才。②

辛亥卜，古貞：于。

貞：勿人才。

其中的1、3兩辭屬所謂的相間刻辭。第2辭的命辭僅有一個"于"字，無義可説，裘氏以爲"其後當有未刻出的字"。由此裘氏進一步提出了一個疑問："兩條

① 《殷契粹編考釋》第425片釋文，郭沫若肯定辭末之"乎"是"表示疑問之語詞"。管燮初《殷墟甲骨刻辭的語法研究》一書採用郭説，肯定"乎"字在卜辭裏已經是疑問語氣詞，在學術界頗有影響。裘氏在這裏如此指出，實有一定的針對性。

② 吾，方國名。

同版卜辭（指1、3兩辭）的‘才’字之後，是否也有未刻出的字呢？”

《合集》34406有這樣一條辭：

……五牡二……用才。

裘氏指出，這一辭“説不定也屬這種情况”，如是，這三條辭的“才”就不是句末語氣詞，不構成問句①。

4. 殷墟刻辭有“不”字，有學者認爲，有的“不”字“可置於句末表示疑問”，“猶如後世之‘否’”②。裘氏把“末尾爲否定詞‘不’的卜辭跟有關的卜辭聯繫起來進行考察”，發現事實並不如此。裘氏指出：“卜辭末尾的‘不’字實際上並不屬命辭，而是簡化的驗辭或用辭。”

（1）屬驗辭者，如《合集》21052有一對正反對貞的師組卜辭：

癸酉卜：自今至丁丑其雨。不。

自今至丁丑不其雨。允不。

前一辭的“不”，等於説“不雨”；後一辭的“允不”等於説“允不雨”。這一類型的卜辭也見於賓組早期，如《合集》12909：

庚申卜：辛酉雨。允雨。

壬戌雨。不。

癸亥雨。不。允雨。

也見於歷組，如《合集》33874：

甲戌卜：丁丑雨。允雨。

己卯卜：庚辰雨。允雨。

庚辰卜：今日雨。允雨。

庚辰卜：辛巳雨。不。

（2）屬用辭者。裘氏指出：“在殷墟卜辭裏，最常見的表肯定的用辭是‘兹用’和‘用’；最常見的表否定的用辭是‘不用’和‘不’。”隨之强調用辭一般刻於兆旁，這種用辭“不”的性質明確，不會引起誤會。如《小屯南地甲骨》783爲歷組卜辭，在六個卜兆旁刻有用辭，兩個刻“兹用”，四個刻“不”。這種用辭“不”，因刻在兆旁，非常明確。“但是，當用辭‘不’刻於卜辭之末時，就很容易被誤解爲是命辭的一部分了。”如《合集》19906：

又六妣一豕。不。

六妣即日。用。

---

①郭沫若《殷契粹編考釋》（第552、1089頁）：“把這三條卜辭的‘才’都讀爲‘哉’。”王力《漢語史稿》中册449頁指出，表示疑問語氣詞的“哉”在古漢語裏常用於反詰問句，“而且要靠疑問代詞或反詰副詞的幫助，才能表示反詰”。裘氏據此認爲，把那三條“卜辭的‘才’讀爲‘哉’顯然是不合適的”。所以裘氏所説確有針對性，但也尚可研究。

②參見《甲骨文字詁林》第三册第2507頁。

最後裘氏論定："卜辭末尾的否定詞'不'，有些是驗辭，有些是用辭，我們還没有發現任何確與後世的'否'相當的用例。"

5. 裘氏認爲"'V不V'式卜辭，包括用否定詞'弗'的同型卜辭'V弗V'"，"是由命辭和驗辭構成的，並非反復問式的命辭"。如：

癸未卜：甲申雨。允雨。

癸未卜：乙雨。不雨。

癸未卜：丙戌雨。不雨。　　　　《英國所藏甲骨集》2429①

癸巳卜：乙未雨。不雨。

己酉卜：庚戌雨。允雨。　　　　《小屯南地甲骨》4399

裘氏認爲，以上兩版均爲歷組卜辭，從同版其他的辭可以看出，"雨不雨"不能連讀，"應該分成命辭和驗辭兩部分"。後面的"不雨"爲驗辭②，並進一步指出，既然"不雨"爲驗辭，則前面的"乙未雨"這一命辭就應是非問句。非問句表示肯定，則後面才能是驗辭。裘氏由"不雨"爲驗辭，根據辭例文意推論出"不啓""不鍚日"也都是驗辭。如：

壬子卜：今日雨。不雨。　　　　《合集》33889

戊申卜：啓。不啓。　　　　《合集》33974

甲辰卜：乙巳鍚日。不鍚日，雨。　《合集》34015

最值得注意的是裘氏列出了這樣兩條卜辭：

己未卜：今日雨。己不雨。　　　　《合集》33895

丁雨。丁未不雨。　　　　《屯南》254

裘氏指出，這兩辭"如果省去了'己'和'丁未'，我們就有可能會把'雨不雨'連起來讀"，産生誤會③。最後，裘氏論定："我們還没有找到一條確切無疑是選擇問句或反復問句的命辭。"④

6. 裘氏明確表示："倪（德衛）文認爲，既然卜辭中確有句末疑問語氣詞，因此不帶句末疑問語氣詞，同時也無法從其他方面能證明是問句的命辭就都應該看作

①釋文次序、標點一依裘氏。

②其實，這種"雨不雨"式卜辭不能連讀，早在1985年由北京中華書局出版的《小屯南地甲骨考釋》第125—126頁，姚孝遂、肖丁二氏就已指出，並肯定《屯南》"己酉卜：庚戌雨。允雨"的"允雨"爲"驗辭"，則"癸巳卜：乙酉雨。不雨"之"不雨"，"亦當爲驗辭無疑"。

③裘氏所列第1辭《合集》33895，拓片左半不太清楚，《殷墟甲骨刻辭摹釋總集》的釋文是："己未卜：今日雨。丁未雨。"即使是《總集》的釋文正確，也不能否定裘氏的論斷。

④裘氏在這部分的最後，曾列出了這樣一條卜辭：

癸酉卜，出貞：旬有亡□在入（内）。　　　　《合集》41228

裘氏指出，辭中的"有亡"相當於現代漢語"有没有"，所以"肯定是一個問句"。但是裘氏又因這條卜辭是摹本，並肯定"這種叠用'有亡'的句式在已著録的卜辭中是一個孤例"，從而斷定"此辭可能有誤刻或誤摹之處"，所以不用作論證的根據。《殷墟甲骨刻辭摹釋總集》也斷定這一條辭是"僞刻"，本可置而不論。但僅此一條，又相當重要，爲了慎重起見，姑且附在這裏，以供進一步研究。

非問句。這個意見我們不能同意。”因爲“漢語裏問句不用句末疑問詞的情况相當普遍，是非問句跟陳述句除了語調之外可以毫無區别”。如《尚書•西伯戡黎》：“我生不有命在天？”《老子》：“功成而不居，其不欲見賢？”《漢書•薛宣傳》：“虞帝之明，在兹壹舉，可不致詳？”均未用句末語氣詞。因此“不能肯定字面上無問句特徵的命辭一定不是問句”。要證明不是問句，裘氏强調：“必須拿出正面的證據來！”倪文在論證命辭不是問句時，舉出過一些具體的實例，裘氏認爲“這些論證恐怕都有問題”，並一一予以反駁。此從略。

李（學勤）文曾指出殷墟卜辭的“正”“有正”肯定不是問句。裘氏認爲這一論證“也是可以商榷的”。裘氏指出“周原卜辭的‘囟’究竟應該讀爲‘斯’還是讀爲‘思’，或者應該讀爲别的什麼字，現在還難以斷定。即使確實應該讀爲‘斯’……也不能説‘斯正’‘斯有正’等語一定不是問句。至於不用‘斯’字的‘正’‘有正’等語表示何種語氣，就更無從説起了。”裘氏還表示“就是以‘尚’開頭的卜筮辭，恐怕也很難從語義上證明它們絶對不可能是問句”。

那麽，殷墟卜辭中哪些可以確認爲是非問句的命辭呢？换一句話説，哪些所謂的命辭可以確認爲是非問句的呢？裘氏首先列出了《合集》6482版的兩條正反對貞的卜辭：

> 辛酉卜，㱿貞：今□王比望乘伐下危，受有祐。（正面）[①]
>
> 辛酉卜，㱿貞：今□王勿比望乘伐下危，弗其受有祐。（反面）

裘氏指出，如果把這一版的兩條正反對貞辭的命辭均理解爲問句，只能翻譯爲：

> 今□（時間詞）王偕同望乘去伐下危，能受到保祐嗎？（正面）
>
> 今□王不偕同望乘去伐下危，不能受到保祐嗎？（反面）

如果這樣理解，則這兩條辭的意思“是一致的”，“實際上不是正反相對”。“而且殷人正是爲了想知道王跟望乘一起去伐‘下危’能不能受到鬼神保祐而進行這次占卜的。如果先提出不準備跟望乘一起去伐‘下危’，還問什麽受不受保祐呢？”因而裘氏肯定：“這種命辭只能理解爲陳述句。”以反面卜辭而論，裘氏以爲，作爲陳述句，是“在否定形式的陳述句之後，隱含一個意義相反的假設句”，當譯爲或理解爲：“今□王不要跟望乘一起去伐下危（如果跟望乘一起去伐下危），將不能得到保祐。”裘氏還進一步指出：“這種句法其實直到現在還在使用。例如説：‘别碰它，會觸電的！’意思是説，如果碰了它，就可能觸電。”其實類似的解釋，吉德煒在《釋貞》一文中也曾有過。如《合集》14755正，有這樣

①“□”，有釋“春”、釋“秋”、釋“屯”、釋“載”、釋“才”、釋“兹”、釋“世”、釋“者”等多種説法，均未形成共識，但都認爲是一個時間詞。其字形結構，多數學者以爲是上從木下從口。關於此字的多家説法，可參看《甲骨文字詁林》第二册第1355—1364頁第1405號字頭下。

兩條正反對貞的卜辭：

貞：翌丁卯奏舞，有雨。

翌丁卯勿（指勿奏舞），亡其雨。

吉氏指出：“‘翌丁卯勿，亡其雨’一辭如作爲問句理解，與其對貞卜辭‘貞：翌丁卯奏舞，有雨’不能構成正反對立；如作爲陳述句理解就不存在這個問題。”裘氏明確肯定吉氏“這一意見是很正確的”。

這一類不是問句命辭，除了以上所列，裘氏又列了6條作爲補充説明，也爲了進一步證實自己的觀點。

接着，裘氏又列出了另一類卜辭，如：

貞：壬弜田，其雨。　　　《合集》28716

裘氏指出，這一條反面命辭“只能看作陳述句”而譯成“壬日不要去田獵，天將下雨”；如果當作問句譯成“壬日不要去田獵，天將下雨嗎”，“就不知所云”。

最後裘氏表示：“在殷墟卜辭的全部命辭裏，我們現在能够確定是問句或非問句的命辭只占一小部分”，“鑒於確實存在非問句的命辭，同時大部分命辭又無法斷定是不是問句，我們建議今後引用殷墟卜辭時，句末一律標句號，不標問號。”[①]裘氏所論，顯然與以上各家所説有所不同。

五

在此之後，陳煒湛曾先後發表了五篇文章，參與討論。

1. 第一篇是《從文獻記述看占卜的性質及其與禱祝的區別》[②]。陳氏指出“殷虚甲骨文大部分是占卜的記録，即所謂卜辭。卜辭的核心部分即所卜的具體内容通常稱爲命辭，往往由‘某貞’或‘貞’引出。關於命辭的性質，大多數學者認爲是需要加以决斷的‘疑’，就其句式而言，屬於疑問句，其末‘當付以問符’。”陳氏繼續指出：“從二十世紀七十年代以來[③]，一些外國學者對此頻頻提出異議，認

①筆者於1977年開始編寫、1984年定稿的《甲骨文簡明詞典》所引卜辭，就是於句末一律標句號，于省吾在審讀定稿時也認可了這一做法。可見學術界對於命辭的性質，雖然没有發表什麽專文加以論證，但實際上是有着某些近似考慮的。關於卜辭不標問號，即其一例。當然這只是一部分學者的看法和做法，並未形成共識。何况做法相同的學者，其基本觀點也未必一致，所以仍不能作爲定論，尚需進一步討論。

②此文曾於1990年12月在廣東省中國語言學會學術年會上宣讀，後載《中山大學學報》1991年第4期，2013年收入氏著《三鑑齋甲骨文論集》，上海古籍出版社，2013年，第125—132頁。

③當指吉德煒1972年提交《釋貞——商代貞卜本質的新假設》一文以後。

爲卜辭命辭不是問句，而是陳述句。按照他們的觀點，‘貞’後的命辭是一‘有關未來之陳述命題’，‘命辭所説的就是需要檢驗校正的行動方針’，或是‘指示事件的進程’；還有的學者認爲‘貞’仍當釋‘鼎’，是指在鼎前‘主持占儀’或‘主禮占儀’。”[①]然後陳氏肯定：“這樣一來，所謂命辭實不過表示商王的一種願望，它與禱祝便没有什麽差别了。”意即這些學者把“占卜”和“禱祝”混而不分了。陳氏表示：“所幸除甲骨文外，還有文獻資料在。傳世文獻不乏關於占卜與禱祝的記述”，“對於正確理解殷虚卜辭當不無助益”。所以，陳氏要考察、分析這些傳世文獻，以求正確認識命辭的性質。

（1）關於占卜，陳氏發現“文獻多卜筮連言，卜指龜卜，筮指揲蓍”，但“大事仍用龜卜”，而其“目的全在决疑”，即所謂“卜以决疑，不疑何卜？”既然是有疑問而卜，則“命龜之辭必爲問句無疑”。文獻所記占卜内容計有：爲戰爭而卜，爲田獵而卜，爲疾病而卜，爲前途吉凶而卜，爲婚娶而卜，爲擇人而卜，爲擇地而卜等，頗爲豐富。

（2）關於禱祝，陳氏列出了在文獻中發現的若干實例，並指出：“禱，是指告事求福，或謝過於鬼神，與釋爲‘求福也’的祈同義。祝，指祝告，甲骨文習見，即作在示前有所祈禱之狀。”禱祝“與占卜密切相關”而“極易相混”，因爲“二者都是求助於神靈或先公先王”。但二者“畢竟有本質的區别”，禱祝“是爲了表達某種願望”而非决疑，所以“將二者混爲一談或模糊其界限，都是錯誤的”。

2. 第二篇論文是《卜辭貞鼎説》[②]，陳氏首先指出：“經孫詒讓、羅振玉、王國維、郭沫若等大師的考證，卜辭屢見之爲鼎形之簡略急就形，當釋爲貞；卜辭以鼎爲貞，義爲卜問，‘貞’下之命辭爲疑問句，早爲古文字學界所普遍接受，幾成常識，本已無話可‘説’。可是，二十世紀七十年代以來，域外一些學者頻頻提出異議，認爲仍應釋爲鼎，或雖釋貞，而其義非‘卜問’，却是‘貞測、

①陳氏注（1）指出可參見裘錫圭《關於殷墟卜辭的命辭是否問句的考察》，刊《中國語文》1988年第1期；［日］高嶋謙一《問鼎》，刊《古文字研究》第九輯，1984年1月，中華書局；雷焕章《法國所藏甲骨録》，光啓出版社（臺北），1985年。其中，雷氏將前辭中的貞一概釋爲鼎，並指出：“筆者最初亦將‘鼎’釋爲‘主持占儀’，故基本相當贊同Keightley（吉德煒）的意見（見吉文《釋貞——商代貞卜本質的新假設》）。但，後來提出‘主禮占儀’之新解，强調貞人的禮儀方面的積極角色。”雷氏曾將新解的理由表述如下：“命辭中，‘鼎’經常表祭儀，即‘用鼎以祭’；序辭中之‘鼎’，應有相近的意義。和祖先或神明接觸，只有借助奉獻祭品的隆重儀式才能進行。”“通常古人總以儀式中最莊嚴的部分來代替整個祭儀。‘卜’即表示以火占卜時連續的形式動作；‘鼎’則代表在祖先或神明之前所舉行的整個祭儀”。“商末時，君王或其代表貞人，以莊嚴之祭儀禮敬之後，再宣示‘命辭’。這便是爲什麽有時在序辭中‘鼎’字前常有主禮者之名之原因。果其如此，則‘某鼎’，或可解釋爲‘某主禮占儀’。而序辭中之‘甲子王卜鼎’則意爲：‘甲子日王以火占卜並主禮占儀。’”

②此文原載《文物研究》1990年總第6期，後收入氏著《三鑑齋甲骨文論集》第138—145頁。

擬測’[①]。與此相關，他們還進一步認爲，□下之辭爲陳述句而非疑問句。二十世紀八十年代以來，國内也有人對□提出新解，或認爲它是四個卜形之集合，或認爲它是由魚形圖案演變而來，均與鼎形無涉。”[②]陳氏首先肯定，這些説法“雖新實誤”。

其次，陳氏指出：“貞鼎二字，音、形二者均有密切關係。”

關於音：貞，《廣韻》陟盈切，知紐、清韻、梗攝，古音爲端紐耕韻。鼎，《廣韻》都挺切，端紐、迥韻、梗攝，古音端紐耕韻。“是二字古本同音”，“互相借用，都是可能的，合乎情理的”。

關於形：卜辭鼎（一般作□）爲象形字，“象鼎口、耳、腹及三足（或四足）之形。貞卜之貞無形可象，也難以會意，乃借用同音的鼎字爲之。由於使用頻率極高，刻寫不易，也爲便於區别，故卜辭的貞多取鼎之簡省式。”貞之上部“乃鼎耳鼎腹之形”，其下部“實鼎足形之簡化”，“整個字形既非‘卜字形體的複合’，更不是什麽古代魚形圖案的簡化”。

陳氏進一步强調：“再就□和□的關係而論，Keightley也好，雷焕章也好，以及西方其他一些學者，似乎都只看到了它們之間關係密切的一面或雷同的一面，而嚴重地忽視了這樣的事實：□——象形的鼎雖也見於前辭（序辭）（借用爲貞）；但簡化的□却只見於前辭而絶不用於命辭；當鼎的繁簡二形並見於一辭時，則□用於前辭，□用於命辭，絶不相混。”

“就字義論”，陳氏首先指出：“貞鼎二字後世多有相通。”[③]“但卜辭貞鼎二字實際意義相差頗大，並不相同。”

（1）關於“貞”，陳氏明確表示：“‘卜問也’是對卜辭前辭之‘貞’字最妥當的解釋。‘干支卜某（貞人）貞’，意思便是：‘某日占卜，由某位貞人向神

①參見［日］高嶋謙一《問“鼎”》。高嶋認爲：“□這個高度定形的字就專用於帶出命辭，作爲一個初步假設，我提議信從舒琜神父（Rev Paul L-M Serruys）的意見，在‘决定某些懸而未决的事/預測未知的事件和現象’這一意義上把‘□’解釋爲‘去貞測、去實現’。‘□’字更暗示後隨命辭所引出的是‘應要服從的、正確恰當的行動方針，或者是指示事件的進程。’再進一步我推測，商代的貞人/商王相信用□字這件事本身會加强‘□測’或者其他祭祀的莊嚴性。而且，通過□和□，殷人尋求神靈的庇佑。”陳煒湛評之曰：“説得頭頭是道，但是證據呢？没有。而所謂貞測、擬測，與‘去實現’也是矛盾的。這樣的假設、推測，又怎能令人信從呢。”

②參見李圃《甲骨文選讀·自序》，華東師範大學出版社，1981年；馬孝亮《對兩個甲骨文字的探源》，《中原文物》1988年第4期。

③《王國維遺書》（上海書店1983年）第四册第165頁《史籀篇書證》第23頁（即225頁）云：“貞無當訓，馬融知貞即鼎字，故訓爲當，此以貞爲鼎者也。蓋貞鼎二字，形既相似，聲又全同，故自古通用。”

靈發問。’‘貞’下的命辭，便是發問的内容，即希望加以決斷的‘疑’。”[①]

（2）關於“鼎”，陳氏肯定前辭中的“鼎假借爲貞”，而“將命辭中鼎的用法歸爲三種”：一、“用爲名詞”，如《乙》3803的“五牢鼎”，“當指五隻烹煮、盛放‘牢’的鼎”。二、“用爲動詞”，如《屯南》附1之“丙鼎犬、丁豚”，“是謂丙日烹煮犬、丁日烹煮豚也”，“是用鼎烹煮犧牲”。又如《佚》783之“其鼎，用三玉犬羊”[②]和《京津》3875之“王其鼎，又大雨”，可能是“用鼎祭祀或稱用鼎舉行祭儀”，即“舉行鼎祭”。三、“用爲副詞”，如《續》3. 43. 1之“□貞：王鼎从望乘”，鼎“有當義”[③]。

最後，陳氏總結指出：“由於《説文》保存了‘卜問也’這一貞字古義，使學者得以考釋出甲骨文之貞，確認卜辭以鼎爲貞。是貞鼎本爲一字，貞爲由鼎分化訛變而來。”“在此基礎上創立的貞人説，更是半個多世紀前甲骨文研究的一項重大成果。經過長期的正反兩方面的檢驗，證明這一學説是完全正確的。”

3. 第三篇文章是《論殷虛卜辭命辭的性質》[④]。該文内容豐富，涉及面較廣，所論問題較多，但有些内容，前面列出的文章已大體言及，或在後面列出的文章中

---

①《説文·卜部》：“貞，卜問也。”對於這一解釋，雷煥章《法國所藏甲骨録》第123、125頁强調指出：“秦漢前之典籍無以‘貞’表示‘卜問’之用法（見Keightley《釋貞》），金文也難找到貞字可作上述之用法者。”陳氏《卜辭貞鼎説》針鋒相對地指出：“《説文》保存了許多字的古義”，“如自，‘鼻也，象鼻形’。秦漢前之典籍不見有以‘自’表示‘鼻也’之用法，段玉裁謂‘用自爲鼻者絶少也’，但也未敢貿貿然推翻這一古訓。自的‘鼻也’一義恰恰爲甲骨文所證實。我們當然不能因典籍無證而否定《説文》‘鼻也’之訓，進而否定卜辭之自可訓鼻。貞，‘卜問也’，情况與‘自’相似。典籍中用貞爲卜問者確是較少，但應該指出，《説文》此義，先秦典籍也並非無證。”緊接着，陳氏列出“大抵是戰國時代的作品”的《周禮》一書中貞用爲卜問之義的幾例爲證，從而肯定：“《説文》‘卜問也’之訓既非誤記，更非杜撰，而是有切實根據，因而是可靠的。”

②高嶋謙一《問“鼎”》一文將《佚》783的“其鼎用三玉犬羊”這一卜辭，譯爲“（我們）大概要以鼎的方法去祭獻三串玉、一隻狗、一隻羊”（見《古文字研究》第九輯第88頁）。陳煒湛《卜辭貞鼎説》表示“可備一説”（見陳著《三鑑齋甲骨文論集》第144頁）。

③高嶋謙一《問“鼎”》一文中，在列出《續》2. 43. 1“王鼎从望乘”一辭之後表示：“貞人用‘鼎’似乎是爲了一種願望或欲求。基尼（Keightley）教授指出：命辭應該理解爲祈禱或咒語；把‘鼎’解作‘肯定地、堅定地、一定地’的話，這個假説可以得到佐證。”“商代貞人用鼎字的目的在於强調鼎字後的動詞。”（同上第82頁）對此，陳煒湛認爲：鼎字用爲副詞與命辭的性質並無多大的關係，但作爲副詞的鼎確有强調其後動詞的作用。這種用法，亦見於傳世典籍，如《漢書·匡衡傳》：“無説詩，匡鼎來。”顔師古注：“服虔曰：‘鼎，猶言當也。若言匡且來也。’應劭曰：‘鼎，方也。’”

④此文最初是1991年提交給中國夏商文化國際學術研討會的論文；後收入《語苑新論——紀念張世禄先生學術論文集》，上海教育出版社，1994年；再後收入《夏商文明研究》，中州古籍出版社，1995年；最後收入《三鑑齋甲骨文論集》，上海古籍出版社，2013年。此文較長，約兩萬字。有一些内容，已在前面介紹的二文中有所論述；還有一些内容，在其後面要介紹的陳氏的論文中也有所論述，故在此主要簡介本文中特有之處，其餘一概從略。

有較爲詳細的論述，此則不贅[①]。值得注意的大體有這樣幾個方面。

（1）强調要“從完整卜辭考察命辭的性質”。

陳氏指出：“所謂完整卜辭，是指前辭（或稱序辭）、命辭、占辭、驗辭四者俱全的卜辭。這類卜辭多見於第一期（武丁）和第五期（帝乙帝辛），數量亦頗可觀。考察命辭的性質而置這類卜辭於不顧，顯然是不妥當的。因爲從語義角度看，完整卜辭之可貴處即在其語言環境之‘完整’，有助於對命辭性質的認識。”並進一步肯定：“從完整卜辭考察，只要不存在偏見，不難發現，只有將命辭看作問句，其後的占驗之辭纔有着落，彼此間才有語義上的連貫性；否則，便顯得矛盾重重，陷於不可解境地。”爲了便於證實，陳氏分爲三類舉例加以説明。

第一類，陳氏共列出6條卜辭爲例，並“稍加考察”。爲了簡略，又能保持原意，特僅選列其中的兩條卜辭爲例如下：

癸巳卜，㱿貞：旬亡禍？王占曰：有祟，其有來艱。迄至。五日丁酉，允有來艱自西。沚馘告曰：土方征于我東鄙，災二邑。𢀛方亦侵我西鄙田。《菁華》1，即《合集》6057正[②]

癸丑卜，爭貞：旬亡禍？王占曰：有祟，有夢。甲寅，允有來艱。左告曰：有往芻自益，十人又二。《菁華》5，即《合集》137正[③]

對於上列之辭，陳氏指出：“均是武丁時期的貞旬卜辭——於一旬之末貞問下旬的吉凶。”這些卜辭，“很多先生作過解釋，對個别字的考釋容有分歧，但並不影響對命辭性質的理解。在‘旬亡禍’下‘施以問符’，是完全可以講得通的，絲毫不見得有什麽‘嚴重’錯誤。這是問：下一旬没有災禍嗎？（後世加一語氣詞，即成‘旬亡禍乎？’）王親自觀察兆璺，作出推斷。”[④]這兩條“卜辭的占辭都是説‘有祟’。驗辭則記一旬之内發生的‘祟’，即‘來艱’或‘夢’（禍亂也）。這可謂‘卜以决疑’的全過程。如果否認‘旬亡禍’是問句，而讀之爲陳述句，且像某些學者所主張的那樣，將‘貞’釋爲‘擬測’‘預測’，甚至是‘定’‘正’，則不僅‘王占曰’云云與命辭直接矛盾（‘旬亡禍’與‘有祟’極不協調），而且太卜

①陳文表示：“裘文的若干論斷不無商榷的餘地，其結論亦爲筆者所難以接受；但裘文注意從語義上考察命辭性質，注意區分命辭與驗辭，强調占卜的决疑性質一直到商末仍然没有改變，指出占卜與禱祝有别，等等，就方法論而言，都是正確的，應該肯定的。對此，筆者亦深表贊同，認爲也可以作爲在這個問題上的共識，成爲深入討論的共同基礎。”可知陳氏此文確是針對裘文而論，但又未一一具體反駁或贊同，只能略而不論，全憑讀者細心考察體會。事非得已，尚乞鑒原。到陳文的第五節《從對貞卜辭考察命辭的性質》，就很清楚地體現出針對性。

②標點、釋文一依陳氏。“災”字爲陳氏所釋，原字有學者不以爲是災害之災，用作動詞則似已形成共識。

③標點一依陳氏。“往”字爲《殷墟甲骨刻辭摹釋總集》所釋，陳氏隸定爲㞷；“益”字爲陳氏所釋，原文爲[illegible]，或釋浴，或釋益，或釋介，或釋温，可參看《甲骨文字詁林》第三册第2640頁第2648號字頭下。

④陳氏原注（10）云：“《説文》：‘占，視兆問也。’問當讀爲璺。劉殿爵説，見其所著《釋‘占，視兆問也’》一文，載《中國語文研究》第5期，1984年2月，香港中文大學出版。”

史官‘㱿’‘争’等大臣屢測屢誤，也顯得實在無能而不稱職了。”

第二類，陳氏指出：“晚期（帝乙帝辛）卜辭之完整者亦以貞旬卜辭爲多。”並列出二例八辭爲例：

癸卯王卜貞：旬亡禍？在四月。王占曰：大吉。甲辰肜大甲。

癸丑王卜貞：旬亡禍？在四月。王占曰：大吉。甲寅肜小甲。

《後》上19.4（《通》230）

癸酉王卜貞：旬亡禍？王占曰：弘吉。在二月。甲戌祭小甲，壴大甲，唯王八祀。①

癸未王卜貞：旬亡禍？王占曰：吉。在三月。甲申壴小甲，𦎫大甲。②

癸巳王卜貞：旬亡禍？王占曰：吉。在三月。甲午祭戔甲，𦎫小甲。

癸卯王卜貞：旬亡禍？王占曰：吉。在三月。甲辰祭羌甲，壴戔甲。

癸丑王卜貞：旬亡禍？王占曰：吉。在四月。甲寅祭陽甲，壴羌甲，𦎫戔甲。③

癸亥王卜貞：旬亡禍？王占曰：吉。在四月。甲子壴陽甲，𦎫羌甲。

《新綴》299④

陳氏肯定：“這類卜辭都是商王親自貞卜，又親自視兆。如得吉兆，便於第二天甲日祭祀以甲爲名的諸先王。驗辭的内容與武丁時期大異。或許其時貞旬的目的在於祭祀——國之大事也。如果商王對未來一旬的吉凶心無所疑，根本毋須占卜，如果命辭‘旬亡禍’是商王的‘預測’‘擬測’，那又何必再親自去‘占’，豈非多此一舉。而理解爲商王親自貞問，又親自視兆，作出判斷，則要順暢得多。上述二例八辭‘旬亡禍’下施以問號，又會犯什麽‘錯誤’呢？”陳氏所列二例八辭爲周祭卜辭。對卜辭命辭持不同見解並參與討論者，均未系統列出此類卜辭加以論述。陳氏此文發表之後，也未見有學者撰文對此系列卜辭中的所謂命辭的性質對陳文加以争辯、反駁；又陳文發表之前，有關論著引及此類卜辭時，於此類卜辭所記“旬亡禍”之後均施以問號，可見陳文所論實有傳承。值得指出的是，此類刻辭是典型的周祭卜辭，而系統的周祭卜辭主要見於董作賓分期中的第二期卜辭（後稱出組周祭卜辭）和第五期卜辭（後稱黄組周祭卜辭），而不見於武丁時期，自然和武丁時卜辭有所不同。又，周祭卜辭的目的當然在於祭

①壴是周祭裏的一個祭名。“唯”字是釋文，原字形作“隹”。

②𦎫是周祭裏的一個祭名。

③“陽甲”之“陽”，舊釋爲魯，陳氏爲舊釋，今從新釋，見常玉芝《商代周祭制度》，中國社會科學出版社，1987年，第244頁。

④《新綴》299，實即《甲》297+《庫》1661+《金璋》382，原有7條辭，前6條辭完整，爲陳氏所引。後一條辭略殘，可補足如下：[癸酉]王卜[貞]：旬亡禍？[在四]月，甲戌[祭]祖甲，𦎫陽甲。以供參考。

祀，何以陳氏會强調指出“驗辭的内容與武丁時期大異。或許其時貞旬的目的在於祭祀”？不得其解。

第三類，陳氏指出，晚期“田獵卜辭亦有完整者如下列諸例”：

戊申卜，貞：王田盂，往來亡災？王占曰：吉。兹御，獲鹿二。[①]

《合集》37422

壬辰王卜貞：田𤞷，往來亡災？王占曰：吉。在十月。兹御，獲鹿六。

乙未王卜貞：田𠭯，往來亡災？王占曰：吉。獲鹿四、麑一。[②]

戊戌王卜貞：田羌，往來亡災？王占曰：吉。兹御，獲鹿四。

《合集》37408

戊午王卜貞：田𢀛，往來亡災？王占曰：大吉。獲狐五。

《合集》37462

戊寅王卜貞：田雞，往來亡災？王占曰：吉。兹御，獲狐二十。

《合集》37472

陳氏指出：“這些卜辭是問：王要到某地（盂、𤞷、𠭯、𢀛、雞均爲地名）打獵，是否往來無災？往來，前往與歸來，泛指田獵活動的全過程。這是出獵前對吉凶心有所疑而舉行的占卜。‘往來亡災’，既非事前的預測更非事後的叙述，同樣只能是商王需要决斷的‘疑’。‘王占曰’云云同樣是根據兆璺作出的判斷，旨在‘决’。上引諸例除一例稱大吉外，皆曰吉，意即無災。驗辭則記捕獲的獸名及數量，是‘吉’或‘大吉’的標誌。這些卜辭裏的命辭之爲問句，是不難理解的。”按照陳氏的思路和傳統的觀念，自然會得出這樣的論斷。

（2）主張“從對貞卜辭考察命辭的性質”。

前面提到，裘錫圭在批評倪德衛時曾列出《合集》6482版的兩條正反對貞的卜辭：

辛酉卜，㱿貞：今𡆥王比望乘伐下危，受有祐。　　　（正面）

辛酉卜，㱿貞：今𡆥王勿比望乘伐下危，弗其受有祐。（反面）

最後論定：“這種命辭只能理解爲陳述句。”陳氏則不以爲然，認爲“這種形式的命辭”，“不能看作陳述句”。特別强調：“像裘文那樣理解，命辭就成了條

①林政華云：“兹用與兹御二話，爲數極夥，性質相近似，皆刻於卜辭之末或卜兆之旁，用以記事，是以前賢多以爲二者義同，是也。其所不同者爲使用之年代耳：兹用，始出現於第二期祖甲、祖庚時，歷廩辛、康丁，至第四期武乙、文武丁時最爲常見，及至殷末，亦復用之；而兹御一語，則僅見用於殷末第五期。”（《甲骨文成語集釋》上，《文物與考古研究》第一輯，第53頁）此轉引自《甲骨文字詁林》第四册第3196頁。郭沫若云：“兹御，卜辭恒語，蓋猶它辭言兹用。”（《殷契粹編考釋》第688片）孟世凱《甲骨學小辭典》第94頁“兹用”條下云：“卜辭‘兹用’義爲‘用此卜’。”（上海辭書出版社，1987年，封脊作《甲骨學小詞典》）

②辭後的“麑”字，表示一種動物，或釋爲罷。

件複合句，對貞卜辭不是相反相成，而是直接矛盾的占卜結果了。”①所以，陳氏着重指出：“這還成什麽卜辭呢？還有什麽‘卜以决疑’之可言呢？”然後，陳氏按照他的理解肯定：“這也是與正面卜辭相反相成的問句。正面問：王與望乘一起去伐下危，是否受到保祐？反面則問，如果王不與望乘伐下危，是否就得不到保祐？”陳氏指出：“表面看起來，似乎既然不準備伐下危，就不存在受不受保祐的問題了。其實不然。這正好説明商王疑心之重。他們疑心伐下危一類事乃上天之命，天與不受，反罹其禍。所以正面問，如伐下危能否得到保祐，反面則問，如其不去伐下危，是否就得不到保祐了。一正一反，只是希望作出决斷，下危非伐不可！伐則受祐，不伐則得不到保祐——有違天意，反受其咎也。這種‘保祐’，是泛指各方面的。這就是後世所謂順天（帝、鬼神）：順則昌（受祐），逆則亡（弗受祐）。”緊接着，陳氏列出了類似的一例卜辭：

己酉卜，貞：王征𢀛方，下上若，受我又（祐）？二月。

貞：勿征𢀛方，下上弗若，不我其受又（祐）？　　《鐵》244.2

陳氏指出：“這是問，王（如果）去征𢀛方，那麽上下（神祇）就會給我保祐吧？王（如果）不去征𢀛方，那麽上下（神祇）就會不高興因而不給我保祐了吧？正反設問，實質在於要作出對𢀛方非征不可的决斷，因爲，征不征𢀛方牽涉到神祇保祐不保祐的問題。”然後陳氏强調：“可見，理解這類命辭，實際上並不需要增加一個‘意義相反的假設句子’。”顯然有很强的針對性。

然後陳氏又列出8例對貞卜辭，這裏選列其中的三例，如：

甲午卜，賓貞：西土受年？

貞：西土不其受年？　　《乙》3409

戊午卜，古貞：般其有禍？

戊午卜，古貞：般亡禍？

王占曰：吉，亡禍。　　《續存》下442、443

貞：有疾自，唯有它？

貞：有疾自，不唯有它？　　《乙》6385②

陳氏指出：“這些都是武丁時期完整的對貞卜辭，都是從正反兩方面設問的。其反面命辭較諸正面命辭，一般是多一個否定詞如勿、不、弗其、不其、不唯，或將正面命辭的‘有’改爲‘亡（無）’。這些反面的命辭……都不存在裘文所謂的‘隱含一個意義相反的假設句’的問題。”從而論斷：“把這些命辭理解爲問句是

①陳氏認爲，如果依照裘氏的理解，這兩條辭就成了如下這樣：
正面卜辭：今者王跟望乘一起去伐下危，能受到保祐。（陳氏將“”釋爲“者”）
反面卜辭：今者王不要跟望乘一起去伐下危，如果跟望乘一起去伐下危，將得不到保祐。
②甲骨文自字象鼻之形，此用其本義。

完全可以的，至少不能排斥這樣的理解。這樣理解，也合乎常理。爲了同一件事，正反設問，一是因爲商王疑慮之重，二是説明當時貞卜的慎重。”如例辭中的“‘疾自’是既成事實，商王要問的是：有它（害）嗎？没有它（害）嗎？一正一反，都是問句，極易理解。”並斷然表示：“上引各組對貞卜辭，如果理解爲陳述句，一正一反，自相矛盾，那才叫不可思議。顯然，給這類卜辭的命辭加上句號，其‘錯誤’要比加上問號‘嚴重得多’。”

（3）表示應“從若干卜辭内容考察命辭的性質”。

陳氏指出：“除了完整卜辭及對貞卜辭之外，還有大量的既不完整又未必是對貞的卜辭，有的甚至連‘貞’字也没有，其命辭的性質又是什麽呢？”陳氏表示：“一般而論，既然完整卜辭、對貞卜辭的命辭是疑問句，那它們的省略形式的命辭自然也該是疑問句。”並進一步强調：“對於某些内容較爲特殊的卜辭而言，尤其必須視爲問句方可，若理解爲陳述句，亦將陷於無理、矛盾境地而不能自拔。”所以試列數種卜辭爲例，“略作討論”。

A. 關於“般”的卜辭

貞：今□□般囚[①]　　　　《佚》525（《巴黎》3、《法録》7）

陳氏指出，辭中的“‘般’即師般，《書·説命》《君奭》有‘甘般’，董作賓説即是此人，乃武丁之師、相。《法録》補缺文爲‘一月’，釋囚爲死，説‘本段表達了武丁對其師生死之關切’。”則“囚不論釋囚（殟）、釋死，都是指災禍不吉之事”。故陳氏肯定：“若像某些人所説那樣，‘貞’是預測，乃至於表達商王的某種願望、祈禱，視命辭爲陳述句，則於理大謬，無可解釋。”

B. 祭祀時的擇牲之卜

辛酉卜，又（侑）祖乙，廿宰？

辛酉卜，又（侑）祖乙，卅宰？　　　　《合集》19838[②]

陳氏指出：“這是問，用二十宰侑祭祖乙好不好，用三十宰侑祭祖乙好不好？祭祖乙是肯定的，時王之‘疑’在於用二十宰還是用三十宰，所以要卜以决之。這是爲同一件事的反復貞問，辭末自當標以問號。如標以句號，則成了同一天對同一先王進行兩次祭祀，一次用二十宰，一次用三十宰，這又怎麽講得通。”然後强調：“裘文‘結語’部分所引《合集》35931，計四辭，亦擇牲之卜（其宰、其宰又一牛、騂、物），當然也應是問句。裘氏云：‘在這方面，命辭是否問句並没有多大關係。’此説

①《三鑑齋甲骨文論集》本原文於此辭下未施標點，既未施問號，也未施句號，更未加注説明，今仍其舊。此辭最後一字囚，或隸定爲囚。有學者進一步釋爲“殟”字，因“殟”字右旁上部本從囚而不從日。也有學者釋爲“死”或“殪”，至今無定論。其詳可參看《甲骨文字詁林》第一册第92頁第0053號字頭下。

②此辭“宰”爲代替字，原形下部不從牛而從羊，是一種隔離開來特殊飼養用以祭享的羊，與一般的羊有别，在殷墟卜辭裏，與牢也有别。

實不敢苟同。只要不存偏見，便没有理由不承認這類命辭當爲問句。”

C. 層層推進式的占卜

乙亥卜，有事？

乙亥卜，生四月妹有事？

弗及今三月有事？　　　　　　　　《合集》20348

陳氏指出：“此三辭貞是否‘有事’。一問有或無；二問是否四月‘妹’地有事；三問是否不在此三月有事。層層推進，緊密相連。如標以句號，則似貞卜結果，第三辭猶似占驗之辭，大悖於占卜之决疑性質。”

D. 選時擇地的占卜

甲辰卜，狄貞：王其田，叀翌日乙，亡災？

甲辰卜，狄貞：叀翌日戊，亡災？

甲辰卜，狄貞：叀壬，亡災？　　　　　《合集》3915①

陳氏指出，以上三辭爲“同日所卜，目的也是選擇出獵日期，故依次問是否‘亡災’。如將這些命辭讀爲陳述句，將‘貞’釋爲‘擬測’‘决定’，便與原意相差太遠太遠了。”陳氏進一步指出：“田獵前擇地的占卜以第三、四期甲骨爲多見。”並表示《卜辭通纂》640（即《合集》28950）“便是典型一例”：

辛卯……

于盂亡災

于宫亡災　　　　吉

甲午卜，翌日乙，王其踐于向，亡災

[于]噩[亡]災

郭沫若於釋文後指出：“此乃於一日卜往四地，每辭均當加問號（凡貞辭均如此），謂‘于盂無災乎？’‘于宫無災乎？’‘于向無災乎？’‘于噩無災乎？’於‘于宫亡災’之兆文繫一‘吉’字，蓋謂四卜之中，此卜協吉也。”②陳氏因之表示：“這類卜辭都是在某地占卜，依次貞問往何處田獵好，‘某（地名）田亡災’‘王其田某（地名）亡災’爲常見之命辭，同選時之辭一樣，這類命辭讀爲問句，自更合理。”

E. 值得探討的一些卜辭

帶“貞”的命辭。陳氏指出：“饒宗頤、倪德衛、裘錫圭等學者都認爲有一些

①辭中的“狄”，原字形爲左從大右從犬，爲了和後代的寫字習慣靠近，一般隸定爲左從犬右從大，爲一貞人名。

②辭中之“踐”，原字作戔，羅振玉釋“踐”，謂有“往”義，可參看《甲骨文字詁林》第三册第2256頁第2307號字頭下。辭中之“噩”，今釋爲“喪”，此用爲地名，可參看《甲骨文字詁林》第二册第1447號“喪”字頭。郭沫若《卜辭通纂》，可參看《郭沫若全集》考古編第二卷第497至498頁，科學出版社，1983年。

命辭非讀爲陳述句不可，若讀爲疑問句便‘不可通’。”他們列出了“較爲罕見或特殊的一些命辭”爲例。似是爲了便於“討論”，陳氏將各位所列之例分爲兩類，第一類爲“帶‘貞’的命辭”，第二類爲“不帶‘貞’的命辭”。關於第一類，共列出兩例。

己巳鼎（貞）帚婞允亡禍。貞姼亡禍。　　《乙》8888[1]

此例爲饒宗頤所列，作爲“貞訓正，故引申爲定”的例證。陳氏指出：“由於允字經常出現在驗辭裏，義同‘果然’‘真的’，‘允亡禍’似有肯定語氣，讀爲問句顯得不相宜了。”但是，陳氏“核諸原拓”，發現“所謂的‘允’字實作，並不存在‘允亡禍’式的命辭”。當然可以不論。饒氏所列此辭，即《合集》22259，相同之辭又見於《合集》22261，從拓本可以清楚地看出，所謂的“允”字寫作“”，確與殷墟甲骨卜辭經常出現的“允”字構形有別。

乙丑貞允雨　　《京津》2910

倪德衛《The “Question” Question》（陳煒湛譯爲《問“問”》）一文[2]中曾列出此卜辭，並表示“也許我們可以説驗辭中的‘允’字便是一個非問句的慣用語，但我不會稱‘允’字爲陳述句的文法標示；無論如何，如果看來像陳述句的命辭也可以被釋爲問句的話，那麼其中也有帶‘允’字的。”陳煒湛顯然不同意此説，故特别指出：“熟悉甲骨文者都知道，‘允雨’作爲驗辭是常見的。現竟作爲命辭出現在‘貞’字之後，似乎這命辭便非讀爲陳述句不可了。不過，這裏有兩點需要指出：一、從原拓看，‘允雨’與‘貞’之間有界劃隔開，而‘乙丑貞’三字之後另有‘不’字，故‘允雨’是否命辭尚有疑問。由於是僅存殘甲，難明其對貞或省略（指成套卜辭之承上省略）關係。二、即便是允雨與貞連讀，也屬於孤證，可作爲特例研究，不得遽下結論。”可見陳氏確相當客觀，並没有把問題説死説絶。

不帶“貞”的命辭。此爲陳氏所説之第二類，也討論了兩例。關於第一例，陳氏指出：“甲骨文中有一部分刻辭，既無前辭，又無‘貞’‘卜’一類字眼，也找不到足以證明它們是命辭的完整卜辭。有些文章也把它們看作命辭，其性質也就成了值得探討的問題。倪文所舉‘長達數句的命辭’便頗有代表性。”這一辭例如下：

王叀乙往于田丙迺啓亡災　　《寧》1.367（《合集》28605）

倪文據此認爲：“如果我們要把這段話理解成陳述句，也得把它們視爲一組陳

①辭中的婞、姼皆爲女人之名。此兩辭標點，均依陳氏所引，本當爲饒氏所施，如按陳氏本意，最後應是問號，請注意。饒氏所列此辭見於氏著《殷代貞卜人物通考》，香港大學出版社，1959年，第71頁。

②倪氏此文即《The “Question” Question》（陳氏譯爲《問“問”》），刊於《古代中國》（*Early China*）1989年第14期。此轉引自陳煒湛《論殷虚卜辭命辭的性質》一文，見氏著《三鑑齋甲骨文論集》第174頁。請注意，關於倪文，包括文章之名在内，都有不完全相同的中譯本。此從陳氏之譯及其説。

述，只須一次占卜便可評斷。”[①]陳煒湛則認爲：“其實，‘這段話’並不能證明是命辭，倒有點像是驗辭，甚至是記事刻辭。”所以置而不論。

關於第二例，即裘錫圭《關於殷墟卜辭命辭是否問句的考察》一文提出的帶有“弜”的命辭，如：

辛王弜田，其雨

陳氏指出，此辭和《合集》28993“弜省喪田，其雨”之類，“關鍵在於對‘弜’字的解釋”。並進一步申述：“自張宗騫《弜弗通用考》一文發表以來，‘弜弗通用’幾成定論，近十多年來又有學者對‘弜’作爲否定詞的用法進一步作了論證。將弜釋爲勿，意同不要，則這類‘命辭’如讀爲問句，真像裘文所説，‘就不知所云了’。但是，如按夏渌的意見，弜實比字，並非否定詞，則這類命辭便可另作解釋了。而且，帶‘比’的短語，有些是驗辭（比可訓及），當然可讀爲陳述句，但已與命辭的性質無關了。在這方面，夏渌所著《釋弜》及《再論甲骨文弜爲比初文》二文已有詳細論證，我基本上贊同他的見解，此不贅。”[②]

在該文最後，陳氏肯定：“除極少數罕見特例容或另加探討解釋外，絶大部分命辭可讀爲問句，或應當讀爲問句，而不得讀爲陳述句。這便是本文的結論。”這一結論，不僅與裘氏所説有别，也與主張命辭全是問句全要“施以問符”者不同。到此爲止，對於卜辭命辭性質不完全相同的看法，至少已有八種類型。

4. 第四篇文章是《甲骨文“不”字説》[③]，主要論述了這樣幾點：

（1）陳氏指出：“有少數‘不’置於兩個動詞之間，如稱‘雨不雨’；或用於動詞之後，置於句末（辭末），如稱‘雨不’。有這類‘不’字的卜辭當如何斷句，如何理解，却頗令甲骨學者感到棘手，值得探討，爲之一説。”

陳氏首先“説‘雨不雨’的斷句問題”，表示：“裘氏斷然否認‘不雨’是命辭的一部分，認爲‘無疑’‘都是驗辭’”[④]這一説法不能“無疑”，隨之列出

①同前頁注②。

②夏渌：《釋弜》，《武漢大學學報》（社會科學版）1981年第3期；《再論甲骨文弜爲比初文》，甲骨語言學討論會論文，1990年10月。

③此文原載《第二屆國際中國古文字學研討會論文集》，常宗豪等編輯，香港中文大學中國語言及文學系發行，1993年10月；後收入氏著《三鑑齋甲骨文論集》第147—154頁。

④裘氏之説見其發表於《中國語文》1988年第1期的論文《關於殷墟卜辭的命辭是否問句的考察》。陳氏指出：在相當長的時期裏，對於“雨不雨”，學者們或連讀爲“V不V”句式，或斷爲“雨、不雨”；對於“雨不”，則均讀不爲否，視之爲句末疑問語氣詞。近年裘錫圭教授對此類卜辭提出了新的見解。他一方面指出，“如陳夢家所設想的，由‘雨不雨’省略成‘雨不’的可能性，也是存在的”，另一方面又將“雨不雨”之“不雨”及“雨不”之“不”從命辭中劃分出來，視爲驗辭，並認爲“師組、賓組早期和歷組卜辭的卜雨之辭末尾的‘不’，大概都是驗辭”。對於占雨之外的命辭辭末的“不”，他也歸之爲驗辭或用辭。他的結論是：“總之，卜辭末尾的否定詞‘不’，有些是驗辭，有些是用辭，我們還没有發現任何確與後世的‘否’相當的用例。”陳氏最後强調：“若説凡辭末之‘不’非驗辭即用辭，則未免過於武斷，亦過於簡單化。”故陳氏要列出辭例如以反駁或另作解釋。

《合集》33875“乙酉卜今日雨不雨”一辭爲例指出，“除裘氏讀法（乙酉卜，今日雨。不。雨。）外，便還有四種讀法”，如：

乙酉卜，今日雨不雨？

乙酉卜，今日雨？不雨？

乙酉卜，今日雨不？雨。

乙酉卜，今日雨？不雨。

陳氏認爲：第一種讀法不妥[①]；第二種讀法可將“不雨”與“雨”看成是一組對貞卜辭的命辭[②]；第三、四種讀法，似一問一答，均有其合理性。所以陳氏肯定除第一種外，其餘三種讀法都有其合理性，並進一步强調：“這類占雨卜辭究竟如何讀法，當以具體情况而定，未可一概而論也。”

（2）陳氏繼而講“雨不”一類卜辭。

陳氏指出：“甲骨文時代尚無句讀符號，卜辭各部分的界綫，如命辭與占辭或驗辭的界綫，‘並非總是很清楚的’。但也不能據此而統統將句末的‘不’視爲驗辭。”並進一步表示：“大量的對貞卜辭辭例表明，一組對貞卜辭，一般只有一條驗辭。從這一點看”，“裘文將《合集》21052‘癸酉卜自今至丁丑其雨不’一辭辭末之‘不’”，“硬劃爲驗辭，理由並不充分。‘其雨不’，作爲正面設問，也是講得通的”[③]。

陳氏又指出：“將‘雨不’之‘不’皆視爲驗辭，在情理上也不易講通。爲何此類獨字（詞）句式的驗辭都是否定之‘不’，而無肯定者？又爲何盡見‘……雨不’，而無‘……雨雨’之例？”

陳氏再指出：“從語義的角度分析，‘雨不’之‘不’爲句末否定詞，表疑

---

①以《合集》12453之“貞翌辛未不其雨不雨”一辭來驗證，不能讀爲“雨不雨”。

②陳氏肯定，按照常理，命辭一般只能問一個問題，把“今日雨不雨”劃爲兩個問句顯然不合適。但陳氏又指出：如將“不雨”視爲“乙酉卜，今日不雨？”的省略形式（非省略的形式就是“乙酉卜，今日雨？”和“乙酉卜，今日不雨？”），“不雨”與“雨”是一組對貞卜辭的命辭，則這樣劃分也未嘗不可。意即第二種讀法也可以。爲此，陳氏列出了《乙》3398所契四組對貞卜辭作爲佐證：

乙未卜，永：其雨？不其雨？

丙申卜，永：其雨？不其雨？

辛亥卜，永：其雨？不其雨？

壬子卜，永：雨？不雨？

陳氏表示：據同版關係，可確知“雨”與“不雨”爲一組對貞卜辭之命辭。再考慮到本辭“不雨”二字單列一行，其作爲對貞的反面卜辭的省略，這種可能性也是不能排除的。陳氏還指出：《粹》670“壬子卜今日雨不雨”行款與此同，其下又契有“其雨”“不雨”兩辭（一直行，一左行），顯係對貞卜辭的省略形式，因此將“雨不雨”之“不雨”，視爲“壬子卜，今日不雨”的省略也是不無道理的。

③陳氏指出：“裘文將《合集》21052‘癸酉卜自今至丁丑其雨不’一辭之‘不’看作驗辭，理由是其對貞的反面一辭‘自今至丁丑不其雨允不’有‘允不’一語。”並表示，“‘允不’是照應‘不其雨’的。如是，此組對貞卜辭省却了占辭，但仍只有一條驗辭，符合一般規律，如果非要將‘雨不’之‘不’劃出來不可，則與其視爲驗辭，毋寧視爲占辭‘王占曰不’之省。”

問，‘不者否也’——這樣的理解既合乎情理，亦符合漢語的實際。動詞後加‘不’以示疑問，在當今北方方言中是大量存在的，如稱‘去不？’‘行不？’‘吃不？’‘好不？’‘喝不？’等等，是口語常説的。”“驗諸典籍，‘不’亦有作否定副詞用於句末之例。”陳氏先列出疑問句二例：《漢書·于定國傳》：“公卿有可以防其未然救其已然者不？各以誠對！”《漢書·王莽傳》：“司監若此，可謂稱不？”並指出楊樹達《詞詮》卷一稱此類“不”“作否字用”爲否定副詞。此後陳氏又列出多例（此從略），並肯定：“從以上分析已可明白，將‘雨不’一類卜辭的‘不’從命辭中劃分出來，一律視爲驗辭，既不符合卜辭通例，也不符合語言實際，看來並不妥當。一般來説，還是以‘雨不’連讀，視‘不’爲句末表疑問之否定副詞爲妥。”值得注意的是，陳氏緊接着特別着重説了這樣一句：“當然，也不排除個別‘不’是獨字句驗辭或占辭之省的可能性。”並强調，“這主要是指‘不’字並非緊接於動詞下而是獨占一行的情況。”如下列諸例：

乙亥卜，貞：丁丑其雨？不。　　《合集》11953

貞：今夕雨？不。　　《合集》12221

丁未卜，翌戊雨？不。　　《合集》12910

丙□[卜]，丁雨？不。　　《合集》11789

乙未卜，丁其雨？不。　　《合集》20239

在全文最後，陳氏慎重表示：“應該着重指出的是，無論‘不’是否命辭之一部分，是否命辭之句末否定詞，都不影響卜辭命辭之爲問句。”

5. 第五篇文章是《關於甲骨文“印”“執”二字的詞義問題》[①]。陳氏指出：“甲骨文‘印’‘執’二字習見”，“過去都把它們看作實詞——既是動詞，又是名詞。但這兩個字經常見於卜辭之末，尤多見於師組卜辭，加上其他一些因素（如與之同辭的一些字不能確釋），令人很難理解。李學勤同志於1980年發表《關於自組卜辭的一些問題》一文，其第四節‘語末助詞’對該組卜辭中‘印’和‘執’的用法作了研究，認爲它們都是語末助詞。”“1982年，美國斯坦福大學的倪德衛先生的論文《問“問”》對李文備加推崇，認爲：‘幸有李教授大作的指引，現在我們明白商代的貞人如果要寫一個問句，是有能力寫成像問句的句子的。’倪德衛由此進一步發揮：‘如果他（貞人）不用那些可用的質問語法，他就不是要寫一個問句。’易言之，没有疑問語氣词的句子就不是問句。這樣，就把李學勤同志的見解大大地引申了、擴大了。”“1987年，裘錫圭同志提出的論文《關於殷墟卜辭的命辭是否問句的考察》，在李説的基礎上又詳細論證了‘印’（裘文釋爲抑）和

①據陳氏自己的説明，此文初稿成於1989年11月，修訂稿完成於1993年6月，到了1998年10月，發表在中華書局出版的《出土文獻研究》第三輯，可見陳氏對此文所論問題，思考之長久，很可能有較深入的論證，值得注意。此文後來收入氏著《三鑑齋甲骨文論集》第155—160頁，可以參看。

‘執’爲句末疑問語氣詞。他不僅認爲這兩個字是‘最確鑿無疑的句末疑問語氣詞’，指出‘李説是不可移易的’，而且將討論的範圍擴大到賓組卜辭，徵引的卜辭例證也多至51條（其中李文已舉者21條）。”[①]

李、倪、裘三篇文章都確認，師組卜辭中命辭句末帶“印（抑）”和“執”的句子都是疑問句。陳氏則肯定：“這些句子是否疑問句，與‘印’‘執’之是否句末語助實際上並無多大關係。”陳氏指出：“按通常的理解，即使没有句末語助，命辭照樣可以是問句。”筆鋒一轉，陳氏提出：“師組卜辭中辭末的‘印’與‘執’究竟是否疑問語氣詞？如果是，裘文列舉的51例是否都是疑問語氣詞？”裘氏曾斷言：“如果不把上引諸例的‘抑’和‘執’理解爲句末疑問語氣詞，辭義絶大多數根本講不通，看作句末疑問語氣詞，就文從字順了。”陳氏則肯定：“倪文與裘文將所有處於句末的‘印’與‘執’看作疑問語氣詞是不妥當的，值得商榷的。”然後，陳氏從以下幾個方面舉例加以論述（也可以説是反駁）：

（1）陳氏表示：就是在李文列出的21條裏，有一部分的“印”釋作國族名或該族之俘虜，而與之同辭的“執”視爲實詞（義爲拘執、俘獲），辭義也可講得通，並不是非要把它們認作疑問語氣詞不可的。如下列各辭：

癸酉卜，貞：方其正今二月印，不執？余曰：不其正。允不。

《合集》20411（《乙》135）[②]

癸酉卜，王貞：自今癸酉至於乙酉，邑人其見方印？不其見方執？一月。　　《合集》799

陳氏指出：此二辭均與戰争有關。第一條印爲“方”征的對象，在結構上是動詞“正”的賓語。辭意是説，“方”在這二月份攻打印，不能有所執獲嗎？“印”顯然是方國名。關於第二條，李學勤是這樣理解的：“這是説：‘邑人能見到敵方，還是見不到敵方呢？’當然，此辭所卜與戰争有關，‘印’‘執’二字似有作實字讀的可能。”陳氏緊接着表示：“易言之，‘作實字讀’也可能講通。此辭之印與執實係同義詞，均指俘虜[③]，‘見方印’即‘見方執’，意謂巡視敵方之俘虜。”[④]陳氏共列五例，此二例實可爲代表，故其他從略。

（2）陳氏指出：有些卜辭之所以“根本講不通”，並不在於不把“印（抑）”和“執”理解爲句末疑問語氣詞，而是由於這樣兩種情況：一是卜辭中關

①李、倪、裘三篇文章前面已經提及，可參看。李氏所誤釋的那個字，裘氏釋爲印讀爲抑，因爲印、抑爲古今字；陳氏則認爲此字釋爲印，是，但不讀爲抑，後面有詳論，此不贅。

②此爲陳氏釋文。《殷墟甲骨刻辭摹釋總集》20411釋爲：癸酉卜貞方其征今夕印不執余曰方其征允不（原無標點）。與陳釋略異，但所釋之“印”和“執”全同。

③詳見姚孝遂《商代的俘虜》一文，《古文字研究》第一輯，中華書局，1979年。請注意，李氏應該已經讀過姚文，故有此説。

④甲骨文“見”可訓巡視、省閱，見徐中舒主編《甲骨文字典》，四川辭書出版社，1988年，第976頁。

鍵性的字尚未能確釋；二是卜辭殘缺影響釋讀，或拓本不清楚。陳氏表示，用這樣的卜辭來證明李説“不可移易”，“令人驚訝”。

（3）陳氏指出：除前已論及的“征印”“獲印”之辭外，還有“擒印”“喪印”諸語，值得注意。如：

庚戌卜，今日獸（狩），不其擒印？　　《合集》20757

☐王貞：馬方☐亟陕曰喪印☐　　《合集》20407

陳氏的解釋是：第一條屬田獵卜辭。衆所周知，商王田獵與軍事活動密切相關，或因田而戰，或因戰而田，故除擒獲野獸外，卜辭中常有關於俘獲敵方人員的占卜和記録。所謂擒印、獲印，實與擒豕、獲羌同例，是抓住俘虜。第二條之“喪印”則與卜辭屢見之“喪衆”同例，“喪”義爲喪失（實即逃跑），“印”乃指由俘虜轉化而成的奴隸尤爲明顯。

（4）下引兩條卜辭中的“印”和“執”，也很難看作是句末疑問語氣詞：

貞：御婦印，勿執？　　《合集》802

☐申卜，束御子自祖庚至于父戊印？　　《合集》22101

陳氏的解釋是：第一條中的“印”“執”乃是祭祀時的犧牲，如同“羌”之類。這是問用“印”奴而不用“執”來進行禦祭是否可以。目的是要在“印”與“執”中作出抉擇。第二條句末的“印”也當視爲祭祀的人牲，而非疑問語氣詞。

（5）陳氏指出，商代金文迄今未見“印”“執”二字。西周以後的銅器上始見“印”“執”二字。“印”見於毛公鼎，“用印卲皇天”，讀爲仰，又見於曾伯簠“印燮繁湯”，義爲安，治也；“執”見於兮甲盤、散盤、多友鼎、虢季子白盤諸器，亦見於戰國中山王兆域圖，或訓拘捕，或訓執掌、辦理，均無用作語氣詞之例[①]。又，根據張振林同志的研究，西周前期與中期金文均不見句末語氣詞，西周後期金文才偶見；古文字資料中的句末語氣詞主要見於春秋戰國時期[②]。

陳氏還指出，傳世文獻亦絶不見有以“抑（印、抑爲古今字）”“執”爲句末語助或云句末疑問語氣詞之例，“抑”“執”二字的實詞意義與甲骨文一脉相承，屢見不鮮。當然，“抑”也是虚詞，用爲語助詞、嘆詞（通“噫”），見於《詩》；用爲表示轉折、選擇的連詞，見於《左傳》《論語》《孟子》諸書，則是春秋戰國時候的事，且均置於分句之句首，絶不見有用於句末之例。而同時句末語氣詞已甚發達，表疑問者有乎、耶（邪）、歟、哉等字（詞），獨獨不用“抑”。這些情況，對李學勤、裘錫圭等人的見解而言，無異是一反證，是直接抵觸的，同樣是不好解釋的。

陳氏最後肯定：卜辭中的“抑（印）”和“執”根本不是什麽句末語助或疑問語氣詞，它們都是實詞，“抑”的虚化是春秋戰國時代的事。

---

①詳見新版《金文編》並陳初生編撰之《金文常用字典》。

②張振林：《先秦古文字材料中的語氣詞》，《古文字研究》第七輯，中華書局，1982年。

六

對上述問題，朱歧祥發表了三篇文章參與討論。

1. 第一篇文章是《殷墟卜辭的命辭是問句考辨》①，基本上是針對裘文而論，主要意見如下：

（1）朱氏指出："裘文列舉的'抑''執'二字，事實上可不必解作句末語氣詞。"並列出辭例加以證明，如：

丙午卜，王……其以執、奴？　　　　《合集》19789

朱氏以爲"執"，"象人受枷鎖之形"，其用意爲祭牲；又將多數學者釋爲"印（印、抑古今字）"的那個字釋作"奴"，以爲"應視爲人牲"。既然此辭"以"字後面的"執"爲祭牲，"奴"爲人牲，當然不可能是"句末語氣詞"。這裏不僅關係到卜辭應如何解釋的問題，還牽涉到某些甲骨文字如何釋讀的問題，值得注意、重視。

（2）朱氏以爲"'V不V''V弗V''V亡V''V不'的句式確實有若干可以個別的理解爲命辭和驗辭的組合，然而却並非絶對都是如此"，並列出18例爲證。如：

乙亥卜貞：丁丑其雨不？　　　　《合集》11953

朱氏指出："細審以上諸例，'不'字與前文命辭部分的位置十分緊密，不似屬於不同時間分書而成的兩部分。'不'字讀爲句末疑問詞的'否'，於上下文意均可通順，吾人實無由判斷'不'字必當孤立視作驗辭。"

（3）裘文在論述"V不V"式卜辭這部分的最後，列出了這樣一條卜辭：

癸酉卜，出貞：旬有亡禍在入（内）。　《合集》41228

裘氏指出，辭中的"有亡"相當於現代漢語的"有没有"，所以"肯定是一個問句"。但是裘氏又因這條卜辭是摹本，並肯定"這種叠用'有''亡'的句式在已著録的卜辭中是一個孤例"，從而斷定"此辭可能有誤刻或誤摹之處"。然後總結云："總之，在殷墟卜辭大量不帶句末疑問語氣詞的命辭裏，撇開上面提到的'旬有亡禍'一條不論，我們還没有找到一條確切無疑是選擇問句或反復問句的命辭。"

對於裘氏之論，朱氏反駁指出："卜辭雖罕見'有亡'之例，但却有不少'有不'連用的例子，此應可作爲'有亡'曾出現於殷商句子中的佐證。"如：

---

①此文是1994年提交給在廣東東莞召開的中國古文字研究會年會的論文，後刊於《容庚先生百年誕辰紀念文集》，1998年由廣東人民出版社出版。

辛未卜，賓貞：王有不征？

貞：王亡不征？　　　　　　　　　　《合集》5354

朱氏由此指出："《合集》41228的'旬有亡'一辭，應即'旬有禍？旬亡禍？'一組選擇問句的合書，翻成白話即'下一旬有禍害嗎？下一旬没有禍害嗎？'的意思。"

值得注意的是《甲骨文合集》收録41228這一辭，當是肯定此爲真品，《殷墟甲骨刻辭摹釋總集》則明確指出此辭是"僞刻"。《摹釋總集》出版於1988年2月，實際完稿於1986年上半年，姚孝遂爲該書所寫之《序》可證。裘文撰寫時未見過《摹釋總集》。《摹釋總集》出版之後的90年代及其後，當有不只一位學者讀過或參考過；甚至亦當有讀過裘文和朱文者參看過，竟無一人對此問題表示過意見，可見學界確是在深深地考慮。

（4）朱氏指出："裘氏文中最强而有力的論據是在第三部分。卜辭的内容確有若干是矛盾和前後不可解的，但這和命辭是否爲問句並没有必然的關係。"

前面講到，裘氏認爲《合集》6482正的"王比望乘伐下危，受有祐"（正面卜辭）和"王勿比望乘伐下危，弗其受有祐"（反面卜辭）只能翻譯爲"王偕同望乘去伐下危，能受到保祐嗎？"（正面）和"王不偕同望乘去伐下危，不能受到保祐嗎？"（反面）因而裘氏肯定："這種命辭只能理解爲陳述句。"以反面卜辭而論，裘氏以爲，作爲陳述句，是"在否定形式的陳述句之後，隱含一個意義相反的假設句"，當譯爲或理解爲："王不要跟望乘一起去伐下危（如果跟望乘一起去伐下危），將不能得到保祐。"朱氏指出："裘氏對於對貞中否定句的理解是採取增字解經的方式，在句中附加一隱含的假設語句。然而此假設並無任何卜辭的證據。"朱氏進一步表示："此類{±；±}的對貞，不管是肯定句，抑或是否定句，其結果都是一致的。肯定式的複合句，其祈求的結果自然是肯定的，而否定式的複合句，其結果也同樣是肯定的。"如：

庚戌卜，㱿貞：王立黍，受年？

貞：王勿立黍，弗其受年？　　　　　　《合集》9525正

朱氏認爲："這種語言的謬誤，事實上是當時占卜者一種愚民的詭辯手段。"此當是一種值得思考的觀念。

（5）裘氏肯定："我們還没有找到一條確鑿無疑是選擇問句或反復問句的命辭。"朱氏則表示："這句話似乎值得商榷。"並指出："吾人由對貞卜辭的選擇式語氣，及成組成套卜辭的反復占問，都可以明確地證明命辭具備疑問的語氣。"然後列出一百多條辭例予以證明。此僅選列數例以供研讀：

壬午卜：今日雨？允雨。

不雨？　　　　　　　　　　　　　《小屯南地甲骨》100

乙酉卜：王往田，从東擒？
从南擒？　　《屯南》1124
庚子卜：妣辛歲，叀牡？
叀牝？　　《屯南》2683
貞：叀翌乙亥酌？六月。
貞：于來乙酉酌？六月。　　《英國所藏甲骨集》184
壬午卜：丙雨？
壬午卜：乙雨？　　《屯南》2287
癸卯貞：旬亡禍？
癸丑貞：旬亡禍？　　《屯南》2568

2. 第二篇文章是《釋“貞”》①。朱氏指出：“殷墟甲骨文是殷人問卜的記録。大量早期的成組對貞卜辭，正是當日殷人對於猶疑不决的事情，站在正反或重複詢問的角度去祈求鬼神判定吉凶取捨。甲骨學界自董彦堂以降，都一直把卜辭理解爲問句。唯近年西方學者對於卜辭性質却有不同的看法，其中關鍵的問題便是對於卜辭中常見的‘貞’字的理解。”②故朱氏特作此文，“嘗試就‘貞’字在殷卜辭的用法，進一步討論訓貞爲正、爲定的不確，反而《說文》解釋‘貞，卜問也’應是有其歷史根據的。”朱氏所論主要有兩大内容：

（1）論貞、卜的關係

《說文・卜部》：“貞，卜問也。从卜，貝以爲贄。一曰：鼎省聲。”朱氏指出，貞字本象鼎形，借用爲貞卜之義。“貞”字常見用於前辭的後面，以帶出命辭貞問的内容。

《說文・卜部》：“卜，灼剥龜也。象灸龜之形。一曰：象龜兆之從横也。”朱氏指出，卜字本義爲灼甲骨的裂紋，引申有就卜兆而問吉凶的意思。

據朱氏統計，殷墟卜辭中前辭的形式大致有12種③，並指出“卜辭是先卜而後

①朱文刊於《訓詁論叢》第二輯第119—132頁，臺北文史哲出版社，1997年4月。

②所謂西方學者，主要是指：美國加州大學伯克利分校吉德煒教授於1972年發表的《釋貞——商代貞卜本質的新假設》一文中，提出《說文》釋“貞”爲“卜問”乃屬後起的解釋，他將“貞”“正”連接，而釋卜辭前辭中的“某（貞人）貞”爲“由某（貞人）正之”；華盛頓大學的舒珠教授在1974年發表於《通報》卷60的《商代卜辭語言研究》一文中，也以“正”“定”一類意義來解釋貞卜的“貞”，他認爲“貞”的意義近於檢驗、校正，命辭所説的就是需要檢驗、校正的行動方針，等等。另外也指1989年芝加哥大學夏含夷教授在他主編的*Early China*第14期第152—172頁，發表了裘錫圭教授文的英譯，並由David S. Nivison、范毓周、饒宗頤、Jean A. Legeuvre、李學勤、王宇信和夏含夷諸先生分别撰文評述。其中除了范毓周外，諸位學者似乎都支持命辭有屬非問句的説法。

③這12種形式如下：

1. 干支卜：……

2. 干支卜，貞人:……

3. 干支貞：……

貞”；貞“與前辭中的‘卜’‘曰’關係密切”。朱氏還指出，卜辭常見“干支卜”同版，或“干支貞”同版，但也有其他句型，朱氏共歸納出9種：

[1]貞、卜同版（同版即表明兩者性質相當、用法相同，下同），是知“卜”和“貞”性質相當。

甲子卜：雨？

乙丑貞：雨？　　《屯南》109

[2]卜、卜貞同版，可見二者的用法相同。

丁丑卜：王田，叀乙？

丁丑卜貞：王田，叀丙？　　《甲》3919

[3]貞、卜貞同版例。

己酉卜貞：王其田，亡災？在黄餗。

庚戌貞：王其田，亡災？

辛亥貞：王其田，亡災？　　《屯南》2182

[4]卜貞、卜某貞同版例。此類“用法十分普遍，是知‘卜貞’的用法可合書，可分言”。

戊午卜，貞：王其田，往來亡災？

戊辰卜，狄貞：王其田，往來亡災？　　《甲》2066

[5]由命辭辭例證卜、貞、卜貞、卜某貞同用例[①]。

□丑卜：旬亡禍？　　《甲》1055

癸丑貞：旬亡禍？　　《屯南》2353

癸丑卜貞：旬亡禍？　　《甲》2410

癸酉卜，争貞：旬亡禍？十月。　　《甲》2106

[6]卜、貞後接對貞例。

壬午卜：今日雨？允雨。

不雨？（正反對貞）　　《屯南》100

（接上頁）4. 干支卜，在某地貞：……

5. 干支卜，在某地：……

6. 干支卜，貞：……

7. 干支卜，某（貞人）貞：……

8. 干支王卜，貞：……

9. 干支王卜，在某地貞：……

10. 干支卜，曰：……

11. 下支卜，貞曰：……

12. 干支卜，曰貞：……

①此類現象，朱氏共分6項各列數例爲證，今爲簡明，僅選列4例，大體似能表明朱氏之意。其詳可見原文。

癸未貞：叀乙酉延方？

癸未貞：于木月延方？（正正對貞）　　　《屯南》171

[7] 卜、貞後接驗辭例。朱氏指出："驗辭爲占卜某事後追刻的結果，往往附於卜辭的後面。由以下諸例，見卜、貞、卜貞、卜某貞等前辭後都有帶出驗辭的用法。"

戊寅卜：啓？己卯允啓。

不啓？　　　《屯南》1009

□申貞：王步？甲王不步。　　　《屯南》2224

壬戌□貞：王其田午，亡災？擒兕。　　　《屯南》3663

丙午卜，ㄐ貞：羽丁未步，易？丁未王步，允易。

《屯南》2113

[8] 卜、貞後接兆語例。朱氏云："兆語爲貞人審視卜兆後的判斷語，如吉、兹用、不用等是。"

癸酉卜：父甲夕歲，叀牡？兹用。　　　《屯南》1031

庚子卜：祖辛歲禍？吉。不用。　　　《屯南》139

辛酉貞：癸亥又父□，歲五牢？不用。　　　《屯南》723

[9] 卜、貞省略例。

癸丑卜：又小卜辛？

癸丑卜：又小卜辛：羊、豕？四月。

癸丑：又小卜辛：羊、豕？（省卜字）　　　《屯南》4513①

壬午卜，㱿貞：亘允其𢦏鼓？八月。

壬午卜，㱿貞：亘弗𢦏鼓？

癸未卜，㱿：燎黄尹一豕、一羊，卯二牛，冊五十牛？（省貞字）

《丙編》177②

最後，朱氏肯定："根據以上九項辭例的互較，卜辭中'貞'和'卜'用法的一致和緊密交錯是不容置疑的。因此，貞字作'卜問'解，强調占卜而問鬼神的意思，下開命辭問卜的内容，這在殷卜辭上下文中的理解是毫無問題的。反而如以晚出文獻的'正''定'意來訓解甲骨文中的貞字，則是無視'卜''貞'二字相互扣連、代用的存在。"

（2）論貞、曰的關係

朱氏認爲："卜辭占辭常見'王占曰'例，是殷王根據卜兆而提出擬測的語言。"隨後指出：

---

①此版卜辭有不完全相同的釋讀，請注意。

②亘爲人名；𢦏在此用爲動詞，或釋殺；冊在此爲用牲之動詞。

[1]《英藏》1117和《丙編》382有“王占卜曰”之例，“是知‘卜曰’又可省作‘曰’，可見‘卜’與‘曰’二字用法的緊密”①。

[2]“卜辭中習見‘卜貞’連用，間亦有‘卜曰’連用的例子（如《甲編》2271的‘辛丑卜曰’和《甲編》3104的‘丁卯卜曰’），‘曰’字取代‘貞’字在前辭中的位置，下開命辭的用法。是以，貞、曰二字的用義亦應相類。”

[3]“王曰貞”（《甲編》2577）可省作“王曰”（《甲編》2907），“復互見‘貞’和‘貞曰’同版（《甲編》2498），更可證明（貞和曰）二字用義的密切。”

最後朱氏强調：“曰，本有‘説’的意思。《説文》：‘曰，詞也。从口，乙聲。’”“‘貞’字既有‘曰’的意思，在卜辭中作爲‘問説’解，顯然比理解爲‘正’爲‘定’來得合理。”

朱文的結論：“卜辭中貞字用爲動詞，乃殷史官或殷王灼甲骨問卜時帶出命辭的習用語。貞和卜用法一致。混言之，貞、卜是同義詞；細審之，卜强調灼甲骨的過程，貞則强調占問。西方學者釋甲骨的貞爲正爲定，均無法合理的解釋以上無數卜、貞、曰互見的關係。《説文》訓‘貞，卜問也’所代表的，應該不只是東漢時人對於貞的瞭解。由本文對卜辭中貞字的分析，它作爲‘卜問’的傳統用法是有其堅實根據的。貞字既屬卜問之詞，貞字下開的命辭屬於疑問句式自然更不容置疑了。”

3. 第三篇文章是《由“不”的特殊句例論卜辭命辭有屬問句》②。朱氏指出：“殷卜辭是詢問鬼神的預測性語言。因此，貞卜的內容屬於問句的性質，這在殷商當日應是一普遍的共識。加上刻寫的空間限制和避免繁冗等客觀因素，史官在記録卜辭時並没有也不需要在每一條卜辭後都附加上疑問語詞。於是，遂造成了近人對於卜辭是屬於疑問語抑或是陳述句的争議。”對此，朱氏“針對殷卜辭中仍保留的句末疑問語詞，論證‘命辭有屬問句’的理解應該是比較合理的”。

朱氏肯定，古文獻中“不”“否”二副詞通用，有同樣的置於句末作爲疑問語詞，“相當於現代口語‘嗎’的功能”，如《莊子 • 天地》中“未知中否”，雲夢秦簡《法律答問》中“當三環之不？不當環，亟執勿失”。相對的，殷卜辭的“不”字一般用作否定詞，前置於動詞，但亦已有出現於句末，作爲問句的形式。如：

（1）“動詞—不”例（7例列1）

戊辰卜，己啓不？

己巳卜，庚啓不？　　　　《合集》33871

（2）“動詞—賓語—不”例（6例列1）

甲寅卜，侑祖乙三宰不？　　　　《合集》22175

①學術界對《英藏》1117有不同看法，請注意。

②朱文刊於《第三届國際中國古文字學研討會論文集》，香港中文大學1997年出版。

（3）“介詞—賓語—不”例（2例列1）

貞：其告秋于上甲不？　　《屯南》2906

（4）“賓語—不”例（4例列1）

丁卯卜，貞：兹妣井不？　　《合集》2510

（5）“主語—不”例

貞：舌方不？允出。　　《合集》39621

朱氏云：“本版據驗辭的‘允出’，推知命辭是在貞問舌方有否出現於殷邊的‘舌方出？舌方不出？’的意思。‘舌方’一詞宜爲主語的性質。”

（6）“主語—動詞—不”例（6例列1）

乙巳卜，今日方其至不？　　《合集》20410

（7）“主語—動詞—賓語—不”例（6例列1）

甲戌卜，王圍獲鹿不？　　《合集》10311①

（8）“時間副詞—不”例（9例列1）

癸酉卜，方至今不？　　《合集》20409

朱氏指出：“細審以上諸類命辭中出現句尾‘不’的用法，‘不’字的位置與命辭的上文緊密相連，多一行而下，明顯的是刻者一次寫成的。因此，吾人無法將‘不’理解爲命辭貞問事發生以後追記補刻的驗辭。”

朱氏又指出：“‘不’在這些句子中的性質只有兩種可能：一是視爲否定句式的移位，否定詞後移於句末，二是將‘不’作爲句末的疑問語氣詞。”爲了證實，朱氏又從幾個方面舉例加以考察。

（1）“不—動詞—不”例

壬戌不吉不？　　《合集》14002

朱氏表示：這種句式，“動詞之前已有否定詞‘不’，所以句末的‘不’如又視作否定詞後移是没有辦法理解的”。

（2）壬申卜，曰今五□方其征不？

壬申卜，自今三日方不征不？　　《合集》20412

朱氏肯定：這版“對貞的肯定句和否定句的句末都增置一‘不’。這種‘不’字自然都無法作否定詞來理解”。

（3）癸酉卜，自今至丁丑其雨不？

自今至丁丑不其雨？允不。　　《合集》21052

朱氏指出：“由驗辭的‘允不’附於否定句後，可以反證對貞的第一句爲肯定句。‘其雨’和‘不其雨’爲常態的對貞句例。在肯定句末則多置一‘不’

①辭中的“圍”爲朱氏所釋，原字構形爲□，或以爲仍當釋征，詳見《甲骨文字詁林》第一册第790—809頁第0821號“正”“征”字頭下。

字。”

（4）丙子卜，弗其克？允不。　　　　《合集》20572

丙子卜，其克今以不？　　　　《合集》20573

朱氏表示：“以上兩版殘片宜爲同一事的正反對貞。對照《合集》20574‘乙亥卜，今日克以？’一辭，《合集》20572應該是‘丙子卜，弗其克今以？允不。’的省文。”“本組對貞的肯定句《合集》20573 的句末增置一‘不’字。”

（5）庚辰卜，辛巳雨不？

庚辰卜，辛巳雨不？　　　　《合集》33829

朱氏指出：“在正正成組對貞和選擇式對貞中，亦見有在句末增置‘不’的句例。‘不’均讀爲‘否’，具疑問語氣。”如上列卜辭，連續卜問次日辛巳日下雨嗎？

（6）乙卯卜，師：一羊父乙不？

二羊父乙不？五曰。　　　　《合集》19932

朱氏認爲：“本版卜問是次祭祀父乙的祭牲，用羊一頭抑或二頭？乃選擇式的對貞。這與一般正面貞問的‘一羊父乙？二羊父乙？’例的句意顯然是没有分别的。這種句末緊接‘不’的祭祀類命辭並不是孤證。”隨之列出十例爲證。

因爲本文是由“不”的特殊句例論卜辭命辭有屬問句，所以，朱氏特别論及“雨不”和“雨不雨”例卜辭。朱氏指出：“卜辭中命辭復多詢問‘雨不’例，相當於‘雨否’，意即‘雨嗎？’，此一句例的演變理論上是由第一期常態正反對貞的‘干支雨？干支不雨？’，過渡至第一期以降整合爲單句貞問的‘干支雨不？’。其意義亦相當於‘干支雨不雨？’和‘干支雨干支不雨？’的用法。”例：

（1）“雨不”例（23例選列7）

戊子卜，余，雨不？庚大啓。　　　　《懷特》1496[①]

辛卯卜，癸巳雨不？　　　　《屯南》4350

乙亥卜貞：丁丑其雨不？　　　　《合集》11953

辛卯卜，王，甲午日雨不？　　　　《合集》20036

戊寅卜，于癸舞，雨不？

乙未卜，其雨不？　　　　《合集》20398

丙戌卜，雨今夕不？

丙戌卜，三日雨？丁亥隹大食雨。　　　　《合集》20961

（2）“雨不雨”例（17例選列4）

---

①《懷特》爲《懷特氏等所藏甲骨文集》之簡稱。

壬子卜，今日雨不雨？　《合集》33889
其雨兹不雨？　《合集》33909
壬午卜，來乙酉雨不雨？　《合集》21065
甲申卜，乙雨乙不雨？
甲申卜，丙雨丙不雨？
甲申卜，丁雨▨？　《合集》33843

朱氏指出："這許多接連貞問來日將要'雨不''雨不雨''干支雨干支不雨'，屬於不固定式的句組。無論如何是無法單獨用直述的語氣來理解的。特别是《合集》33843一版的'乙雨乙不雨''丙雨丙不雨'例，如果不視爲正反的疑問句式來看，這樣的句子是没有任何意義的。因此，相印證'雨不雨'的句式，'雨不'一例句末的'不'字，明顯是一個疑問語氣詞的用法。"

卜辭中"動詞—否定詞—動詞"這一類句型，朱氏肯定"顯然不是特例"。爲了進一步認識上述常見的"雨不雨"句式的性質，朱氏又列出以下若干同類型句例（12例選列7）：

丁酉卜，王逐鼓，告豕，獲不獲？允獲。　《合集》40153
己未卜，雀獲虎弗獲？一月。在而。　《合集》10201
辛巳卜，取岳比不比？　《屯南》4513
戊戌卜，王其逐兕，擒弗擒？　《屯南》2095
戊申卜，啓不啓？　《合集》33974
丙申卜，巫禦不禦？　《合集》5651
今日方其圍不圍？延雨自西北少。　《合集》21021

這些"獲不獲""獲弗獲""比不比""擒弗擒""啓不啓""禦不禦""圍不圍"句式，朱氏歸之爲"V不V"型，以爲是"正反詢問用法"，並認爲"這種句式下開雲夢秦簡'當不當''得不得''遝不遝''論不論''出不出'等問答形式的句例。其中《法律答問》一條'食人稼一石，問：當論不論？不當論及賞稼。'句中的一'問'字，更明白地點出'V不V'的句形是問句無疑。"最後，朱氏肯定："總括上述正反對貞句末置'不'，選擇式問句句末置'不'，和'雨不''雨不雨''雨抑不雨'等項辭例的討論，'不'字置句末的功能，具有詢問、疑惑、反詰、選擇的意味。這與古文獻的'不''否'在句末的疑問用法相當。因此，卜辭中這些特殊的'不'字例正足以證明命辭有屬問句的可能性。"①

①"雨抑不雨"一例見《合集》21022。朱氏指出："'V不V'的正反詢問用法，偶有把其中的'否定詞—動詞'前移，如：《英藏》1948之'丁酉卜貞：子弗疾有疾？'"可供思考。

七

張玉金於1999年宣講了《殷墟卜辭命辭語言本質及其語氣研究述評》一文[①]，張氏指出：對卜辭命辭語言本質及其語氣問題，中外學者們有種種解答。概括起來說，有以下七種：

1. 卜辭疑問質問説

張氏云："古書上有'卜以决疑，不疑何卜'（《左傳 • 桓公十一年》）這樣的話，因此學者們把占卜看作是决疑的手段，認爲卜辭命辭所記載的就是向龜甲發問時所説的話。"1904年，孫詒讓《契文舉例》首先釋出"貞"字，並認爲應取《説文》"貞，卜問也"這樣的訓釋，是一大貢獻。1910年，羅振玉《殷商貞卜文字考》確認"貞卜"的意思就是問卜。1932年，郭沫若《卜辭通纂》認定"卜辭大都是疑問之辭"。1953年，管燮初《殷墟甲骨刻辭的語法研究》談到了疑問句，所舉例證都是卜辭中的命辭。1956年，陳夢家《殷虚卜辭綜述》第87頁肯定："卜辭通例，凡命辭都是發問，占辭都是預測也是發問。《説文》云'貞，卜問也'，'占，視兆問也'，是對的，凡問話的語氣都是不定的。"1965年，張秉權《殷虚文字丙編 • 考釋》輯（二）第445頁批駁了饒宗頤所提出的在"癸未卜，争貞：旬亡禍"（《粹編》1424）後加問號不可通的觀點之後，肯定"那一條還是應當屬於疑問語氣的卜辭，它下面還是應該施以問號的"。1973年，李達良在香港《聯合書院學報》第11期發表《卜辭之句式及其疑問詞》一文也認爲卜辭命辭是疑問句。目前，國外的大多數學者仍認爲卜辭命辭都是問話，也都不支持命辭是非問句的主張。

2. 卜辭命龜説

張氏指出，這是董作賓的觀點。1929年，從殷墟大連坑出土了四枚刻字的大龜版，董作賓據以寫出了《大龜四版考釋》，刊於《安陽發掘報告》第3期。他在文中説："在四版中，關於書契卜辭一項……貞卜法中最大的發現，就是左右對貞（右邊刻肯定句，左邊刻否定句）、一事兩决之例……今由大龜版所啓示，可知吾人所稱卜辭者，實爲卜時命龜之辭，亦即貞辭。貞訓'卜問'，卜以决疑，因有疑而問之於龜，所以貞辭也就是問事命龜之辭。"説明他也接受了孫詒讓、羅振玉等人的

①1999年8月20日至23日在河南安陽召開了"紀念甲骨文發現100周年國際學術研討會"，在此次會上，張玉金向大會提交並宣講了這篇論文。此論文後來收入《紀念殷墟甲骨文發現一百周年國際學術研討會論文集》第260—270頁，2003年3月由社會科學文獻出版社出版。

觀點，把命辭看成疑問句，但强調對貞。後來，日本學者白川静將董氏之説稱之爲“命龜説”，但未作解釋。再後來，日本學者高嶋謙一在《殷代貞卜言語的本質》一文的第11頁指出，所謂命龜，可以説成是命選擇。命令選擇，就是把肯定句和否定句告訴給龜，從而尋求對某一方面加以肯定或否定的卜兆[①]。張玉金表示：“高嶋謙一的解釋未必可信，照我們的理解，所謂命龜，就是把有疑惑的問題説給龜而令其回答。卜辭命龜説和卜辭疑問質問説結合起來，對於正確認識正反對貞卜辭的語言本質有重要意義。但是，應該知道，卜辭除了對貞的形式以外，還有其他多種形式，不能把‘對貞’當作唯一的形式。”

3. 卜辭修祓祝禱説

張氏指出：（1）日本學者白川静在《卜辭的本質》[②]一文中認爲卜辭的語言具有修祓祝禱的性質。所謂“修祓”，就是指除去不祥，即貞人或殷王自身，爲了聖化王者，使他們支配的時間和空間潔凈而進行的。所謂“祝禱”，就是殷王作爲巫祝者，通過神龜向宇宙的統一者祈求卜意的實現。由於卜辭語言的本質如此，故卜辭的命辭不能看成疑問句。（2）白川静反對董作賓卜辭命龜説，其理由主要有三：一是在龜版獸骨上刻字，僅見於殷王朝，這樣的行爲，表明了殷王既作爲神聖的王者又作爲魔術師（咒術者）的性格。二是在轉述龜卜詳情唯一的古文獻《史記・龜策列傳》中，均無記載在龜版上刻字之事，則當時與殷代卜法不同。在《龜策列傳》中有32條以“命曰”開始的句子，使得董作賓形成了命辭是命龜之辭的看法。三是從卜法上看卜辭命龜説也不能成立。

張氏表示，白川静反對卜辭命龜説的前兩個理由都不能成立：殷墟卜辭並非都是王卜辭，還有非王卜辭；在甲骨上刻字並非殷代特有現象，西（先？）周亦有，如周原甲骨；《史記・龜策列傳》中的“命曰”，並非人命令龜，而是龜對人類下命令，董作賓所説的命龜之辭，並不是指以“命曰”開始的32個句子，而是指以“卜（曰）”開始的23個句子。張氏强調，白川静的卜辭修祓祝禱説，是他以宗教學的觀點解釋殷代占卜後形成的。有些卜辭足以證明白川静説爲謬。如：

[1] 在酒豆田受禾。

不受禾。　　　　　　　　　　《人文》1932

①高文刊於《東洋文化研究所紀要》第110册。

②《立命館文學》第62號第19—44頁，1948年。

[2] 貞：王夢，不禍。

甲寅卜，争貞：王夢，唯禍。　　《合集》1878[①]

對“不受禾”“唯禍”這樣的卜辭，白川静是用“質疑説”來加以解釋的；而對“受禾”“不禍”這樣的卜辭，白川静才用“修祓祝禱説”來解釋。同樣是“貞”字之後的命辭，却有了兩種解釋，“這是難以讓人接受的”。

4. 卜辭預言宣言説

張氏指出，這是美國加州大學伯克利分校的吉德煒（Bavid N. Keightley）在《釋貞——商代貞卜本質的新假設》一文中提出的觀點[②]，美國華盛頓大學的舒琜（Paul L-M. Serruys）表示贊同[③]。吉德煒認爲，商代卜辭語言，不是質問，而是預言，是爲得到神祇允諾而發表宣言的人們的意向聲明。所謂“預言”，是預見的宣示，是人們對未來事情的預測；而“宣言”是意圖的宣示，是包含貞人在内的王室方面的意志和意向的表述。吉德煒在論文中反對卜辭疑問質問説，從下面幾個方面闡述自己的觀點：一是對“貞”字字形的再思考；二是對《説文》“貞：卜問也”這樣訓釋的由來的説明；三是對古文獻中“貞、卜、命”等詞意義的新解釋；四是對卜辭言語類型的分析；五是關於卜辭“貞”字意義的新闡釋；六是對卜辭魔力説的介紹。張氏强調，有許多卜辭，根本無法用預言宣言説來解釋，如：

（1）貞：勿于妣庚。

貞：于妣庚御婦好。　　《續存》上 317

（2）于小乙禱。

于祖丁禱。

于父己禱。

于父甲禱。　　《合集》27348

（3）貞：方允其來于沚。

不其來。　　《合集》6728

（4）父乙不賓于祖乙。

貞：父乙賓于祖乙。　　《丙編》338[④]

①《人文》即《京都大學人文科學研究所藏甲骨文字》，貝塚茂樹纂輯，1959年出版圖版篇兩册，本文篇（釋文）一册於1960年出版。卜辭釋文一依張氏。如[1]辭的“酒”字爲張氏所釋。張氏之前，島邦男編《殷墟卜辭綜類》第606頁已釋酒。據《殷墟卜辭綜類》第499頁下欄倒數第2行所引，本辭作“在酒盂田，受禾。”又如[2]辭，《殷墟甲骨刻辭摹釋總集》參照白于藍《殷墟甲骨刻辭摹釋總集校訂》（福建人民出版社2004年出版）的釋文爲：貞：王夢，不□禍。甲寅□，爭貞：王夢，惟禍。

②太平洋沿岸亞洲研究學會會議論文，加州蒙特利，1972年。

③《商代卜辭研究》，《通報》1974年。

④排列、釋文一依張氏，如所釋之“禱”，多數不如此釋，今未改。又如（4）的排列，《丙編考釋》將“貞：父乙賓于祖乙。”置於“父乙不賓于祖乙。”之前，今未改。爲了便於覆核，（2）之出處原誤作《合集》37348，今徑改。又，《續存》上317，即《合集》2617，可供參考。

張氏表示，如果把命辭看成宣言，那麼例（1）的内容是矛盾的，就是説人們宣示出的意向是相反的；而例（2）的内容是不定的，就是説人們同時宣示出了四種不同的意向，這是很奇怪的。如果把命辭看成預言，那麼例（3）、例（4）的内容也是矛盾的，人們宣示出了兩種相反的預言。可見卜辭預言宣言説難以令人信從。還有一個問題，預言宣言説難以回答，那就是人們爲什麼要進行龜卜。古人早就説過，"卜以决疑，不疑何卜"。如果把卜辭看作是宣言預言的記録，那麼占卜就不是决疑的手段了。最後張氏指出，事實上，吉德煒本人也是把卜辭預言宣言説看作是導向卜辭魔力説的過渡性質的學説，而不把它作爲一個獨立的學説。

5. 卜辭魔力説

張氏指出，吉德煒在《釋貞——商代貞卜本質的新假設》一文中注意到甲骨文不是用毛筆寫上去，而是用刀刻上去的。他認爲這暗示了其咒術的性質。他以爲，契刻這樣的事實，重要的是要通過契刻而對未來起積極的作用，即他所説"命辭是對未來的咒語"。他還進一步指出："如果把命辭看成疑問句，那麼它就不是咒語。"所以反對把命辭看成疑問句。這樣，命辭的内容就被理解爲"模仿魔術"，也就被某些學者認爲吉德煒提出了卜辭魔力説①。

有這樣一類辭，如（6例列3）②：

（1）庚戌卜，亘貞：王弗疾骨。王占曰：勿疾。　　《丙編》334

（2）己巳卜，㱿貞：充不死。王占曰：吉，勿死。　　《丙編》438

（3）貞：不唯禍。王占曰：吉，勿隹禍。　　《丙編》514

張氏指出，上引諸例中的占辭，其中動詞所表示的，對占卜者來説都是不好的，不希望的。占辭中所用的否定詞都是"勿"，而"勿"所否定的動詞，其所表示的則是辭主所能控制的行爲變化③。這樣，在占辭中用"勿"就反映出了占卜者的心態，即企圖通過"勿"的使用對本不能控制的行爲變化（壞的）實施控制，對未來施加積極的影響。在這個意義上，如果説上引諸例中的占辭具有魔力性質，我們是不能反對的。

緊接着張氏表示："但是，應該看到的是，即使是上引諸例中的占辭，其基本性質仍是測度的，只是在測度中含有祈願（或者説是魔力）。"值得注意的是張氏

①張玉金指出，日本學者白川静的有些説法（如把龜卜看作是一種咒術性質的魔術）與此相近，美國芝加哥大學夏含夷（Edwar L. Shaughnessy）的説法（1983年縮微膠卷複印本第52—57頁，第66—67頁）也與此相類。

②第2辭的"充"爲張玉金所釋。第3辭的"隹"，依張氏釋文體例似當作"唯"。

③張氏指出，在相應的貞辭裏所用的否定詞却是"弗"和"不"。"弗"和"不"所否定的動詞，其所表示的都是辭主所不能控制的行爲變化。從辭例來看，"否""不"和"勿"所否定的動詞完全相同，如（1）的"王弗疾骨"和"勿疾"，（2）的"不死"和"勿死"，（3）的"不唯禍"和"勿隹禍"。何以"弗""不"所否定的動詞，其所表示的都是辭主所不能控制的行爲變化，而"勿"所否定的動詞，其所表示的則是辭主所能控制的行爲變化？值得深深思考。

所説“測度中含有祈願（或者説是魔力）”，有助於理解所謂的“卜辭魔力説”。

隨後張氏表示，卜辭魔力説雖可以用來解釋一部分占辭的次要性質，却不能用來解釋卜辭中的命辭，特别是那些有反面意義的命辭。例如：

（1）在酒豆田，受禾。

不受禾。　　《人文》1932

（2）貞：我不其受黍[年]。

貞：我受黍年。　　《佚存》400

張氏肯定，上引兩例中的肯定句，似乎支持卜辭魔力（依張説是在測度中含有祈願）説，但是其中的否定句則明顯是其反證，没有人會詛咒自己的部族和國家“不受禾”“不其受黍年”。尤其應注意的是，兩個否定句中的否定詞都是“不”，而“不”表示一般否定，不表示禁止或勸阻。兩個否定句既然不具有魔力性質，那麽兩個肯定句也是這樣。

6. 卜辭二元論的魔力説

張玉金指出：（1）用吉德煒提出的卜辭魔力説來解釋“正”意義的命辭（如“我受黍年”）還勉强講得通，可是在卜辭中還有約半數的“反”意義的命辭（如“我不其受黍年”），這成了卜辭魔力説的一大障礙[①]。這些無益的“反”意義的句子被説出來進而被契刻的根本理由是什麽呢？吉德煒在《釋貞——商代貞卜本質的新假設》一文中作了解答。他把“正”和“反”的命辭理解爲“形而上學的均衡性”。他認爲在中國人的世界觀中，有平衡性的二元論的東西，這樣的意識可以追溯到殷代。他説：“幸和不幸、善和惡不是矛盾的，而是不可分割地聯繫着的，這是因爲人們意識到世界就是由肯定和否定所構成的。肯定和否定有着原理上的有機的密切關係，在人們面前哪個方面都有實現的可能性。與這樣的兩種可能性相銜接，爲了讓哪個方面都對未來表現出效驗而給予公平的機會，這樣，貞卜就成了公平的現實的正當的事情了。”

（2）日本學者高嶋謙一據吉德煒之説將其概括爲“卜辭二元論的魔力説”，以爲可作如下表述：在“正”和“反”的選擇中，譬如即使判明了“反”是不符合期待的以後也把卜辭刻下來，這是有作爲記録、歷史而保存下來的動機的；人們意識到占卜是公平的、現實的事，這是要使殷王在執政上的決定和行爲正當化；貞卜行爲不是單一的魔力性行爲，把“正”和“反”都刻上去，這是出於與現實的世界一體化的考慮；殷王進行的占卜，與其説是想要扭轉未來的方向，不如説是起到了想要正確地規

①例如：戊午卜，古貞：般往來亡禍。貞：般往來其有禍。　　《丙編》130

張氏指出：此例第一條卜辭，用卜辭魔力説似乎能够解釋，可是對第二條卜辭就不行。如果用卜辭魔力説來解釋，那第二辭的意思是般這個人往來時要有禍！可是般是殷王朝的重要人物，他入貢王室，從事與外敵的征戰，因此占卜者不可能詛咒般有災禍。

定吉和不吉、人類和神靈應有的關係的禮儀性作用，這就是“貞”的意義；在這裏所説的魔力，與其説是要引起什麽，不如説是想和諧地調整“正”和“反”的手段。

（3）吉德煒表示，卜辭預言宣言説、卜辭魔力説都是爲導出卜辭二元論的魔力説而設立的過渡性。

（4）吉德煒認爲下面這類卜辭是支持卜辭二元論的魔力説的：

丙辰卜，㱿貞：我受黍年。

丙辰卜，㱿貞：我弗其受黍年。　　《丙編》130[①]

乙卯卜，㱿貞：王从望乘伐下危，受有祐。[②]

乙卯卜，㱿貞：王勿从望乘伐下危，弗其受有祐。　　《丙編》22

戊申卜，争貞：帝其降我艱。

戊申卜，争貞：帝不我降艱。　　《丙編》67

貞：方其𢦏我史。

貞：方弗𢦏我史。　　《丙編》76

上引四例刻辭，都有“正”有“反”，把“反”意義的卜辭也刻上去，這是單純的卜辭魔力説所不能説明的。“正”“反”皆有，對這兩方面都給予了實現的可能性。在“反”意義的卜辭中用了“其”，“其”表達出了占卜者不期望的語氣。吉德煒對這些卜辭的上述解説，得出了他的二元論魔力説。

張玉金强調，吉德煒的上述説法並不可信：（1）他忘記了占卜的根本目的是爲了“决疑”，而不是施魔法。（2）説“其”字能表達占卜者不期望的語氣，這是缺乏根據的。（3）此説不能解釋單貞卜辭、重貞卜辭和選貞卜辭。（4）它也難以解説下類對貞卜辭：

示左王。

示弗左。　　《丙編》98

貞：黄尹求王。

貞：黄尹弗求王。　　《丙編》104

張氏指出，上引兩例“反”意義的卜辭中都没有用“其”。像“黄尹弗求王”這樣的句子，如果認爲它具有“魔力”性，那麽這肯定是對殷王不好的。殷人施魔法而不利於國王，這是不可能的。如果認爲兩例表達了平衡的公平的貞意，對“正”和“反”中的任何一面都給予實現的可能性，那麽就無法回答這樣的問題，即占卜的存在有什麽必要呢？殷代人爲什麽要麻麻煩煩地進行占卜呢？

7. 卜辭綜合説

日本學者高嶋謙一《殷代貞卜言語的本質》一文的最後一句是：“在使結語結

①出處《丙編》130有誤。此版辭見《合集》9950。下同。

②本辭的“从”或釋“比”。

束的時候，我能够説的是，從第二的‘卜辭命龜説’到第六的‘卜辭二元論的魔力説’這五種看法，賦予了殷代貞卜語言的本質以性格。”[①]張玉金表示：“説得明白一點，在高嶋謙一看來，有些卜辭命辭語言的本質是‘命龜’的，有些是‘修祓祝禱’的，有些是‘預言宣言’的，有些是‘魔力’的，有些是‘二元論的魔力’的。因爲是這樣，所以我們把高嶋謙一的説法命名爲‘卜辭綜合説’，即合取各家的説法以解釋卜辭命辭語言的本質。”其實，嚴格講來，高嶋之論還談不上是“卜辭綜合説”，因爲他“拋棄了‘卜辭疑問質問説’”，由於“他認爲沒有適合這個説法的實例”。他並不是照搬各家有關説法，而是有所修改，也可以説他是參考各家之論以完成自家之説，似可稱之爲“折衷説”。

（1）高嶋對“卜辭命龜説”的修正有三：

[1]他認爲，命龜時，潛在的心理上可能有疑問的觀點，但是作爲言語表達却不是疑問句，而是敘述句。理由呢？未見説明。

[2]他認爲，卜辭命龜説並不適合所有卜辭，它所適合的只是正反命辭的任何一方對殷人而言都不是無益的那類。他説：“我們在提出卜辭命龜説修正案的時候，有一個重要的思想，即由正反對貞或者多項式選擇構成的命辭，若與某一特定的卜兆建立起聯繫，那個卜兆就被作爲具有‘力’的東西被對待。無論是它與‘正’對應，還是與‘反’對應，哪個方面對殷人而言都不是無益的内容，多項式選擇的場合也是這樣，並且，那樣的場合，正像下面所舉的例子那樣，‘正’和‘反’在言語形式方面和從意義方面都具有均等的價值，這樣的對貞成了命龜説的對象。”[②]他所舉的例子是：

王唯有不若。

王不唯有不若。　　　　　　　　　《丙編》96

丙戌卜，韋貞：令役往于㝸。

丙戌卜，韋貞：勿令役［往］于㝸。　　《丙編》110

貞：叀其取。

貞：叀弗其取。　　　　　　　　　《丙編》306

張玉金指出，上引前兩例，句子中都沒有用“其”，而後一例的兩個句子中都用了“其”，“其”在高嶋謙一看來具有殷人不期望的語氣。他認爲在這樣的場合，那樣的期待是中性的，能够作爲公平的選擇來理解。

[3]他對沒有刻辭的卜兆的意義進行了新的解釋。他認爲沒有刻辭的卜兆之意義有下述一種可能，即占測者判斷，某卜兆是無意義的、是中性的，或者在某個卜兆上沒有魔術的效力，就什麼命辭也不在卜兆旁邊刻。

（2）高嶋對“卜辭修祓祝禱説”的修正有四：

①張文注：《商代貞卜言語的本質》第11頁，《東洋文化研究所紀要》第110册。
②張文注：《商代貞卜言語的本質》第11頁，《東洋文化研究所紀要》第110册。

[1]高嶋指出此説只適合卜旬卜辭、卜夕卜辭、卜寧卜辭和田獵卜辭。他認爲這些卜辭言語形式簡單、在意義論的範疇考慮只有“正”和“反”的命辭，其内容是貞卜者方面所期待的，就具有修祓祝禱的性質，這其中也包含咒語的内容。

[2]白川静認爲，占卜（的目的）是爲了使殷王支配的時間和空間清潔，高氏則以爲這是極抽象而且是形而上學的，有證據不足的缺憾。白川静認爲兩貞法中的“反”是一種質問，高氏則批評他是没有從傳統的解釋中解脱出來。

[3]白川静説：“肯定的命辭作爲適應卜意的東西而被期待着。”高氏從三個角度來修正：

首先，高氏引用了舒琜的觀點，認爲對貞卜辭中的“其”，無論在哪個方面使用，從意義論上講，都是貞卜者不期望的。

其次，高氏認爲白氏説的那句話，不但可適合肯定的命辭，也可適合文法上否定的命辭。如“丙辰卜，㱿貞：帝唯其終兹邑。/貞：帝弗終兹邑”（《丙編》71）例中動詞的意義對貞卜者來説是不好的，“帝終兹邑”是不盼望的所以在句中用了含有婉曲意義的“其”。可見，“肯定的命辭”，不一定是文法範疇的肯定，而必須在意義論的範疇考慮。

最後，高氏認爲所謂“卜意”不是在命辭中而是在占辭中表現出來的，占辭其實是用人類的語言把潛存在卜兆中的“力”翻譯出來。

[4]高氏認爲“修祓祝禱説”，除了修祓、祝禱之外，還應有咒話（降災的語句，如禍、有疾等。即占卜者把咒語性的言辭告訴給神靈，希望神靈把災禍、疾病降給某人）。他認爲修祓、祝禱和咒語性的言辭，都與“問”這樣的言語行爲有較大距離，這類適宜用修祓祝禱説來解釋的命辭和占辭也不是問句。

（3）對“預言宣言説”的修正有二：

[1]吉德煒假想出來的卜辭預言宣言説，是作爲發展成卜辭魔力説的過渡性學説，高氏却不將其作爲過渡性的東西，並舉出實例加以採用。他認爲下引兩例中的貞辭能够支持卜辭預言宣言説：

戊辰卜，壴貞：有来𡆥自獸，今日其延于祖丁。　　《甲編》2772①

癸丑貞：甲寅酒，大御自上甲燎十六小宰。　　《南明》432②

[2]高氏認爲，下例中的占辭，僅用“預言説”就可以解釋：

①“𡆥”《殷墟文字甲編考釋》第354頁僅列原形不作隸定，注云：“（此）字前已屢見，似是災害之義。”“獸”從《甲編考釋》釋。《甲編考釋》云：“獸，讀爲狩，謂狩獵之事也。戊辰之前日爲丁卯，爲祭先祖號丁者之日。今因狩獵而受災害，蓋欲再祭祖丁以禳之，故曰延。延，祭名；蓋謂繼續致祭也。”如據此釋，何以能理解爲預言宣言？值得思考。“獸”字，或釋爲戰，宜注意。

②《南明》432，見島邦男《殷墟卜辭綜類》第393頁下欄，亦見《合集》32329正。所釋之“酒”字不確，原字形爲酌。

癸未卜，争貞：旬亡禍。王占曰：有祟。三日乙酉夕向丙戌允有來入齒。《庫方》1594[①]

（4）對卜辭魔力説的修正：

吉德煒假想出來的卜辭魔力説，是作爲發展成二元論的魔力説的過渡性學説，高氏則認爲，在由占卜行爲得到的卜兆中或許潛存着某種力，由這種觀點來看，適合卜辭魔力説的實例是可能存在的，如《丙編》334“庚戌卜，桓貞：王弗疾骨。王占曰：勿疾”一辭中的占辭。又如《美國》USBll“乙巳卜：帝曰惠乙又日，惠辛又日”一辭中的貞辭。即不認爲卜辭魔力説是一種過渡性學説。

（5）對卜辭二元論魔力説的修正：

卜辭二元論魔力説，是吉德煒提出來最終用來解釋卜辭語言本質的學説，高嶋則認爲這種學説所適合的卜辭，主要是正反對貞卜辭，而且是在“反”面卜辭中還用“其”的。如：“丙辰卜，殻貞：我受黍年。/丙辰卜，殻貞：我弗其受黍年。”（《丙編》130）“我受黍年”和“我弗受黍年”，這是“二元論”的。例中“弗”後用了“其”，則“弗受黍年”的語氣被抵消了。這就是説，“二元論魔力説”中魔力的要素被附加在“反”義卜辭上。高氏認爲，有些“反”義卜辭中並没有使用“其”，如：“貞：黄尹求王。/貞：黄尹弗求王。”（《丙編》104）對這類卜辭語言本質概括，就要用“純粹二元論”這樣的概念了，意即“二元論魔力説”並不完善，需要改進。

張玉金最後表示，對高嶋謙一的觀點，如果概括一下就是：卜辭命辭都不是問句；卜辭命辭語言的本質要用各種修正了的説法來解釋。張氏進一步强調：“像這樣，同樣是命辭，同樣是‘貞’字之後的話，却被做出如此不同的解釋，不能不令人懷疑。對這個問題的研究，我們有一個基本的假設，即‘貞’字之後的命辭語言，其本質應該是基本一致的。如果這個假説是科學的——通過他文的分項研究可知這個假説的確是科學的，那麽高嶋氏的卜辭綜合説就不可取。”

張玉金文比較詳細地簡述了吉德煒的基本學説和高嶋謙一在吉德煒學説的基礎上建立的自己的學説，值得思考。

① 《庫方》1594，即《合集》17299，所釋之“向”或釋爲“皿”，有臨近接近之義。關於此字的解釋可參看張秉權《殷墟文字丙編考釋》上輯（二）第134—137頁、裘錫圭文（刊於1993年香港中文大學中文系編《第二届國際古文字學研討會論文集》第73—94頁）。

八

1. 從以上各家所説，可以深深地感受到：殷商卜辭究竟應該怎麽讀，殷商卜辭究竟記録了一些什麽内容，殷商時代的占卜究竟是什麽目的，的確需要重新思考。帶着這些問題再來讀殷商卜辭，首先會發現，各家所提出的問題，都相當有見解，富有啓發性。同時，也可以説，從商代的歷史、文化和意識形態，結合殷商卜辭來體會各家所説，就會感到均有可商，即各家所説都缺少了一個很重要的核心：神靈和帝。殷商人崇尚、敬佩神靈和上帝，所以經常祭祀、占卜，"充分進行人神間的溝通聯繫，以使人的意願爲神所細察，求得神的容納和保祐"①。而"帝是最具威力的神靈"②，帝有極大的威力，能命令降下風雨、雷霰、陰晴、禍福災佑，有下屬及其各自的權責，是至高無上的，儼然鬼神中的王③。殷商時代的人要"向神靈請教"，獲得"神靈意見"，最主要就是向帝請教，獲得帝的意見，可簡稱"帝意"，也就是上帝的指示。有學者認爲周人的天和商人的上帝没有兩樣④，則帝意也可以稱爲天意。如何得到神靈的指示（帝的指示即天的指示），無疑是件很重要的事⑤。按照現在各家釋讀卜辭命辭的思路來釋讀卜辭，從什麽地方能讀出上帝的指示？占卜的目的是要得到上帝的指示，以便據帝意行事，求得事事順利，保持住永恒的統治地位。但是，在卜辭的什麽地方記録了帝意？

按照某些學者的意見，殷墟卜辭的主體是王和貞人所提的問題，而驗辭多是記録對所提問題應驗的事實。把這些所提的問題和應驗的事實記録下來，與帝意何關？能説明殷商王朝是在遵照帝意施政嗎？其實只能説明是在按所提問題施政，與帝意無涉。

按照另一些學者的觀點，殷墟卜辭的主體是王和貞人所進行的某些或某種預測，而驗辭多是記録所作預測應驗的事實。把這些所進行的預測和應驗的事實記録下來，與神靈之意何涉？能體現殷商王朝的執政者確在依照神靈之意行政嗎？其實只能表明是在按所作預測施政，與神靈之意毫無關係。

與神靈之意無關即與上帝的指示毫無關係，而所提的各種問題或所作的各種預測，竟然作爲主體記録下來，顯然不符合殷商時代的占卜目的，而又違背殷商時代

①宋鎮豪：《夏商社會生活史》，中國社會科學出版社，1994年，第523頁。
②許進雄：《中國古代社會文字與人類學的透視》，中國人民大學出版社，2008年，第554頁。
③陳夢家：《殷虚卜辭綜述》，科學出版社，1956年，第571—573頁。
④陳夢家：《殷虚卜辭綜述》，第571—573頁。
⑤陳夢家：《殷虚卜辭綜述》，第556頁。

事事遵照上帝之意施政的觀念。這就不得不對殷商卜辭的構成作一番考察，真切弄清楚卜辭究竟應該如何讀，卜辭究竟記録了一些什麼内容。

2. 我們同意這樣的主張：要弄清楚卜辭應該如何讀，卜辭究竟記録了一些什麼内容，應從考察一條完整的卜辭開始。而這一條辭所有的字都是公認的已識字，各字在該辭中所表示的詞的用義也爲學術界所公認，方能避免歧説，也可以在行文中不使用"大概""也許""可能""似乎"這樣一些不能確定的詞語。如果有個别字不認識，或不知道相當於後代的某個字，但知道此字在該卜辭中用爲何詞表示某義也可。這樣的字如用作名詞，多爲人名或地名；如用作動詞，多表示某種行爲，並不十分影響釋讀。這一類完整的卜辭，學術界多數提及的是這一條：

癸巳卜，殻貞。旬亡禍。王占曰：有祟，其有來艱。迄至五日丁酉，允有來艱自西。沚戠告曰：土方征于我東鄙，災二邑；𢀛方亦侵我西鄙田。　　《合集》6057正

此辭陳煒湛亦曾引用，已見前，但標點不同，理解也有異。

（1）筆者以爲，"癸巳卜，殻貞。"爲占卜的第一階段，故用句號斷開。學術界一般稱之爲前辭。這第一階段，是占卜者在某一天因需要占卜，拿來整治好的龜甲或獸骨，把心中的疑問即要向神靈請教的問題提出來，然後灼燒甲或骨上的鑽鑿，希望得到上帝的指示。需説明一點，向神靈提出的問題，當時在場的人心知肚明，故在卜辭中都省略不記，這和後代求子求福求免災而拜佛算卦的情况基本相同，所提的問題口中一一默念而出，最關心的則是那個籤文或卦相。第一階段中所提出的問題雖然已省略，但根據卜辭後面的記載，完全可以復原，而且必然是問句。可見《説文》所説"貞，卜問也"是完全正確的。關於卜辭第一階段所提問題已省略的現象，陳煒湛已經看到。可參看氏著《從文獻記述看占卜的性質及其與禱祝的區别》一文，即陳氏所説："文獻所述卜事，多略去命辭"，"如有命辭，一般當爲疑問之辭。"①其詳不贅。可見，卜辭"貞"必須討論、訓釋，不宜撇開，否則就不能表明占卜者曾向神靈和上帝提出疑問請教，而後又從兆象中觀察出神靈和上帝的回應即指示。另外，讀卜辭如果不討論"貞"，很容易形成僅是文字語言問題。讀卜辭首先要認識字，明白某字表示某詞用作某義，但僅是如此仍然不够。

（2）占卜者灼燒背面的鑽鑿之後，會在正面顯現出裂紋，即所謂兆象。當時的占卜者認爲，神靈或上帝因人們的請教而作出的回應就隱藏在兆象的裂紋之中，占卜者就在裂紋即兆象中尋找神靈或上帝的指示。刻寫在貞字之後的話，就是占卜者從兆象

①陳文原載《中山大學學報》1991年第4期。後收入氏著《三鑑齋甲骨文論集》第125—132頁。張秉權也指出，占卜諮詢的步驟大致是，在使用火燒灼前，首先與骨的神靈作口頭的約定。見氏著《甲骨文的發現與骨卜習慣的考證》，載《歷史語言研究所集刊》1967年37本下第827—879頁。同理，向上帝提問請教當在燒灼鑽鑿之前，則貞後之語不可能是向上帝提問之語，只可能是燒灼之後從兆紋觀察出的上帝的回應即指示。

中尋找出來的上帝的指示，一般是肯定句或否定句，指示你應該這樣做或不應該這樣做，明確告訴你會是這樣或不會是這樣。因其重要，又是在第一階段經過灼燒鑽鑿形成了兆象之後尋找出來的神靈之意，所以刻寫在貞字之後，這是占卜的第二階段，即尋找出神靈之意的階段，並非是兆紋本身有什麽力或魔力把帝意擠了出來。

過去肯定“貞，卜問也”之説是正確的，但因此把刻寫在“貞”字之後的話稱之爲“命辭”，即所謂占卜者“卜問”之語，則是誤會。因爲占卜者的問話即向上帝的請教，已在燒灼鑽鑿之前説過，因爲占卜者的卜問之語，是當事者向神靈或上帝提出的請教之語，刻寫下來没有任何意義，所以已被省略。如果“貞”字後面的話是占卜者“卜問”之語，則後面“王占曰”之後的話是再一次從觀察兆紋時得到的上帝的指示，竟然是來校正前面占卜者的卜問之語，豈非不合邏輯？事實應該是，“貞”字下面的話，是占卜者從兆紋中看出來的上帝的指示，商王感覺不放心或感覺不正確，所以又來觀察兆紋，看到了上帝真正的指示，於是否定了占卜者看到的那個所謂的上帝的指示，結果證明商王是正確的。又，董作賓在發現、研究大龜四版時提出占卜是向龜發問時所説的話，而稱之爲命龜之辭。那周祭卜辭多用骨，豈不應該稱之爲命骨之辭？可見“命辭”之説並不正確，也不存在，可以不用這個名稱。前面講過，“貞”字後面的話，是神靈或上帝因人們的請教而作出的回應之語，稱之爲“應辭”當更爲合適。

（3）“旬亡禍”，是第二階段由占卜者從兆象即卜兆的裂紋中觀察出來的神靈的回應之語，亦即神靈之指示，肯定下一旬平安無災禍，應該皆大歡喜。但殷王不放心，又對兆象即卜兆的裂紋再細細地觀察，即“王占曰”之“王占”，發現上帝的指示並不是“旬亡禍”，而是“有祟，其有來艱”，也就是説，下一旬是有災禍的。這是以後來觀察兆象的結論來否定此前觀察兆象的結論，可以説合情合理。這比用後來觀察兆象的結論來否定前者向神靈請教的問語更合情合理。這應該是第三階段。

（4）“旬亡禍”是第一次由占卜者從兆紋觀察出來的上帝的指示，“有祟，其有來艱”是第二次由殷王再一次觀察兆紋獲得的上帝的指示，兩次觀察得出的結論完全相反，哪一個正確呢？哪一個是真正地表達了或反映了上帝的指示呢？後文所記的“迄至五日丁酉……亦侵我西鄙田”這一段文字所表示的事實，可以驗證商王的觀察結論正確。學術界就把最後這一段記録稱之爲驗辭。這就是這次占卜的第四階段。

（5）如果把這一次占卜的行爲、過程、記録結合起來加以理解並叙述，大體如下：癸巳那一天占卜，由殻貞問。（其問語是：旬有禍？——下一旬有災禍嗎？問完之後就對龜甲獸骨背面事先預訂好的鑽鑿進行燒灼，使之産生裂紋即所謂兆象；隨之從正面出現的兆紋進行觀察，發現上帝的指示是：）“旬亡禍！”（商王感到不放心或感到有誤，爲了慎重，又對兆紋細細觀察，發現上帝的指示並非如占卜者所看出的那樣，而正好相反，即所謂）“王占曰：有祟！其有來艱！”（商王觀察兆象後看出上帝的指示是：下一旬將有災禍。並且較嚴重，所以不僅説了“有祟”，還説了“其有來艱”加以强調。結果又是怎樣的呢？）“迄至五日丁酉，允有來艱自西。”（到了第五天[①]丁酉，果然在西邊有了災禍）“沚馘告曰：土方征于我東鄙，災二邑。𢀛方亦侵我西鄙田。”（沚馘來禀告，土方在東邊侵吞了我兩個邑，𢀛方也侵犯了我西邊的土田。）可證是商王觀察兆紋（璺）得出的上帝的指示是正確的。

從卜辭可以看出，商王特别重視神靈、上帝的指示，因爲可以表示商王是按照神靈、上帝的指示行政，説明商王的統治合理而可信。

3. 完整的卜辭雖然不多見，但確能從中看到一個很重要的信息，即商王比占卜者英明。如：

（1）癸丑卜，争貞。旬亡禍！王占曰：有祟！有夢[②]！甲寅允有來艱。左告曰：有往芻自益，十人又二。《合集》137正

（2）癸丑卜，争貞。自今至于丁巳我戠胄。王占曰：丁巳我毋其戠，于來甲子𢦏。旬又一日癸亥，車弗𢦏，之夕皿甲子允戠。

《丙編》1（《合集》6834正）

（3）庚子卜，争貞。翌辛丑啓。

貞。翌辛丑不其啓。王占曰：今夕其雨，翌辛丑啓。

之夕允雨，辛丑啓。《合集》3297正反

（4）甲寅卜，㱿貞。翌乙卯易日。

貞。翌乙卯不其易日。

王占曰：翌乙卯勿雨。乙卯允明霧，乞□，食日大星。

《合集》11506正反

（5）甲申卜，㱿貞。婦好娩嘉。王占曰：其唯丁娩，嘉；其唯庚娩，弘吉。三旬又一日甲寅娩，不嘉，唯女。《合集》14002

（6）丙申卜，㱿貞。來乙巳酻下乙。王占曰：酻，唯有祟，其有設。乙巳明雨，伐既雨，咸伐亦雨，施鳥星。乙巳夕有設于西。

《合集》11498正反

（7）癸未卜，争貞。旬亡禍。王占曰：有祟。三日乙酉夕皿丙戌允有來入齒。十三月。《合集》40610正（《英藏》886正）

---

①按照殷人的計算，占卜當日癸巳是第1天，甲午爲第2天，乙未爲第3天，丙申是第4天，丁酉是第5天，所以是到了第5天西邊有了災禍，並非是5天以後有了災禍。

②“夢”，陳煒湛釋爲“禍亂也”，見氏著《三鑑齋甲骨文論集》第166頁，可供參考。

（8）癸[丑]卜，□貞。旬亡禍。王占曰：有祟，其有來艱。乞自三日乙卯允[有]來艱自□。　　《合集》7147正

（9）丁丑卜，賓貞。爾得。王占曰：其得，唯庚，其唯丙其齒。四日庚辰爾允得。十二月。　　《合集》8884

（10）癸卯卜，㱿貞。旬亡禍。王占曰：有祟。其有來艱。五日丁未允有來艱。飲御自㠯圉。六月。　　《合集》6057正

（11）癸亥卜，㱿貞。旬亡禍。王占曰：[有祟]。其亦有來艱。五日丁卯子□□，不蘊。　　《合集》10405反

（12）癸亥卜，㱿貞。旬亡禍。王占[曰]：[有祟]。五日丁卯王狩敝，𩲃車……亦□，在車，禽馬亦[有𡆥]。①

《合集》584正甲+《合集》9498正

（13）癸未卜，㱿貞。旬亡禍。王占曰：往乃兹有祟。六日戊子子彈蘊。一月。　　《合集》10405正

（14）[癸未卜]，□[貞]。[旬]亡禍。王占曰：有祟，有夢，其有來艱。七日己丑允有來艱自……方征于我……　《菁華》5（《合集》137反）

（15）□亥卜，争貞。旬亡禍。王占曰：有祟。旬壬申中𠂤𪓐。四月。　　《合集》5807

（16）甲辰卜，亘貞。今三月光乎來。王占曰：其乎來，乞至唯乙。旬有二日乙卯允有來自光，氐羌刍五十。　　《合集》94正

（17）[戊]子卜，□貞。王令酻河，沉三牛、燎三牛、卯五牛。王占曰：丁其雨。九日丁酉允雨。　　《合集》12948正

（18）癸巳卜，賓貞。臣執。王占曰：吉。其執，唯乙、丁。七日丁亥既執。　　《合集》643正丙

對於第（18）例，常玉芝於1998年由吉林文史出版社出版的《殷商曆法研究》第233頁指出："這是一條典型賓組卜辭，於癸巳日卜問'臣執'。'執'，《説文》謂'捕罪人也'。商王視兆後的占辭説：吉利，在乙日或丁日可捕捉到。驗辭説'七日丁亥既執'，丁亥日在由卜日癸巳日逆數的前七天，'既'之義爲已，這裏是説在七天前的丁亥日已經捕捉到了。這條驗辭記在這裏似乎只是爲了證明商王判斷在丁日能抓到是正確的。"常氏之説可謂一語中的。殷商王朝需要有一個英明偉大的王來統治，殷王本人也希望自己成爲一個英明偉大的人物以便治理這個國家，於是上下配合，實即商主和貞卜官員相互結合，利用占卜來證明殷王英明，讓臣民信服，使政權永固。要證明商王的英明，自然要以臣下的失

①此版爲蕭良瓊所綴，見《卜辭文例與卜辭的整理與研究》，載《甲骨文與殷商史》第二輯，上海古籍出版社，1986年。

誤來襯托，並非是要説明臣下不稱職。還有一點應該指出，(18）辭的“執”不是疑問語氣詞。

4. 值得注意的還有周祭卜辭。所謂商代周祭，“是商王及王室貴族用翌（日）、祭、壴、劦（日）、彡（日）五種祀典對其祖先輪番和周而復始地進行的祭祀。這種祭祀是一個王世接着一個王世，連綿不斷地舉行下去的，因此它是商王朝一種非常重要的祭祀制度”[①]。

據最新統計，周祭卜辭主要見於出組和黄組。出組約有140版，黄組約有365版，均不包括殘辭[②]。可見材料之豐富，足以説明相關問題。

據研究，黄組卜辭中，以五種祀典祭祀先王時，主要使用三種類型的卜辭，皆可證明某種規律性的現象。

（1）第一種：祭上甲及多后的合祭卜辭。辭例如：

[1]癸未，王卜貞。酌彡日自上甲至于多后，衣，亡壱，自畎。[③]在四月，唯王二祀。 《合集》37836

[2][癸]□，王卜貞。今囚巫九囚[④]，其酌彡日[自上甲]至于多后，衣，無壱，在畎。在[十月]又二。王占曰：大吉。唯王二祀。

《合集》37835

第[1]辭是在王二祀（即王二年）四月的癸未日，王親自占卜、貞問，並從兆象觀察出神靈和上帝的指示是，以彡祀祭上甲及其後的各位祖先是順利的。第[2]辭是在王二年十二月的某癸日，王親自占卜貞問，並從兆象觀察出神靈和上帝的指示是，以彡祀祭上甲及其後的各位先王是無害的即順利的。此後商王又再一次觀察了卜兆兆紋，認定上帝的指示是大吉大利，意即可以舉行祭祀。類似這種合祭上甲及以後諸位祖先的卜辭，學術界稱之爲合祭卜辭。常玉芝2009年版《商代周祭制度》第10頁指出：“這種合祭卜辭因爲記有年祀、月份、日期、祖先名、祀典名，所以它是復原周祭祀譜的重要材料。”[⑤]既然可據以復原周祭祀譜，則必然本來就有一個周祭祀譜，當是周王朝所制定，却借着卜辭用上帝的指示表現出來，可見用心良苦。

①常玉芝：《商代周祭制度 • 前言》，中國社會科學出版社，1987年。

②周祭制度於1945年由董作賓《殷曆譜》發現，後來主要經過1956年陳夢家《殷虚卜辭綜述》、1958年島邦男《殷墟卜辭研究》(1975年臺灣温天河、李壽林中譯本)、1968年許進雄《殷卜辭中五種祭祀的研究》，有了相當的發展。1987年常玉芝出版了《商代周祭制度》，又有了新的進步。此後，常氏根據新發現的資料，更深入地加以研究，並於2009年出版了增訂本《商代周祭制度》(綫裝書局)，有了更好的收穫。本文所引，基本採自此書，以下不再出注。

③“亡壱”即“無害”之意。畎用爲地名。

④“今囚”或釋爲一個字，即畣。後一個“囚”爲代替字，原形畣，上從倒止。

⑤該書第12頁又指出：“附記甲名先王五祀的卜旬卜辭，因有多個王的祭祀同見於一版，所以它是論證先王祭祀次序和周祭祭祀周期的重要材料；同時又因該種卜旬辭記有年祀、月份、日期、祖先名、祀典名，所以它又是復原周祭祀譜的重要材料。”

（2）第二種：附記甲名先王五祀和五祀工典祭的卜旬卜辭。如：

[1]癸巳，王卜貞。旬亡禍。王占曰：吉。在六月，甲午彡羌甲，唯王三祀。 《合集》37838+《合集》35756

[2]癸卯卜，𢓊[①]貞。王旬亡禍。在十月，甲辰翌日羌甲。

《合集》35645

[3]癸巳卜，貞。王旬王禍。在四月，甲午彡日小甲。

《合集》35586

據研究，上列這種卜辭的特點是：卜日都在癸日，祭日都在甲日；祭日的天干日都與先王的日干名保持一致。常玉芝曾遍查黄組中所有附記五祀典的卜旬卜辭，發現凡是前辭有"王卜"的，其後必記爲"旬亡禍"，並且大多數都有"王占曰"等字樣，這就是上列的第[1]辭的形式；而凡是前辭中没有"王"字的，不管是否記有貞人名，其後都必記爲"王旬亡禍"，並且絶無記"王占曰"字樣者，這就是上列之第[2]、[3]辭的形式。上述現象在同種卜辭中無一例外。這是附記甲名先王五祀的卜旬卜辭的特有規律。這是説明周祭祀譜本是商王朝人爲的另一證據。

附記周祭祭祀的卜旬卜辭，除了附記甲名先王的祭祀外，還附記一種叫作"工典祭"的祭祀。如：

[1]癸卯，王卜貞。旬亡禍。在九月，甲辰工典其幼其翌。

癸丑，王卜貞。旬亡禍。在九月，甲寅翌上甲。 《合集》35399

此版第一辭於癸卯日占卜，辭後記第二天甲辰日舉行"工典其幼其翌"，即翌祀的工典祭祭祀；第二辭於癸卯的下旬的癸丑日占卜，辭後記第二天甲寅日"翌上甲"。由該版卜辭可知，翌祭上甲是在翌祀的工典祭的下一旬舉行。

[2]癸酉，王卜貞。旬亡禍。王占曰：吉。在十月又一，甲戌妹工典其𠧟，唯王三祀。

癸未，王卜貞。旬亡禍。王占曰：吉。在[十]月又二，甲申𠧟酢祭上甲。 《合集》37840+《合集》35529

此版第一辭於癸酉日占卜，辭後記第二天甲戌日舉行"妹工典其𠧟"，即"祭"祀的工典祭祭祀；第二辭於下一旬的癸未日占卜，辭後記第二天甲申日"𠧟酢祭上甲"，即"祭上甲"的祭祀。由該版卜辭可知"祭上甲"是在"祭"祀的工典祭的下一旬舉行。

[3]癸卯，王卜貞。旬亡禍。王占曰：吉。在五月，甲辰工典其酢彡。

癸丑，王卜貞。旬亡禍。王占曰：吉。在六月，甲寅彡日上甲。

《合集》35422+《合集》37846

①𢓊在此用作貞人之名。

此版第一辭於癸卯日占卜，辭後記第二天甲辰日舉行“工典其彭彡”即彡祭的工典祭祭祀；第二辭於下一旬的癸丑日占卜，辭後記第二天甲寅日“彡日上甲”，即彡祭上甲。由該版卜辭可知彡祭上甲是在彡祀的工典祭的下一旬舉行。

根據以上三版，可以知道，某祀典祭祀諸位祖先之前，要在祭上甲（周祭諸位祖先始於祭上甲）的前一旬的甲日舉行該種祀典的“工典”祭（參見常玉芝2009年版《商代周祭制度》第16頁）。説明一點，關於商代周祭辭例，有的董作賓已經列出，後來陳夢家、島邦男、許進雄等略有補充，但所注出處，均非《甲骨文合集》，常玉芝書選用前賢，又加以補充，並將出處多改爲《合集》，頗便於尋檢、覆核；又關於商代周祭的一些認識，有的董作賓已有總結，後來的學者也有所糾正、補充，常書復有所改正、補充，故所引辭例及總結均採用常書之説，並非一切均爲常氏所獨創。

何謂“工典”？常氏據于省吾説，工應讀爲貢，典指典册，貢典是就祭祀時獻其典册。詳見于省吾著《甲骨文字釋林》之《釋工》（中華書局，1979年）。

還有一點宜特別注意：乍一看，此類周祭卜辭和前面所論及的完整的卜辭似乎相同，其實略異。試以此所列第三版第一辭爲例比較而言，“癸卯，王卜貞”，可以看成是前辭，是説癸卯那一天王親自來占卜、貞問（即向神靈和上帝提問請教），並在反面燒灼鑽鑿使之形成裂紋即所謂兆象。“旬亡禍”，可以看成是應辭，是説王從正面觀察兆象，從裂紋中看出神靈和上帝對於提問的回應即指示，説下一旬没有災禍。“王占曰：吉”可以説是占辭，是説王又仔細地觀察了一遍兆象，斷定這一卜是吉卜。問題是“在五月”及其下的那一句，並非驗辭，而是把商王朝人爲的周祭祀譜中相應的一部分列到了這裏，以顯示此祀譜是根據上帝的指示而形成、推行的，從而表明其合理性以便爲臣民、家族所接受，顯然是暗借神靈和上帝之名行自己的政。如果和下列刻辭結合起來看就更清楚，其實與神靈和上帝毫無關係：

甲戌翌上甲、乙亥翌報乙、丙子翌報丙、[丁丑]翌報丁、壬午翌示壬、癸未翌示癸、[乙酉翌大乙]、[丁亥]翌大丁、甲午翌[大甲]、[丙申翌外丙]、[庚子]翌大庚…… 《合集》35406（《粹編》113）

（3）第三種：王賓卜辭。如：

戊辰卜，貞。王賓大戊祭，亡尤。 《合集》35599

卜辭的大意是：戊辰日占卜貞問。（請教上帝：“王在此日用‘祭’祀祭大戊好嗎？”貞問請教之後，即燒灼背面的鑽鑿，使之形成裂紋。然後翻過來觀察正面顯現出來的兆象，發現上帝的回應即指示是：）“王在此日用‘祭’祀祭大戊没有憂患。”

很顯然這裏也有人爲的成分。

常氏《商代周祭制度》第18頁指出："由上面卜辭反映的複雜的祭祀過程可以看到，商朝統治者對祖先的祭祀真可謂虔誠之至，處處小心謹慎，每走一步都要進行貞問，唯恐有什麽不當，得罪了祖宗，而使自己及其宗族遭殃。"商代周祭的複雜性可參看常著第四章《周祭的祭祀周期》和第五章《周祭祀譜的復原》，此不贅。

從以上的簡述，可以作一個小結：經過粗淺考察，殷墟卜辭所記的内容主要有三：1. 神靈和上帝的回應即指示；2. 崇拜商王的英明；3. 通過占卜，利用神靈和上帝的回應即指示來推行自己（商王、商王朝、商王宗族）的戰略部署和具體政策。

這個題目筆者考慮了很長時間，收集了不少資料，本打算寫成一部專著，考慮到本人已經87歲，不知道是否還有足够的時間和精力來完成，所以先寫成一個提要式的文章，供學術界討論。並將有關學者的基本觀點、所提的問題、相互的辯論、某些必要評述、有益的例證，略作簡介，以供參考。筆者的觀點，可能與大多數學者不完全相同，很希望得到批評、指正。還有些相關問題，如果時間、精力允許，當容後逐一寫出，以供學界研究。

A Research into the Oracle Inscriptions of Yin Ruins

Zhao Cheng

Abstract: There are a lot of inscriptions on unearthed oracle bones in Yin Ruins. How to understand and interpret these words? There used to be a consensus among most scholars. It was not until the end of the 1950s that an individual scholar raised questions and attempted to make new interpretations, only to be contradicted by another scholar. It probably took more than a decade for some scholars to raise questions from different perspectives and put forward their own new solutions. This led to a great international discussion, which lasted from the 1970s to the 1990s. After more than two decades, no consensus was reached. After more than 20 years of investigation, it seems that it can be explained from another angle by referring to the handed down literature and combining with the consciousness of the Shang dynasty.

Key Words: MingCi(命辭); Zhen(貞); The mind of "Tian(天)"

（趙誠，中華書局　北京　100052）

讀《甲骨文合集》札記兩則*

黄天樹

摘　要：筆者閱讀《甲骨文合集》時寫過一些札記，現在整理出其中兩則向專家請教。第一則認爲，《合集》20709“虎”上一字，一作“冎”，一作“冎”，二者當是一字異體。此字從“丙”得聲，可讀爲“逢遇”之“逢”。第二則認爲，《合集》28870卜骨上有一個字的兩個偏旁之間的距離寫得過大，舊釋作“單”“鳥”二字，其實是一個字，即“獸”字。

關鍵詞：《甲骨文合集》；札記；兩則

筆者平時閱讀《甲骨文合集》時順手寫過一些札記，現在挑出兩則札記，寫在下面。由於見聞不廣，擔心是否已經有學者作過考釋，特向學術界同行專家請教。

一

庚辰卜：雙（焚）从柚，冎虎。

弗冎虎。（《合集》20709=《乙編》47，師小，圖1）

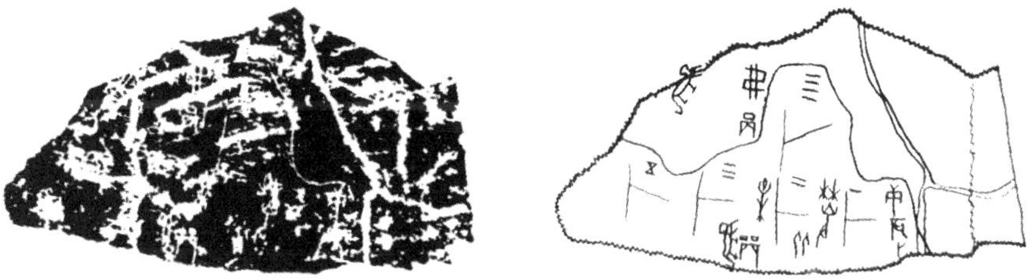

圖1　《合集》20709

* 本文爲國家社會科學基金重大招標項目“殷墟甲骨拓本大系數據庫建設（15ZDB094）”、國家社會科學基金重大委托項目“甲骨文圖像數據庫（16@ZH017A1）”和教育部、國家語委甲骨文研究與應用專項科研項目“甲骨刻辭類纂新編”（YWZ—J001）、“甲骨文字新編”（YWZ—J005）的階段性研究成果。

這是一塊龜的左背甲，由左第一肋甲和左第一脊甲組成[①]。這組對貞卜辭刻在左第一肋甲上。“虎”上一字，舊不識，需要考釋。在考釋之前，我們先對上引卜辭中的一些字詞略作解釋。“𤎫”字，象手持火把焚林之形，郭沫若《殷契粹編考釋》釋爲“焚”字繁體[②]，學者多從之。其後，有學者提出異議，認爲卜辭裏“狩獵方式既有‘焚’，亦有‘𤎫’”，所以二者理應有别[③]。陳劍通過分析指出，實際上，分析這兩類字形，“焚”字繁體“𤎫”主要見於師小、無名等類卜辭，簡體主要見於賓類、黄類，從它們在各類卜辭裏出現的情况正好互補來看，説明它們在田獵卜辭中表示的應該是同一個詞[④]。“焚从柚”即“从柚焚”。柚，從王子楊釋[⑤]，田獵地名。“虎”上一字，一作“⿵冂吅”，一作“冋”，甲骨文偏旁往往單雙無别，所以二者當是一字異體。筆者認爲，此字從“丙”得聲，可讀爲“逢”，當“遇到”講。“焚”是一種狩獵的方法。老虎藏身於林莽之中，用火驅逐野獸是很自然的。上引這組對貞卜辭卜問從柚地開始“焚”（焚燒山林驅趕野獸的狩獵方式），能否逢遇老虎。“⿵冂吅”字又見於下列卜辭：

⿵冂吅（逢），獲。允⿵冂吅（逢），[獲]。

（《合集》20781=《乙編》9020，師肥，圖2）

圖2 《合集》20781

這可能是一條田獵卜辭。“⿵冂吅”字也讀爲“逢”，當“遇到”講。命辭“逢獲”卜問逢遇（野獸），能否擒獲。驗辭“允逢，[獲]”記載果真逢遇（野獸），有所擒獲。

我們釋“⿵冂吅”“冋”爲“逢”，是受到下面兩篇文章的啓發。一篇是單育辰的《釋“㔨”》，他首先指出，田獵卜辭中的“㔨”字，從“丙”得聲，可讀爲“逢”[⑥]。另一篇是方稚松的《釋〈合集〉6571中的𠫑》，他贊同單育辰的觀點，並

①黄天樹：《甲骨形態學》，原載《甲骨拼合集》，學苑出版社，2010年；後收入《黄天樹甲骨金文論集》，學苑出版社，2014年，第356—388頁。

②郭沫若：《殷契粹編》，第1248片考釋，科學出版社，1965年新一版，第665頁。

③于省吾主編：《甲骨文字詁林》第四册，中華書局，1996年，第3365頁姚按。

④陳劍：《甲骨金文考釋論集》，綫裝書局，2007年，第378—381頁。

⑤王子楊：《甲骨文字形類組差異現象研究》，中西書局，2013年，第296—306頁。

⑥單育辰：《釋“㔨”》，《出土文獻》第十輯，中西書局，2017年，第14—18頁。

認爲甲骨文中的[人形字]字，也從“丙”得聲，應當與“𠀠”字聯繫在一起考慮，也應當釋讀爲“逢”①。

附帶説一下，島邦男把甲骨文“[冎形字]”和“[丙形字甲]”這兩個字看作一個字，應該是正確的，因爲甲骨文人名“婦[冎形字]”亦作“婦[丙形字甲]”②。但是，有的學者推而廣之，把甲骨文“[丙形字乙]”字也看作是“[冎形字]”和“[丙形字甲]”的異體字是不對的。“[丙形字乙]”是“丙”字的異體，與“[冎形字]”和“[丙形字甲]”用法有別，姚萱對此有詳細的討論③，可以參看，此不贅。

甲骨文用來記録逢遇之“逢”的字形較多。師類用“[冎形字]”，賓類、歷類用“𠀠”等，從它們在各類卜辭裏出現的情況正好互補來看，説明它們在卜辭中表示的應該是同一個詞“逢”。

二

《合集》28870拓本不很清晰，《甲骨文合集釋文》《甲骨文校釋總集》對《合集》28870釋讀如下：

> 毕單鹿。兹用。④

大家知道，甲骨文中有些合體字，其偏旁既可以寫作左右並列，也可以寫作上下相叠。例如：“戰”（獸）也可以寫作上下相叠的“⿱單犬”（《合集》21729）⑤。據此，《甲骨文校釋總集》把“毕”（擒）下“單鹿”看作兩個字，非是。所謂“單鹿”其實是一個字，可以隸定爲“⿱單犬”，即“獸”字。從字形上看，“獸”字甲骨文寫作從犬從單。“單”象一種狩獵工具，“犬”是獵人最好的助手。“獸”字象執單驅犬，捕捉獵物，其本義是動詞，當“狩獵”講（“狩”是“獸”的分别字）。野獸是狩獵的對象，所以“獸獵”之“獸”（狩）滋生出了野獸之“獸”⑥。例如：

> 丁卯卜：子其往田从𨸏西⿰犬丂，冓（遘）戰（獸）。子占曰：“不三，[其]一。”孚。（《花東》289）

①方稚松：《釋〈合集〉6571中的[人形字]》，《古文字研究》第32輯，中華書局，2018年，第75—82頁。

②［日］島邦男：《殷墟卜辭綜類》，日本汲古書院，1971年增訂版，第278頁。

③姚萱：《殷墟花園莊東地甲骨卜辭的初步研究》，綫裝書局，2006年，第168—173頁。

④胡厚宣主編：《甲骨文合集釋文》，中國社會科學出版社，1996年，第28870片。曹錦炎、沈建華：《甲骨文校釋總集》第九册，上海辭書出版社，2006年，第3222頁。

⑤參看《裘錫圭學術文集》第一卷，復旦大學出版社，2012年，第300頁。

⑥裘錫圭：《談談〈同源字典〉》，原載《紀念王力先生九十誕辰文集》，山東教育出版社，1992年；後收入《裘錫圭學術文集》第四卷，復旦大學出版社，2012年，第179頁。陳年福：《甲骨文詞義論稿》，上海古籍出版社，2007年，第248頁。姚萱：《殷墟花園莊東地甲骨卜辭的初步研究》，綫裝書局，2006年，第105頁。

惠永录（麓）焚，毕（擒）又（有）小獸（獸）。

（《屯南》2326，無名）

我們認爲，《合集》28870應釋讀如下：

兹用。毕（擒）獸（獸）。　　　　（《合集》28870，無名，圖3）

圖3　《合集》28870

比照《合集》20756“毕（擒）嘼（獸）”來看，我們的釋讀應該是正確的。《合集》28870“兹用擒獸”一語的構成格式是“用辭+驗辭”。“兹用”是用辭，於此表示採用了此卜之問並予以施行。“擒獸”是驗辭，記録“擒獲野獸”，應是記録命辭所卜之事應驗與否的驗辭①。

Two Reading Notes of *the Great Collection of the Oracle Inscriptions*

Huang Tianshu

Abstract: The author wrote some notes while reading *the Great Collection of the Oracle Inscriptions*（HJ for short）, and now has picked two of them to consult with experts. One is that, on *HJ* 20709 the two characters above “虎” are “[illegible]” and “[illegible]”, which should be variants. Both of them obtained their sound from the character “丙”, and can be read as “逄”. The other is, on *HJ* 28870, the distance between two components of a character was so large that the old annotation thought they are two separate characters “單” and “膚”, but actually it is one character, that is “獸”.

Key Words: *The Great Collection of the Oracle Inscriptions*; Two notes

（黄天樹，清華大學出土文獻研究與保護中心　北京　100084）

①參看黄天樹《殷墟王卜辭的分類與斷代》，文津出版社，1991年，第333—341頁。

殷墟甲骨文“步”字意義新探*

張玉金

摘　要：殷墟甲骨文中的“步”主要有三個義項：一是步行、行走；二是令/使……步行、行走；三是作人名、方國名。以往不少學者認爲甲骨文中的“步”可用作祭名，讀爲“酺”，這種説法不可從。

關鍵詞：殷墟甲骨文；步；義項

甲骨文中的“步”字，作“、、”等形①。第一個字形象人前進時左右足一前一後之形。第二個字形的兩足都是右足，應是第一個字形的誤寫。第三個字形是第一個字形的簡寫。《説文·步部》：“步，行也。从止𠃊相背。”段注：“步，相隨者，行步之象，相背猶相隨也。”

把甲骨文中的“”等釋爲“步”字，學術界並無疑義，已爲學者們所接受。過去，有人把“、、”等字形也釋爲“步”，但從其用法來看，它們與“步”迥然有別，這些字形不應釋爲“步”。

本文擬就甲骨卜辭中“步”字的意義進行探討。

一、以往的相關研究

羅振玉首先將甲骨文中的“”釋爲“步”，依據《説文》解釋爲“行”。商承祚認爲，卜辭中所謂王步于某，並不是王步行，而是用車行。温少峰、袁庭棟認

---

* 本文爲2017年國家社會科學基金重大項目“殷墟甲骨文譯注與語法分析及資料庫建設”（批准編號：17ZDA299）的階段性研究成果。

①參見劉釗主编《新甲骨文編》（增訂本），福建人民出版社，2014年，第87—88頁。

爲，卜辭中的“步”爲步輦之義，即“輦行曰步”，這種意義不能理解爲步行[①]。吴其昌認爲，卜辭中的“步”偶爾用爲祭名，郭沫若進一步認爲，這種用作祭名的“步”應讀爲“酺”，饒宗頤從之[②]。

甲骨文字詞典一類的工具書，對甲骨文中“步”的意義，也都有解釋。

徐中舒《甲骨文字典》中的“步”條下，列有下述一些義項：一、行也；二、祭名；三、方國名[③]。

趙誠《甲骨文簡明詞典——卜辭分類讀本》的“步”下列有三個義項：一是卜官之私名，作形；二是祭名；三是走。他說，甲骨文中的“步”象人行走時兩足一前一後之形，本義爲步行。甲骨文用作行路，詞義已經抽象化，相當於現在所説的走，不一定指步行，也可以指騎馬[④]。

崔恒昇《簡明甲骨文詞典》的“步”下列有四個義項：一是步行；二是乘步輦而行；三是方國名；四是祭祀名[⑤]。

劉興隆《新編甲骨文字典》的“步”下列有兩個義項：一是行走；二是祭名[⑥]。

孟世凱《甲骨學辭典》的“步”下列有四個義項：一是祭名，與“酺”通；二是車行；三是行軍；四是行，進行[⑦]。

由上述看來，關於甲骨文中“步”的意義，各家的看法並不一致。即使是一致的看法，如認爲“步”可作祭名，也不一定可靠。因此，對於這個問題有進一步深入探討的必要。

二、關於甲骨文“步”的行路義

“步”的本義是步行，徒步行走。但是徐中舒把甲骨文行路義的“步”解釋爲“行”，趙誠解釋爲“走”，劉興隆解釋爲“行走”，他們都没有强調行走的方式——徒步。

崔恒昇則把“步”的行路義分爲兩個義項：一個是步行，一個是乘步輦而行。

①温少峰、袁庭棟：《殷墟卜辭研究——科學技術篇》（抄寫影印本），四川省社會科學院出版社，1983年，第264頁。

②羅振玉、商承祚、吴其昌、郭沫若、饒宗頤等先生的説法，均見於于省吾主編《甲骨文字詁林》（第一册），中華書局，1996年，第761—763頁。

③徐中舒主編：《甲骨文字典》，四川辭書出版社，1988年，第142—143頁。

④趙誠：《甲骨文簡明詞典——卜辭分類讀本》，中華書局，1988年，第243頁。

⑤崔恒昇：《簡明甲骨文詞典》，安徽教育出版社，2001年，第284頁。

⑥劉興隆：《新編甲骨文字典》，國際文化出版公司，2005年，第77—78頁。

⑦孟世凱：《甲骨學辭典》，上海人民出版社，2009年，第288—289頁。

在“步行”這個義項下列舉的例子（其釋文、標點和出處均依據原書）是：

（1）子效先步，才（在）尤。（甲786）

（2）令（命）戈人步。（林二 • 五 • 一一）

在“乘步輦而行”的義項下列舉的例子是：

（3）王于庚寅步自衣（殷）。（粹1041）

（4）……王其步，叀（唯）鎷。（史拓7001）

（5）今日王步先，亡（無）災。（前二 • 一五 • 二）

崔恒昇把有些“步”解釋爲“乘步輦而行”，這跟温少峰、袁庭棟的説法是一致的。爲什麽都是行走意義的“步”，却要分爲上述兩個義項呢？

仔細觀察就會發現，兩者的區别主要是主語的不同。例（1）“步”的主語是“子效”，例（2）“令戈人步”是個兼語句，“步”作兼語句的第二個動詞，它的主語其實是“戈人”。而例（3）至例（5）“步”的主語都是“王”。很明顯，在崔恒昇看來，如果是一般人，那麽“步”的意義就是步行；如果是殷王，那麽“步”的意義就是乘步輦而行。

把殷王的“步”解釋爲乘步輦而行，是没有什麽根據的。在那質樸的年代，一般人可以徒步而行，殷王亦然。在傳世古籍中，“步”也没有這種義項。《漢語大字典》中“步”下有行走、步行的義項，而没有乘步輦而行的義項[①]。《王力古漢語字典》也只有“步行、行走”的義項，並無乘步輦而行的義項[②]。所以上述五個例子應該有同樣的訓釋，即步行、行走。

孟世凱把“步”的行走義分爲三個義項，即：一是車行；二是行軍；三是行，進行。在“車行”這個義項下所舉的例子（其釋文、標點和出處均依據原書）有：

（6）癸酉卜，㱿貞：今日王步。
辛丑卜，㱿貞：翌乙巳，王勿步。（合180）

（7）貞：翌戊辰，王步，易日，二告。
丙寅卜，内：翌丁卯，王步，易日。
翌丁卯，王步，不其易日。（合11274正）

（8）丙辰卜，行貞：王其步于良，無災。（合24472）

（9）辛酉卜，尹貞：王步自商，無災。（合24228）

①漢語大字典編輯委員會編：《漢語大字典》（第二版），四川辭書出版社、崇文書局，2018年，第1541—1542頁。

②王力主編：《王力古漢語字典》，中華書局，2000年，第543頁。

（10）丙申貞：王步，丁酉自㚇。

戊戌貞：王于己亥步自㚇。

壬寅貞：王步自𣪊，于𡠬。

庚子，王步自鼓。（屯2100）

（11）丙午卜，在商貞：今日王步于樂，無災。

己酉卜，在樂貞：今日王步于𩂣，無災。（合36501）

（12）癸未卜，在舊貞：王步于洓，無災。

乙酉卜，在洓立貞：王步于淮，無災。（英2564）

孟世凱對這些例子的斷句有可商榷之處。例（7）第一條卜辭的"易日"之後，可標句號或問號，不可標逗號。因爲"易日"之前是卜辭，而"二告"是兆辭。例（10）第一條卜辭的"王步"之後，不應加逗號，因爲從第二條卜辭來看"自㚇"是介賓短語作補語，介賓短語不可自成一小句。例（10）第三條卜辭中的逗號也應去掉，因爲"自𣪊"和"于𡠬"是兩個介賓短語並列作"步"的補語。此外，上引各例貞辭之後，皆可把句號改爲問號。

上引7個例子的共同特點都是："步"是所在小句的謂語中心，其主語都是"王"。可能在孟世凱看來，殷王不可能徒步而行，因而訓爲車行。這種訓釋是依據商承祚的觀點。商承祚在其《殷虛文字類編》中說："所謂王步于某，涉于某者，非王步行徒涉也，以車曰步，以舟曰涉耳。"①

然而，這樣的訓釋並無古文獻的依據。在《漢語大字典》和《王力古漢語字典》中，"步"均無車行或以車行的義項。雖然殷墟甲骨文中可能會存在古文獻中没有的義項，但是把"王步"中的"步"訓爲車行仍缺乏甲骨卜辭的證據。這樣訓釋的一個重要原因是其主語是"王"。但是，其他殷商人可能徒步行走，爲什麼殷王就不能呢？再説，"步"很可能强調的是行走，而不突出其方式。這樣把這種"步"訓爲步行、行走也是可以的。正如不能把"王步"中的"步"解釋爲"乘步輦而行"一樣，訓爲"車行"同樣是不能成立的。

孟世凱在"行軍"這個義項下舉的例子如：

（13）庚寅卜，賓貞：今載王其步伐夷。

庚寅卜，賓貞：今載王勿步伐夷。（合6461）

（14）戊子卜，賓貞：𠀠迄步伐𢀛方，受有祐，十二月。（合6292）

上引例（13）中的"今載王其步伐夷"是一個連謂句，其謂語中的"步伐夷"是一個連謂短語。這個句子是説，今年王將行走去征伐夷方。可見，其中的"步"，跟前引例（6）至例（12）"王步"中的"步"是同義的，都是行走義，不必把它訓爲行軍。在《漢語大字典》和《王力古漢語字典》中，"步"也没有行

①商承祚主編：《殷虛文字類編》第11卷，1923年，第8頁。

軍之義項。

上引例（14）中的“受有祐”之後，應該標句號或問號，不應標逗號。例（14）中的“𠂤迄步伐𢀛方”，也是一個連謂句，這個句子的主語不是“王”，而是“𠂤”。但其中的“步伐”跟例（13）中的“步伐”同義，其中的“步”也都同義。

孟世凱在“行，進行”這個義項下舉的例子如：

（15）丁未卜，貞：惟亞致衆人步，二月。（合35）

（16）……今五月，呼衆人步。（合37）

（17）貞：勿命我使步。（合6226）

（18）己亥卜，惟四月，命奚步……㞢。（合6563）

上引例（15）中的“惟”，應釋爲“惠”；“致”應釋爲“以”，“步”後應加句號或問號。例（18）中的“惟”也應釋爲“惠”。

例（15）中的“惟亞致衆人步”，應釋爲“惠亞以衆人步”，亞是官名，這是説該由亞這種官員帶領衆人行走。“惠亞以衆人步”是連謂短語句，“步”作連謂短語的後一個動詞，也是步行、行走之義。訓爲行可以，訓爲進行則不太準確。因爲進行在現代漢語中是一個形式動詞，如“進行研究”“進行討論”。例（15）中的“步”顯然不是這種意義。

例（16）中的“呼衆人步”是一個兼語句，是説呼令衆人行走，“步”作兼語短語中的第二個動詞，也是步行、行走之義。例（17）中的“勿命我使步”、例（18）中的“命奚步”均與此相類，都是兼語句，其中的“步”也是行走、步行之義。

總之，殷墟甲骨“步”的行路義，不應分爲兩個或三個義項，而應該概括爲一個義項。“步”有時可能表步行義，有時其詞義可能已經抽象化，就指行走。所以甲骨文中“步”的行路義，可以像《王力古漢語字典》那樣，概括爲步行、行走。

三、關於甲骨文中“步”的祭名義

前面説過，吴其昌認爲甲骨文的“步”可用爲祭名，郭沫若贊同，並認爲這種“步”應該讀爲“酺”。饒宗頤從郭沫若之説。

徐中舒從“步”可用爲祭名之説，他在這個義項下列舉了兩個例子：

（19）辛未貞今日告其步于父丁一牛在祭卜（寧一、三四、六）

（20）庚辰步于母庚（前一、二九、四）

對於例（19），徐中舒没有標點斷句。此例即《合》32677，其釋文和標點應如下：

辛未貞：今日告其步于父丁一牛？在祭卜。（合32677）

爲什麽把這個例子中的“步”分析爲祭名呢？顯然是因爲“步”後是“于父丁”，這樣把“步”解釋爲祭名好像是順理成章。但是如果對上引一例進行語法分析，則知這樣的訓釋是有問題的。例（19）中的“其步”是動詞“告”的賓語，它可以前移；“于父丁”是動詞“告”的補語，並不是“步”的補語[①]。“今日告其步于父丁一牛”是説，今天用一頭牛把（殷王）將要行走的事報告給父丁。很明顯，這個例子裹的“步”仍是步行、行走之義，而不是祭名。

例（20）中的“步”被訓爲祭名的理由，顯然也是因爲其後出現了“于母庚”，但是這樣的依據也不一定可靠。筆者在《關於甲骨文中的“往”是否用作祭名的考察》一文中，指出像“母庚”這類名詞，可以有三種用法：一是指先母的神靈，二是指先母的牌位，三是指先母神靈或牌位所在之處[②]。上引“步于母庚”中的“母庚”應該是第三種用法，這樣“步”仍可訓爲步行、行走。“步于母庚”是説行走到母庚的牌位前。如果没有其他的依據證明“步”可用作祭名，顯然是這樣解釋“步”更好。

趙誠也認爲“步”有祭名的用法，他舉的例子是：

（21）步征于父丁。（乙44）

此條卜辭的拓片不太清晰，釋文尚待斟酌。如果釋文確實無誤，則此句可解釋爲步行延續到父丁牌位前，其中的“步”仍可解釋爲步行、行走。

崔恒昇也認爲甲骨文中的“步”有祭祀名，可用爲“酺”。他舉的例子，除了前引例（20）、例（21）外，還有下例：

（22）其雟衆，告于父丁一牛；于癸步其三牛。（粹369）

上引例（22）即是《合》31995。崔恒昇的釋文是有問題的。例（22）的釋文（對於釋文的標點，筆者做了改動）應該是：

弜雟？

己丑卜：其雟衆，告于父丁一牛？

于癸步？

其三牛？[③]

很明顯，崔恒昇是把三條卜辭合併爲一條，這是錯誤的。“于癸步”是一條獨立的卜辭，它就是卜問：到癸日行走好不好。可見，把這條卜辭中的“步”釋爲祭名，是没有根據的。

---

①參看張玉金《論殷商時代的祰祭》，《中國文字》新三十期，臺灣藝文印書館，2005年，第1—30頁。

②參看張玉金《關於甲骨文中的“往”是否用作祭名的考察》，《古漢語研究》2019年第4期。

③此例釋文參看曹錦炎、沈建華《甲骨文校釋總集》卷十，上海辭書出版社，2006年，第3549頁。

劉興隆也認爲甲骨文中的“步”有祭名用法，他舉的例子是：

（23）……其告、步丁宗。（合13535）

他認爲上例中的“告”用作“祰”，祰、步皆祭名。劉興隆所舉的例子也不可靠。例（23）可與上引例（19）相比較，例（19）中的“其步”是“告”的賓語，即報告的內容，例（23）中的“步”亦然。“丁宗”是處所詞語，表示“告”這種行爲的處所。可見這個例子裏的“步”也不是祭名。

孟世凱也認爲“步”有祭名的用法，他舉的例子除上引例（19）、例（20）、例（22）之外，還有下引兩例：

（24）丁卯卜，求于享京，亞[illegible]其步，十牛。（合32987）

（25）惟商方步立于大乙，戋羌方。（合27982）

對於這種例子裏的“步”，孟世凱作了如下訓釋：

祭名。與酺通。《周禮·地官·族師》：“春秋祭酺。”鄭玄注：“酺者爲人物災害之神也。”《大戴禮·誥志》：“主祭于天，曰天子。天子崩，步于山川，伐于四山，卒葬曰帝。”孔廣森《補注》：“步者，禜説之祭名。《周禮》春秋祭酺，故書爲步。漢祀有人鬼之步，蝝螟之步。”故爲禳除災害之祭。

孟世凱這種訓釋難以成立。他一共舉了五個例子，其中有三個例子，即是前引例（19）、例（20）、例（22）。前面已經説過，這些例子裏的“步”，難以解釋爲祭名。例（24）的釋文和標點都有問題。例中的“求”，應隸定爲“𠦪”（原作“[illegible]”），讀爲“禱”。此外，在“亞[illegible]其步”前後都不應加標點。這個例子的釋文和標點應該是：

丁卯卜：禱于享京亞[illegible]其步十牛？（合32987）

例子中的“禱”是禱告之義。“于享京”應該是表示舉行“禱”的處所的，“亞[illegible]其步”是“禱”的內容，“十牛”是“禱”時的用牲。這條卜辭的意思是：丁卯日占卜：到享京用十頭牛禱告“亞[illegible]其步”一事。“亞[illegible]”是人名，“亞[illegible]其步”是説亞[illegible]這個人將要出行。可見，並不能把其中的“步”訓爲祭名。

上引例（25），孟世凱列在“步”這個詞條下，於“步”後不加標點，但在“商方”這個詞條下也列了這個例子，却於“步”後加上逗號。可見孟先生對於這條卜辭的斷句並無定見。例子中的“惟”應釋爲“叀”，例中的“戋”應釋爲“𢦏”，在“步”後不加標點應該是正確的。這條卜辭的釋文和標點應該是：

叀商方步立于大乙，𢦏羌方？（合27982）

這個例子中的“叀商方步立于大乙”，應該如何進行句法分析？其句意如何？這是頗費思量的。“商方”是商王朝西面的一個方國之名，活動在商山一帶，在今陝西商南縣境內。“立”在殷墟甲骨之中義項較多，其中一種用法是讀爲“蒞”，有臨視、監臨之義。這種讀爲“涖”的“立”，可以用動詞語爲賓語，例如“王往立䅟黍？”（合9558），這是説商王前去臨視收割黍子之事。例（25）中的“立”可能也應是此義，它應該是以“商方步”爲賓語的。在“王往立䅟黍”中，“立”的賓語是“䅟黍”；在例（25）中，“商方步”是“立”的賓語，但是，由於在賓語前用了“叀”，其賓語前置了，構成了“叀+賓語+動詞”式句。這種句式在甲骨文中很常見，例如：“叀三牢用，王受有祐？/弜用三牢？”（合30300）“大乙”應該是指大乙的牌位，這裏表處所。在殷商時代，商王外出打仗，可以攜帶先王的牌位，目的是保佑殷商人在戰爭中取勝。這樣看來，上引例（25）可以解釋爲：如果在大乙牌位前臨視商方人行走，那麼會戰勝羌方嗎？可見，在這場戰爭中，主要敵人是羌方，但商方人也在附近活動，需要監視。如果這樣分析，例（25）中的“步”，也不是用作祭名的。

“叀商方步立于大乙”一句，如果在“步”後加標點，則是“叀商方步，立于大乙”。這時“叀商方步”應該理解爲步于商方，即行走到商方。“立于大乙”則理解爲站立在大乙牌位前。這樣標點，也可以講得通。

上面，我們考察了甲骨文中的“步”可否用作祭名的問題，共分析了五位學者所列舉的七個例子。可見，認爲卜辭中的“步”可以用作祭名的説法，尚難以成立。

四、關於甲骨文中“步”的方國名和人名義

徐中舒認爲甲骨文中的“步”有方國名的用法，他共舉了兩個例子：

（26）貞雀戋步。（六清一一〇）

（27）辛未卜㱿貞王𢦏步受祐。（遺一二〇五）

上引例（26），其中的“戋”應該釋爲“𢦔”。如果釋文没有問題，那麼其中的“步”是用作方國名的。例（27）中的“𢦏”應釋爲“戎”。“步”作“𧗿”形。前面説過，“𧗿”不應釋爲“步”，是另一個字，它不能作爲“步”可用作方國名的例證。

崔恒昇也認爲甲骨文中的“步”有方國名的用法，所舉的例子就是上引例（26）。

趙誠、劉興隆、孟世凱均不認爲甲骨文中的“步”有方國名的用法。

筆者認爲，目前只有例（26）中的“步”，似是用作方國名的。

趙誠認爲“步”有人名的用法，他舉的例子有兩個：

（28）庚戌卜，步、叀翌日步，射兕于凵。（甲3003）

（29）…步貞…（京2520）

他認爲上引兩例中的“步”（第一個例子裏第一個“步”）是“用作卜官之私名”。但是上引兩例中的“步”，均作“徙”。這個字現在已不釋爲“步”，所以例（28）、例（29）不能作爲“步”用作人名的例證。

在卜辭中，有的“步”的用例，可以分析爲人名，例如：

（30）[庚]午貞：令步以曳求黄（尪），得？

庚午貞：令霝以才它求黄，得？

甲戌貞：令雞求黄，得？

甲戌貞：令霝以才它求黄，得？

甲戌貞：令步求黄，得？　　（合32509）（甲806）

上例中的“求”，爲裘錫圭師所釋①。例中的“黄”讀爲“尪”，指一種有殘疾的畸形人。殷人舉行焚人求雨之祭時，常用他們作犧牲，所以這種人需要加以搜求。例中的“霝”和“雞”都是人名。“步”與“霝”“雞”所處的語法位置相同，都是兼語句中的兼語，所以也是人名。例（30）前兩條卜辭卜問：命令步帶着曳這個人去搜求尪會得到呢，還是命令霝帶着才和它兩個人搜求尪會得到呢？後三條卜辭卜問：是命令雞搜求尪會得到呢，還是命令霝帶着才和它兩個人搜求尪會得到呢？抑或是命令步這個人搜求尪會得到呢？可見，例（30）中的“步”可以分析爲人名。

這樣看來，殷墟甲骨文中的“步”肯定是可以用作人名的。甲骨文中用作人名的名詞，常常又可以用作方國名、族名。“步”這個人可能就是“步”這個方國的君長，或“步”這個族的族長。如果是這樣，那麽例（26）中的“步”分析爲方國名，也還是有根據的。

五、關於甲骨文動詞“步”的使動用法

前面已經説過，甲骨文中的“步”有動詞用法，意思是步行、行走。這種意義的“步”在甲骨文中還有使動用法。這一點是以往學者們所没有提出過的。例如：

（31）辛丑卜：步豢伐𢀛？五月。（合20460）

（32）于翌日丁丑步[illegible]？（合33055）

①裘錫圭：《釋“求”》，《古文字研究》第十五輯，中華書局，1986年，第195—206頁。

（33）己亥卜，宂貞：翌庚子步戈人，不橐？（英546正）

（34）壬子卜，貞：步𠂤，亡囚？（屯4516）

上引例（31）中的“豙”是人名。例如：“乙丑卜：翌丙豙有至？”（合72正）“貞：豙弗其獲？”（合10859正）“𢀛”爲方國名，是征伐的對象。例如：“丁酉卜：令豙正（征）𢀛，𢦏？”（合6561）例（31）中的“步”是動詞的使動用法，“步豙”意思相當於“令豙步”。卜辭或言“己亥卜：惠四月令豙步[伐]𢀛？”（合6563），其中的“令豙步”在意思上相當於例（31）的“步豙”。其中的“令豙步[伐]𢀛”在意思上相當於例（31）的“步豙伐𢀛”。由上述可見，例（31）中的“步”確實是使動用法，意思是“令……步”“使……步”。

例（32）中的“卓”是人名。例如“丁丑貞：王令卓以衆𡆥伐召，受祐？”（合31973）“癸未貞：王令卓𡆥方？”（屯243）例（32）中的“步”，應該是動詞“步”的使動用法，意思是“令卓步”。卜辭或言：“辛亥貞：生月令卓步？”（屯599）此例中的“卓”，跟“卓”是一字異體，表示的是同一個人名，是不同組類卜辭對同一個人名的不同寫法。上例中的“令卓步”在意思上與例（32）中的“步卓”同義。“令卓步”是兼語短語，而“步卓”是動賓短語，其中的“步”是“令……步”的意思。

例（33）中的“戈”爲族地名。“戈人”應該指戈族之人。例如“王遭戈人？”（合775正）“王弗遭戈人？”（合775正）例（33）中的“步”也是使動用法。“步戈人”應該就是令戈人步的意思。例（33）中的“步戈人”應與前引例（2）的“令戈人步”同義。

例（34）中的“𠂤”，即是“師”字，它的意思是軍旅。例如“丁巳卜，㱿貞：師獲羌？”（合178）“癸丑卜，㱿貞：師往衛，亡囚？”（合7888）例（34）中的“步”，也是使動用法，“步𠂤”意思是令軍隊行走。

卜辭中與“步”用法相似的，還有“涉”字，“涉”也有使動用法，例如：

（35）甲子貞：其涉𠂤于西兆？

弜涉𠂤？（屯1111）

（36）庚子卜，㱿貞：令子商先涉羌于河？

庚子卜，㱿貞：勿令子商先涉羌于河？（合536）

上引例（35）中的“涉𠂤”，意思就是命令軍隊涉水，其中的“涉”是使動用法。把例（35）中的“涉𠂤”和例（34）中的“步𠂤”聯繫起來看，更能看出“步𠂤”中的“步”是使動用法。

例（36）中的“羌”，是羌人的意思。在這裏是指羌俘，常被用作犧牲。“涉羌”意思就是令羌俘涉水，其中的“涉”是動詞的使動用法。

總之，甲骨文中的“步”有使動用法，是令……步行、行走之義。

結　語

通過以上的論述，可以得出如下結論。

在殷墟甲骨文中，“步”共有以下三個義項：

一是步行、行走。這種意義大多數可能已經抽象化，不再强調其行走的方式——徒步。有的學者把這種行路義分成兩個或三個義項是不妥的，應概括爲一個義項。

二是令……步行、行走。這個義項是第一個義項的使動用法。從使用頻率來看，第一個義項的“步”很常見，第二個義項的“步”較少見。這個義項，是本文首次提出來的。

三是作人名、方國名。這種用法的“步”最爲罕見，用例很少。

以往不少學者認爲甲骨文中的“步”可用爲祭名，讀爲“酺”。本文認爲這種觀點缺乏根據，難以成立。

A New Study on the Meaning of “Bù(步)” in Yin Ruins’ Oracle-Bone Inscriptions

Zhang Yujin

Abstract: There are three main meanings of “Bù(步)” in Yin Ruins’ Oracle-bone inscriptions: the first is walking; the second is making walking; the third is to be a person’s name and a country's name. In the past, many scholars thought that “Bù(步)” in oracle-bone inscriptions could be used as a sacrificial name and read as “Pú(酺)”, which could not be followed.

Key Words: Yin Ruins’ Oracle-bone inscriptions; Bù(步); item of meaning

（張玉金，華南師範大學文學院　廣州　510006）

甲骨文“誥”字釋説*

蔣玉斌

摘　要：古文字中有些表示人之器官行爲或特徵的字，常常簡化爲不寫出人形而直接表現器官行爲或特徵的形體。甲骨文字表示一人正坐出言、另人竦舉雙手就言之形，很有可能就是兩周文字“𢍏（誥）”的前身，也可以考慮釋爲“誥”字。本則札記繫聯有關形體，可爲文字源流研究參考，亦爲詞彙研究提供一些佐證。結合古文字字形來看，“誥”本來側重的是以言論告人（主要是上對下的訓教告誡），在認識到“誥”“告”具有共通性的同時，也要尤其注意“誥”的特定含義。

關鍵詞：甲骨文；考釋；誥；告；詞義

《殷契卜辭》661號、《甲骨文合集》18186號、《北京大學珍藏甲骨文字》2103號先後著録一版龜腹甲殘片，係屬右前甲，刻有如下一辭：

（1）甲辰卜，賓[貞]：呼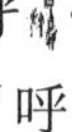…　　　　合18186（圖一）

這條辭的辭例很普通，只有“呼”下一字引人注意。《殷契卜辭》容庚、瞿潤緡釋文作“”[①]；1965年版《甲骨文編》隸爲“”，注云“从廾从竟，《説文》所無”（0299號，第103頁）；唐蘭先生1976年所作的《甲骨文自然分类簡編稿本》釋爲“摬”，解釋説：“《説文》‘摬，中擊也’。《廣雅・釋詁三》‘摬，擊也’。”[②]近出各種甲骨文字典、字編多不釋。

該字作从廾、从跽坐之人張口出言形。其較完整的寫法在卜辭中似僅此一見，不過下揭兩版卜辭中的殘形[③]也需要注意：

* 本文爲教育部、國家語委甲骨文等古文字研究與應用專項重點項目“甲骨文字詞合編（未識字部分）”（YWZ—J017）的階段性成果。

①容庚、瞿潤緡：《殷契卜辭坿釋文及文編》，釋文第73頁，哈佛燕京學社，1933年。

②唐蘭：《唐蘭全集》八《甲骨文自然分類簡編稿本》，上海古籍出版社，2015年，第82頁。

③兩殘形係據《京人》本文篇抄本（PLATE 11，0396號；PLATE 12，0440號）製作。

（2）□□[卜]，賓[貞]：…以並令……□（从口）…□（从止）…□…

合4400（京人446）（圖二）

（3a）□□[卜]，賓[貞]：…並令……□（从口）…□（从止）…

（3b）丙午[卜]，□貞：□肩[興]有疾，不殞。　一

合13794（京人396）（圖三）

圖一

圖二

圖三

（2）及（3a）殘缺嚴重，但只要放在一起，還是能看出内容上的相似，《京人》本文篇已指出此點（第236、247頁）。它們字體一致，契刻位置都很像是龜腹甲的右後甲，壓齒縫左行，而下方均刻一條界劃綫，極有可能是同套卜辭。其中殘存“収”及跽坐人形。甲骨文字中包含“収”“卩”的構形，可舉出（字編[①]第1265頁）等，但從部件的位置和配比關係看，兩殘形最接近的還是（1）辭中的。

以上三版刻辭，字體都是賓三類，貞人均爲賓，可見的卜日干支爲甲辰（辭1）、丙午（辭3b），僅隔一天，又都出現較罕見的相近字形，它們之間或有比較密切的關聯。這也有助於説明是的殘形。吴麗婉女士也曾“通過偏旁組合以及偏旁位置關係的對比”，指出圖二是之殘（未繫聯圖三）[②]。希望將來能得到綴合復原，以驗證上述推斷準確與否。

現在就拿最完整的加以討論。首先可注意拱手形的歸屬：甲骨文有（字編第103、104頁），乃跽坐之人出手拱竦；中跽坐之人斂手於膝，拱竦的雙手在其左側，顯屬另外一人。一人跽坐斂手出言，另一人在其面前拱手，根據這些特

①李宗焜：《甲骨文字編》，中華書局，2012年。

②吴麗婉：《〈甲骨文字編〉校補》，首都師範大學博士學位論文，2017年，第12頁。

徵，我們很容易聯想到後世文字中的“𢍜/𢍚/誥”。

下面就先回顧一下有關“𢍜/𢍚/誥”的古文字材料及相關研究狀況。

見於清人著録、現藏故宫博物院的史䛘簋（集成4031）上有“乙亥王 畢公”之語。1966年岐山京當賀家村西周墓出土了一件形製、銘文相同的史䛘簋（集成4030），“王”後一字較清晰，作 。有關材料於1972年發表[①]，唐蘭先生指出該字“應該是誥字的别體”[②]，糾正了釋“賞”或“宴”的誤説。

唐釋陸續得到多宗古文字材料的證實。1963年出土於寶雞陳倉賈村的何尊，其内底銘文於1975年被發現，中有“王𢍜宗小子于京室，曰：……王咸𢍜……”諸語，“𢍜”作 、 （集成6014），釋爲“誥”文從字順。

何尊和史䛘簋的時代都在西周早期。西周晚期的“𢍜”見於1988年平頂山應國墓地出土的應姚鬲、簋、盤（銘圖2882、5102、14471），銘文中叔誥父之“誥”作 （銘圖2882）等；春秋晚期的“𢍜”見於1978年淅川下寺春秋墓出土的王孫誥鐘、戟（銘圖15606—15631、16846—16847），作 （銘圖15609）、 （銘圖16846）等，可謂傳承有緒。而在郭店、上博戰國竹書中，數見引述《尹誥》《康誥》，“誥”字作 （郭店成之聞之簡38）、 （郭店緇衣簡5、28）、 （上博緇衣簡3、15）。“《康𢍜》”對應傳世古書中的《康誥》；竹書《緇衣》所引的《尹𢍜》即《尹誥》，今本《緇衣》作“尹吉”，鄭注：“吉，當爲告。告，古文誥。字之誤也。尹告，伊尹之誥也。”這種對讀更是支持唐蘭先生考釋的鐵證。

《汗簡》《古文四聲韻》有“誥”古文作   者，《四聲韻》又以 爲“告”之籀文（用誥爲告），諸形均源自古文字“𢍜”。兩書又收 ，即“𢍚”，是“𢍜（誥）”的變形音化。《尚書·大誥》釋文：“誥，本亦作𢍚。”《玉篇》《篆隸萬象名義》“収”部下均收“𢍚”字，音古到切（反），《玉篇》云“古文告”。《集韻·号韻》：“誥，古文𢍚。”三體石經古文“誥”作 ，《汗簡》《古文四聲韻》亦收 ，从“丌”係从“収”之訛。

今本《説文·三上·言部》“誥”下還有一種古文：“誥，告也。从言、告聲。 ，古文誥。”學者業已指出，此 實爲“譽”字古文而被誤置於“誥”下。桂馥《説文義證》曰：“《玉篇》譽在誥後，即本書舊次。後人移譽於前，而遺其古文。”王筠《説文釋例》有同説，並可從。《汗簡》《古文四聲韻》沿襲此誤，亦需更正[③]。因此，這一所謂的“誥”字古文應該排除。

總之，古今文字“𢍜—𢍚—誥”的序列十分明晰，而“𢍜”是該序列中已知最

①長水：《岐山賀家村出土的西周銅器》，《文物》1972年第6期。

②唐蘭：《史䛘簋銘文考釋》，《考古》1972年第5期（時爲雙月刊，1972年9月出版），第46—48頁；收入《唐蘭全集》四《論文集下編》，第1421—1425頁。

③參看張富海《漢人所謂古文研究》，綫裝書局，2007年，第57頁；李春桃《古文異體關係整理與研究》，中華書局，2016年，第159頁。

早的源頭。關於“𢍏”字的構形，唐蘭先生曾解釋説：

> 其實𢍏字的从言从収是由於誥是由上告下，作誥的是奴隸主貴族，用雙手來捧言，以示尊崇之義。[①]

甲骨文的作一人正坐出言，面前有另一人竦舉雙手就言，與唐蘭先生描繪的形象相合。只是出言之人寫出了軀體（卩），應爲“𢍏”的繁體；後世“𢍏”形則是省去卩形、僅突出放言的簡體。這種繁簡現象在古文字中並不罕見。有些表示人之器官行爲或特徵的古文字，既可在人形基礎上加以突顯，亦可不寫出人形而直接表現器官的行爲或特徵[②]。例如甲骨文字，在人形上加了兩個竪目，是《説文》訓“舉目驚界然”的“界”字的初文，跟《説文》訓“左右視”的“䀠”應該是一個字。甲骨文“瞽”字既作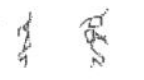，也作省去人形的（字編第28—29、185頁）；“歙（飲）”字既作人張口撮舌就飲於酉的形，也有省去人形的（酓）形（字編第1039—1040頁）。他如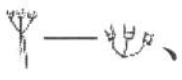、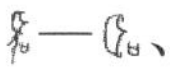、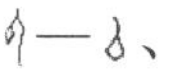、、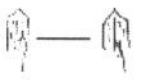（字編第256—257、220—221、19—22、13—14、766—767頁）等，也是類似的例子。甲骨文有字（合26089），也見於滕州前掌大商周墓地出土的婦尊（銘圖11491）。馮時先生在整理前掌大銅器銘文時已繫聯兩形，並將該字隸釋爲“（鶨）”[③]。按該字仍待詳考，但馮先生的隸釋很有啓發性。該字甲金文中跽坐之人突出鼻形的寫法，如到後世變作“自/鼻”，是不出意外的。

張亞初先生曾將上述那種帶有“整體的人形”的字稱作“整體指事字、整體形聲字、整體象形（字）、整體會意字”，指出其係“繁構形體”[④]。上舉各例説明，這些“繁構形體”往往會發展出簡省的寫法。在字中，跽坐之人出言形作爲構形的一部分，在不影響表意功能的前提下簡化爲“言”形，非常自然。大概爲了美觀，又將“収”形置於“言”下。如此，字就簡省爲“𢍏”了。

①唐蘭先生在《史𩛥簋銘文考釋》一文中還解釋“𢍏”所从的“収”説：“収也是聲。収讀爲共，龏就是龔，龏王就是共王，可證。収音失去ng的韻尾，就讀如告。《説文》：‘梏，兩手同械也。’‘桊，梏或从木。’又‘梏，手械也。’其實梏就是拱字，桊和梏也是一個字，後來加以區别，才把兩手同械叫作梏或桊。桊和梏的關係，正如𢍏和誥的關係，𢍏字从言収聲，可讀爲誥是無疑的。”“収聲”説爲不少學者信從。按古音“収”“誥”聲母均屬見紐，但韻爲東部三等、覺部一等，彼此就有距離。後面舉例認爲“桊/梏”與“梏”是一個字，梏固然是手械，但出土古文字“梏”的表意字象頸枷手銬之形，兩者並不能等同。因此，從音理和實例兩個方面看，唐氏“収聲”説似乎都不能成立。

②裘錫圭先生曾指出：“在古文字裏，表示人的器官行爲的字，有一些既可以从‘人’，也可以不从‘人’。”見《説“”“嚴”》，《裘錫圭學術文集・甲骨文卷》，復旦大學出版社，2012年，第157頁。有些學者雖未明確揭出此例，但在文字考釋研究中已實際運用。如下引“䀠”字例，即是裘先生據朱芳圃《殷周文字釋叢》（中華書局，1962年，第160—161頁）舉出的。又如于省吾先生《釋从天从大从人的一些古文字》也説“齒字之从大與否，眉字之从人與否，也是互見無别的”，並用該條例釋了一些字（《古文字研究》第十五輯，中華書局，1986年，第187頁）。

③馮時：《前掌大墓地出土銅器銘文彙釋》，中國社會科學院考古研究所編著《滕州前掌大墓地》，文物出版社，2005年，第591—592頁。

④張亞初：《殷周金文集成引得・後記》，中華書局，2001年，第1583—1584頁。

以上推測甲骨文字就是“𢍏”字的前身，主要是根據字形的歷史比較和古文字形體演變規律。甲骨文該字所處的辭例，（1）辭的“呼…”，可能是人名，也不能排除就是動詞“誥”的可能。（2）（3）兩辭都不能通讀。由於殘缺厲害，就無法通過文例來驗證前述釋讀。這當然是令人遺憾的，但古文字中就是存在這樣一些字，儘管材料不足，辭例限制較少，不能完全確釋，但通過字形比對繫聯，還是可以作爲文字源流研究的重要參考。對這種文字形體的探討仍是有必要的。

在本文探討的基礎上，還可進一步思考有關的詞彙問題。王力先生《同源字典》指出，“告、誥”“本同一詞，後人加以分别。《列子・楊朱》：‘不告而娶。’《釋文》：‘告上曰告，發下曰誥。’”[①]從語源上講，“告、誥”同源，都表示告知、告語（今言告訴），而且“誥”應該就是從“告”派生出來的。《説文》“誥，告也”，段注：“按以言告人，古用此字，今則用告字，以此誥爲上告下之字。”段氏點明“誥”“告”的共通性是對的，但認爲“誥”本來就相當於今之“告”，則未免抹殺了兩者的區别。

從詞的角度看，作爲“告”的派生詞，“誥”應該與“告”通而有别；從字的角度看，在文字系統中已有常用字“告”的前提下，又出現一個表義確有差别的“誥”字，當然也是適應新的記録需要。徐鍇《説文繫傳》釋“誥”爲“以文言告曉之”，是據該字从“言”加以解説，但也算對“誥”“告”作了區别。古文字和“𢍏”都是“誥”的前身，在這些更古老的字形描繪的情景中，説者正坐發表言論，聽者拱手於前，所指當非泛泛的“告知、告訴”。西周何尊上既有“王𢍏（誥）宗小子于京室，曰……”，又有“珷王既克大邑商，則廷告于天，曰……”，可見兩者的區别。傳世古書的例證，如“文王誥教小子”（《書・酒誥》）、“后以施命誥四方”（《易・姤》）等，不煩一一舉列。結合字形和用例，“誥”側重的應是以言論告諭，有訓教、告誡的意思。這一行爲基本上都是上對下的，甲骨文中，放言之人端坐斂手，另人竦手恭聽，似正表示上位者與下位者。舊注云“上告下曰誥”，大體合理。

《爾雅・釋詁上》《説文・言部》都説：“誥，告也。”這種訓釋並非是下定義，應該看作用上位概念解釋下位概念，猶如故訓中常見的“葵，菜也”“楊，木也”之類。現在有不少工具書説“告”與“誥”本無分别，“本來都是‘告訴’的意思”，或把“告訴”義列作較早義項。例如《漢語大詞典》《王力古漢語字典》“誥”下的第一個義項都是“告訴”，《字源》亦承襲這種看法。這些書都舉《書・太甲下》：“伊尹申誥于王曰：‘嗚呼！惟天無親，克敬惟親。’”《字源》並解釋説“伊尹的地位顯然比王低”，來佐證“‘誥’最初就是‘告訴’的意思”。其實這個書證很不好。一方面，《太甲》三篇爲僞古文，雖然也算古書，但不適合作爲

①王力：《同源字典》，商務印書館，1982年，第305頁。

“誥”較早義項的書證，更難以證明“最初”如何。即便單就該例本身而言，也不能説明其中的“誥”就是一般的“告”義。太甲固是商王，但伊尹在商代初年的地位也極其重要。《書序》説：“太甲既立，不明，伊尹放諸桐。三年復歸於亳，思庸，伊尹作《太甲》三篇。”伊尹既能放太甲，向他訓話（“誥”）也是很正常的，伊尹之於太甲，完全可稱得上“上對下”。《辭源》《漢語大字典》“誥”的第一義項分别爲“上告下曰誥”“告，特指上告下”，這種處理方式比較好。

因此，從“誥”的字詞來源看，還是應該强調其與“告”的區别。但從戰國以後的出土文獻以及傳世先秦文獻來看，有關“誥”“告”的用字習慣、字詞關係就要複雜一些。

戰國竹書表示{誥}除用“㝁”外，也用从“視”从“告”之字（清華柒《越公其事》簡33“先～王訓”）、“晧（梏）”字（清華伍《殷高宗問於三壽》簡22“～於四方”），而“晧（梏）”字亦可表{告}（清華壹《祭公之顧命》簡10“敢～天子”）。上博簡《艸茅之外》[①]簡3有詩句作：“敢陳純晧，不智其若兹。”程浩先生根據用字習慣，指出“晧”讀爲“誥”或“告”更爲直接，董珊先生在此基礎上讀爲“告”[②]。從“誥”“告”的區别看，此“晧”以讀“告”爲是。

戰國簡中已有“誥”字，但目前所見的兩例都不表示{誥}。包山文書簡133“僕以誥告子宛公”，陳偉先生認爲“似乎‘誥’是起訴狀的專稱”[③]。這裏的“誥”只是常見“誥”字的同形字。又清華玖《成人》簡11“民若誥祆”，“誥”讀爲“告”[④]。

傳世先秦文獻中的“誥”，大體都是寫{誥}的。以今文《尚書》爲例，篇名中的“誥”都表{誥}，即告誡之文；餘下14例中，13例爲表示訓誡、宣諭之義的{誥}[⑤]。另外一例是《書·酒誥》：“厥或誥曰：‘群飲’，汝勿佚，盡執拘以歸于周，予其殺。”其中的“誥”指報告，表示{告}這個詞。這應該看作一條例外。而且雖然諸本多作“誥”，但九條本是作“告”的[⑥]，作“誥”不能排除傳抄

①曹錦炎：《上博竹書〈卉茅之外〉注釋》，《簡帛》第十八輯，上海古籍出版社，2019年。

②程浩：《上博逸詩〈卉茅之外〉考論》，清華大學出土文獻研究與保護中心網站，2019年7月3日，https://www.tsinghua.edu.cn/publish/cetrp/6842/2019/20190703194519460212792/20190703194519460212792_.html。董珊：《上博簡〈艸茅之外〉的再理解》，微信公衆號“先秦秦漢史”，2019年7月28日。

③陳偉：《包山楚司法簡131—139號考析》，《燕説集》，商務印書館，2010年，第184頁。

④同篇簡25有“兩誥（造）”，其字雖可隸定爲“誥”，但本身所从並非“告”，而是“*告（造）”（參見陳劍《釋造》，《甲骨金文考釋論集》，綫裝書局，2007年），因此才可以讀爲古書中的“造”。該例“誥（造）”與前引《同人》簡11的“誥”完全不是一個字，《清華玖》的《字形表》將兩者放在一個字頭下（中西書局，2019年，第208頁）有失妥當。

⑤參看周民編寫《尚書詞典》（書名據封面及正文），四川人民出版社，1993年，第72頁。

⑥顧頡剛、顧廷龍輯：《尚書文字合編》，上海古籍出版社，1996年，第1849頁。參看臧克和《尚書文字校詁》，上海教育出版社，1999年，第348頁。

訛誤的可能。反過來看，也有很多（十餘例）上告下的告諭、告誡之義是寫作“告”的，如“告爾四國多方”“予告汝訓汝”等①。這是因爲“誥”除了告誡之文、誥命文書一類的名詞義，訓教、告誡一類動詞義均可爲“告”所兼包，“告”爲“誥”的上位詞，兩者本有共通的一面。

簡單歸納以上所論，即｛誥｝爲｛告｝的派生詞，而“誥”的字詞又有别於“告”，本來側重表示以言論告人（主要是上對下的訓教告誡）。“誥”的這種意義可爲“告”兼包，後世在“誥”“告”使用上也有一些錯綜現象，但這不能掩蓋“誥”本有特定含義、與“告”有所區别的語言事實。作爲“誥”字可能追溯到的最早形體，甲骨文形爲以上認識提供了佐證。

2019年8月初稿，2020年4月修訂

The Explanation of Oracle Bone Character “Gao(誥)”

Jiang Yubin

Abstract: The oracle bone character  can be interpreted as the complex form of “Gao(誥)”. According to the graphic form , the meaning of “Gao(誥)” originally focuses on admonishing someone (usually a subordinate) by speech , which has its own characteristics as well as its common characteristics with “Gao(告)”.

Key Words: Oracle bone character; interpret; Gao(誥); Gao(告); word meaning

（蔣玉斌，復旦大學出土文獻與古文字研究中心、出土文獻與中國古代文明研究協同創新中心　上海　200433）

①周民編著：《尚書詞典》，第72頁。

司敗壴章劍考釋

吴鎮烽

摘　要：筆者在鑒定文物時見到一件青銅劍，甚爲重要，劍首有錯金銀銘文12字，器主爲司敗壴章，時代爲戰國早期，國別當爲楚國。銘文雖不難釋讀，但司敗的官名在金文中係首次發現，對於研究楚國的職官、姓氏具有重要的意義。

關鍵詞：司敗；壴章；楚國

最近見到一件銘文劍，通長53.2厘米、格長5.3厘米、劍首徑3.8厘米。前鋒尖鋭，劍身前部收束，後部較寬，兩縱微凹，中有脊，横截面呈菱形，圓筒形莖，向後漸粗，玉璧形劍首，菱形窄格。（圖1）劍格一面飾錯金雲紋，另一面飾錯銀雲紋。劍首有錯金銀銘文12字，錯金字與錯銀字相間，銘文右旋讀。銘文是："司敗壴章羿（擇）氒（厥）吉金，自乍（作）甬（用）僉（劍）。"（圖2）從銘文可知作器者爲司敗壴章，故命名該劍爲司敗壴章劍。

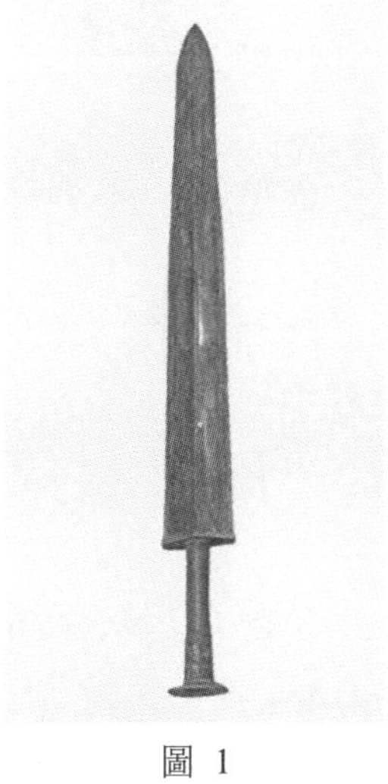

圖 1

圖 2

司敗壴章劍的造型與傳世的攻吴王光劍（《銘圖》17921）①、20世紀30年代安徽壽縣出土的越王劍（《銘圖》17870）、1933年安徽壽縣朱家集李三孤堆楚王墓出土的楚王酓璋劍（《銘圖》17972）、上海博物館收藏的越王嗣旨不光劍（《銘圖》17951）以及1979年河南淮陽縣劉振屯鄉大朱村平糧臺墓出土的越王不光劍（《銘圖》17959）基本相同，而更接近於楚王酓璋劍。吴王光劍的時代爲春秋晚期，越王劍、楚王酓璋劍和越王嗣旨不光劍爲戰國早期，越王不光劍可晚到戰國中期之初。所以，司敗壴章劍的時代應與之大體相當，再根據其銘文書體和銘文所出現的職官（詳後），我們認爲將其時代定在戰國早期，國别定爲楚國比較合適。

首先，我們要討論的是劍銘的第二個字。從銘文照片看，該字似從“貝”從“又”，當釋“㝵”，一般認爲是“得”字。遍查春秋戰國時期的金文、簡文和帛書，“得”字均不如是作，一般爲下從“又”，上從“目”形（或目形右下部帶一捺筆），即“貝”字之簡省，並不是完整的“貝”字。如春秋時期的子犯鐘“得”字作“”，戰國時期的葛得鼎作“”，中山王譽鼎作“”，清華簡、上博簡作“”“”或“”，無一與此相同。況且，其下的“壴章”二字顯係作器者私名，但“司得”一詞，既不是姓氏、國族，也不是地名或官職，於銘文不能通讀，故應另尋别解。筆者以爲該字當釋“敗”字，但目前見到的春秋戰國時期簡帛文的“敗”字一般作“”“”“”“”，也没有見到如此寫法，此當如何解釋呢？竊以爲可從兩方面考慮：其一，該字可看作從“貝”從“攴”，“攴”是一個借筆偏旁，其上部的一竪一平是借用“貝”字左下部筆畫；其二，在古文字中，從“又”的偏旁往往可以與從“攴”互作，如“啓”作“启”，“敢”作“㪟”，“改”作“㺿”，“敏”作“敂”等，故該字亦當釋爲“敗”。該“敗”字的形體屬首次出現，與“㝵”（得）同形不同字，是“敗”字的一個别體。“司敗”爲職官名，文從字順。

“司敗”一詞在先秦典籍中出現過五次。《論語》《國語》各一次，《左傳》三次。

1.《論語·述而》云：“陳司敗問：‘昭公知禮乎？’孔子對曰：‘知禮。’”

2.《國語·楚語》載：“君實有國而不愛，臣何有於死，死在司敗矣。”

3.《左傳·文公十年》：“（子西）懼而辭曰：‘臣免於死，又有讒言，謂臣將逃，臣歸死於司敗也。’”

4.《左傳·宣公四年》：“箴尹（克黄）曰：‘棄君之命，獨誰受之？君天也，天可逃乎？’遂歸，復命，而自拘於司敗。”

①參看拙著《商周青銅器銘文暨圖像集成》，上海古籍出版社，2012年。以下簡稱《銘圖》。

5.《左傳・定公三年》："（唐人）竊馬而獻之子常，子常歸唐侯。自拘於司敗。"

對於"司敗"的解釋，《論語・述而》何晏注："孔安國曰：'司敗，官名也，陳大夫也。'"陸德明音義："孔（安國）云司敗官名，陳大夫也。鄭（玄）以司敗爲人名，齊大夫。"《國語・楚語》韋昭注："楚謂司寇爲司敗。"《左傳・文公十年》杜注："陳、楚名司寇爲司敗。"楊伯峻先生《左傳》文公十年注云："《論語・述而》有'陳司敗'，定三年傳述唐人'自拘於司敗'是知陳、楚、唐具有司敗之官。此'歸死於司敗'與襄三年傳'請歸死於司寇'文意同，足知陳、楚、唐之司敗即他國之司寇。"①

從上述解説中可知"司敗"是陳、楚、唐等國的司法之官名，掌管糾察刑獄與司法審訊，相當於中原諸侯國的司寇，鄭玄以爲"陳司敗"是人名，是齊國大夫，是錯誤的。《國語》《左傳》中的"死於司敗""拘於司敗"的"司敗"，既是官名，亦指代司敗之官府。

1986年出土的《包山楚簡》法律文書中含"司敗"的簡牘達35枚。其中有中央的司敗，縣司敗，封君的封邑司敗，還有某些機構設立的司敗。如簡25："八月辛未之日，司敗黄貴𣪘受期，癸巳之日，不遲（詳）玉敓（令）步、玉婁㾝以廷，阩門又敗。"該司敗無前綴成分，且奉命將中央機構"玉府"的官員玉敓（令）步和玉婁㾝告上法庭，可見這是中央的司敗。簡071："十月己丑之日，帀（中）昜（陽）司敗黄㦽（勇）受期，臭月辛亥之日，不遲（詳）帀（中）昜（陽）之仔門人軞慶以廷，阩門又敗。"簡177："郙（奉）陽司敗郰賵，羕陵公之人䟤繇。"中陽、奉陽均爲楚國縣名，是知楚國的縣也設司敗。簡23："八月己巳之日，邻少司敗臧未受期，九月癸丑之日，不遲（詳）邻大司敗以盟邻之櫰里之旦無又李競由，阩門又敗。"邻也是楚國一個縣名，邻縣設有大、小二司敗，大概與縣的規模之大小有關。除此之外，《包山楚簡》中還有尚、喜、陰、繁丘、羕陵、下蔡等縣都設有司敗之職。簡054："九月辛亥之日，喜君司敗史善受期，丙辰之日不督長陵邑之死，阩門又敗。"簡076："十月乙未之日，噩君之司敗舒丹受期，臭月辛丑之日，不遲（詳）周緩以廷，阩門又敗。""噩君"即鄂君，還見於鄂君啓節，二者時代相同，自是一人。喜君、鄂君，均爲楚國的封君，可見封君亦設有司敗。簡15背面："五帀（師）宵倌之司敗告胃（謂）：卲行之大夫㝏執其倌人，新借迅尹不爲其譔（督），不慭。""師"是古代軍隊的一級編制。《説文・帀部》："師，二千五百人爲師。"《周禮・地官・小司徒》："五人爲伍，五伍爲兩，四兩爲卒，五卒爲旅，五旅爲師，五師爲軍。"鄭玄注："師，二千五百人，軍，萬二千五百

①楊伯峻：《春秋左傳注》（修訂本），中華書局，1995年。

人。此皆先王所因農事而定軍令者也。”《周禮·夏官·叙官》：“王六軍，大國三軍，次國二軍，小國一軍。”《左傳》襄公十四年：“成國不過半天子之軍。周爲六軍，諸侯之大者，三軍可也。”簡文“五師”即《周禮》所謂“五師爲軍”，就是三軍的一支。五師宵倌屬於軍事機關，也設有司敗之職。簡52：“九月己酉之日，邚（越）異之司敗番豫受期，癸丑之日不遅（詳）邚（越）異之大帀（師）儥以廷，阩門又敗。”①“異”指災異。《春秋公羊傳》定公元年：“異大乎災也。”《春秋繁露》：“異者，天之威也。”“越異”即渡災。作爲官府名越異應是楚國特設的救災機構，這種機構也設有司敗。

另外，關於“司敗”的命名問題，也有不同的説法。龐光華先生認爲：“司敗之敗以雙聲借爲法。司敗猶言司法。敗借爲法，在古書中有跡可尋。《漢書·藝文志》：‘漢興，改秦之敗，廣開獻書之路。’此‘敗’爲法之借。改秦之敗猶謂改秦之法。……司敗爲司法之借，故與司寇同意。”②明代陳士元在其《論語類考》中認爲：“陳改司寇爲司敗，避太子禦寇之諱。”又宋代易祓《周官總義·秋官司寇》：“此司寇所以掌邦禁，而後言行邦國也。然刑所以弼教也，寇則敗其教之成者也。縱欲敗類，乃教之所棄而刑之所取，故掌刑者謂之司寇，而後世亦謂之司敗，是刑懲其敗類者也。”易祓認爲寇是敗其成者，敗是敗類，司寇、司敗都是懲治敗類，其意相同。以上三種看法，筆者以爲明代陳士元的避諱説不可信，陳國可以避太子諱，而楚國、唐國又爲什麽要避陳國的太子諱呢？龐光華先生的“敗”字爲“法”字的假借，可備一説，但是周代没有哪個諸侯國把“司寇”稱爲“司法”的，所以，假借説也没有可靠的根據，而易祓的詞義相同説較爲接近實際。“司敗”與“司寇”二者詞義相同，職能相似，名稱有所區别，大概還是地域、國家等因素造成的。

劍銘中的“壴章”是司敗的私名。“壴”爲氏名，《包山楚簡》002有“剢（汾）敆（令）壴圍命之於王大子，而以徵剢（汾）人”。劉信芳先生認爲“壴”讀爲“僖”亦即“釐”③，並引《通志·氏族略·以謚爲氏》説：“釐子氏，出楚釐子觀起之後，芈姓。楚有大夫釐子班。”“釐子”即“僖子”。《春秋》三傳之“僖公”，《史記》《漢書》皆作“釐公”。“壴圍”就是一位以“壴”爲氏，名“圍”的人，擔任剢（汾）縣令。“壴章”亦當讀爲“釐章”，王族的後裔。壴章擔任楚國司敗不見於文獻記載，但從其官職之前没有前綴成分，可以確定他是楚國的中央司敗，屬於楚國的大夫，地位顯赫。

①以上所引諸簡文見於劉信芳《包山楚簡解詁》，臺北藝文印書館，2003年，第40、70、199、38、59、73、23、58頁。

②龐光華：《“司敗”解》，《古漢語研究》2001年第3期。

③《包山楚簡解詁》，第8頁。

此劍的發現，具有重要意義。其一，這是一件確鑿爲楚國中央大臣的用劍。在此之前，除兩件楚王酓璋劍外，還未見到其他楚王或者楚國中央大臣的佩劍，該劍的發現爲研究楚劍提供了重要的實物資料。其二，此劍的造型設計、鑄造工藝與吴越劍基本相同，具有很高的藝術水平。其三，此劍對於研究楚國的職官、姓氏具有重要的意義。

The Textual Research on “Si Bai Zhu Zhang(司敗壴章)” Sword

Wu Zhenfeng

Abstract: The author saw a bronze sword in the identification of cultural relics. The sword is very important. It was made by “Si Bai Zhu Zhang(司敗壴章)” in the early warring states period, with 12 inscriptions of gold or silver on its head. And its country should be Chu (楚國). Although the inscriptions on the sword are not difficult to read, the official name of “Si Bai(司敗)” was first discovered in inscriptions, which is of great significance to the study of official titles and surnames of Chu(楚國).

Key Words: Si Bai(司敗) ; Zhu Zhang(壴章); Chu(楚國)

（吴鎮烽，陝西省考古研究院　西安　710043）

清華（八）《治邦之道》試説*

劉信芳

摘　要：文章旨在對“鄁悬”“誁”“僟”“僓暇”等字詞提出釋讀意見，認爲“聖人以解”是用典故，孔子去魯適衛，適鄭，獨立郭東門，是“聖人以解”之例也。“芒税”乃比喻用法，謂税收如麥芒，猶多如“牛毛”也。“下不敢諒上”，諒承上謂“面諒”，上既“憎而遠之”，下自不敢當面同意而背後亂説。“以愈求生”，愈，勝也，“求生”乃生存競争，同行致力於勝出，古今皆然。“以求相賢”，相，交相也，同行競争，希望賢於對手也。

關鍵詞：清華簡；治邦之道；釋讀

笔者讀《清華大學藏戰國竹簡》（八）《治邦之道》[①]，一直苦於無法定位，合編者將全篇編入清華（九）《治政之道》[②]，簡1、2、14已有歸屬，有可以依據之上下文。由《治政之道》可知，簡文形成於戰國晚期。整理者、合編者的工作爲字、詞、句、章釋讀以及思想、内容分析奠定了可靠基礎，貢獻甚巨。

本文以“試説”參與討論，爲便於核對原簡圖版及整理者釋文，行文標簡號如“【3，47】”，“3”爲《治邦之道》竹簡編號，“47”爲《治政之道》竹簡編號。

一、恚怨

皮（彼）【43】亓（其）型（刑）正（政）是不改，不悬（謀）初怹

* 本文爲2020年國家社科基金重點項目“清華簡（六—九）釋讀與研究”（批准編號：20AZS002）階段性成果。

①清華大學出土文獻研究與保護中心編，李學勤主編：《清華大學藏戰國竹簡（捌）》，中西書局，2018年。

②清華大學出土文獻研究與保護中心編，黄德寬主編：《清華大學藏戰國竹簡（玖）》，中西書局，2019年。本文引簡文標簡號，不另具頁碼。

（過）之不立（位），亡（無）𡩋（顧）於者（諸）侯。亓（其）民𢡱（愈）敝以鄰（恚）𢙐（怨）【14，44】

立，整理者依字讀，兹改讀爲“位”。參《治政之道》簡1“六詩者，所以節民，辩（辨）立（位），思（使）君臣、父子、𠑹（兄）弟母（毋）相逾，此天下【1】之大紀”，辨位是全篇討論的核心問題。簡10～11：“𤔲（亂）君受之以遊亓（其）立（位）……正（政）之不道則上遊（失）立（位），亓（其）遊（失）則弗可𦥯（興）。”本例“初”是過去時，“過之不位”是指在“上失位”（含君位、臣位，民“位”等方面）出現的問題與過失。對已有的過失“不改”，“不謀”，其邦國深陷危機可知。

亡（無）𡩋（顧）於者（諸）侯【14，44】：𡩋，整理者讀爲“寡”，羅小虎、合編者改讀爲“顧”[①]。

亓（其）民𢡱（愈）敝以鄰（恚）𢙐（怨）：𢡱，整理者讀爲“愈”，合編者改讀爲“偷”。敝，整理者讀爲“弊”，兹依字讀。《戰國策 • 楚策》：“攻大者易危，而民敝者怨於上。”《史記 • 酷吏列傳》：“吏民益凋敝。”鄰，整理者以爲“解”之誤字，合編者隸作“解”。按：“解”讀爲“恚”，解乃支部匣紐字，恚乃支部影紐字，於韻同部，於聲同爲喉音，讀解爲“恚”是合於音理的。從辭例來看，望山簡二62“二鮭冠，二組綏（纓）”，鮭冠又作“獬冠”。《太平御覽》卷八六四引《淮南子》“楚莊王好鮭冠，楚國效之也”，今本《淮南子 • 主術》作：“楚文王好服獬冠，楚國効之。”鮭、恚諧聲，解、獬諧聲。恚、怨並聯成辭，《後漢書 • 郭皇后紀》：“郭后以衰離見貶，恚怨成尤。”又《五行志三》：“陰后亦懷恚怨。”

二、進退不稽

閪固以不□於上，命是以不行，進退不𣪠（稽），至（致）力【14，44】不孞（勉），乃𣃁（斷）迁（干）閟（杜）匿，以孞（免）亓（其）𩰚（屠）。

閪固以不□於上：閪固，疑讀爲“託故”，找借口。□原簡字形[②]，字下有點

①羅小虎（簡帛論壇：清華八《邦家之政》初讀，簡帛網http://www.bsm.org.cn，18/11/17）：“整理報告讀爲‘寡’的字似應讀爲顧，顧念。《左傳 • 成公十三年》：‘君若惠顧諸侯，矜哀寡人，而賜之盟，則寡人之願也。’”以下凡引“清華八《邦家之政》初讀”，簡稱“《初讀》”。

②羅小虎（《初讀》18/11/18）認爲左旁爲“學”，字讀爲“效”。

號，兹闕。

命是以不行："命"字整理者句讀上屬，合編者下屬[①]。下屬是。

進退不劼（稽），至（致）力【14，44】不孳（勉）：整理者句讀"退"下點逗號，合編者作一句讀。進退，指用人之進退（參下引《離騷》進、退）。劼，合編者讀爲"耆"[②]，兹改讀爲"稽"，參清華（八）《攝命》29～30"余亦隹（唯）肇（肇）韵（稽）女（汝）悳（德）行隹（唯）斅（穀）眔非斅（穀）"，《易·繫辭下》"於稽其類"，注："稽，猶考也。"《周禮·天官·小宰》"聽師田以簡稽"，注："簡，閲也。稽，計也。"《周禮·天官·宫正》"稽其功緒，糾其德行"，注："稽，猶考也。"至，讀爲"致"。孳，合編者讀爲"勉"。以上句例有因果關係，因制度出問題，用人之進退不以稽考爲依據，此所以涉事者"致力不勉"（出工不出力）。

乃剸（斷）迀（干）閝（杜）匿，以孳（免）亓（其）豬（居）【1，45】：斷，整理者注："斬殺。"引《墨子·號令》"守曰斷之"，孫詒讓閒詁："'斷'即斬也。"閝，"讀爲'杜'，義爲杜塞。"豬，"'居'字異體"。迀，整理者讀爲"奸"，合編者改隸作從辵弋聲之字。匿，整理者讀爲"慝"。按：民何以"斬殺"？這是很難作出合理説明的。從簡文行文邏輯來看，"剸（斷）迀（干）閝（杜）匿"是"民"對統治者"不立（位）"（簡【1】）作出的反應。"不立（位）"導致"民"之賢者，有各種才智者找不到自己的位置，得不到任用，没有出路，只能"以居不懷"（【4，48】），等候機會。筆者認爲：斷，絶也。迀讀爲"干"，迀、干諧聲通假。《説文》："迀，進也。从辵，干聲，讀若干。"簡文干，求也[③]。匿，隱也[④]。《史記·留侯世家》："留侯性多病，即道引不食穀。杜門不出。"《後漢書·蔡衍傳》："坐免官還家，杜門不出。"以上句例含因果關係，以"進"有性命之憂（居），哀莫大於心死，所以棄絶干禄之求，杜門不出以隱於世也。如屈原"進不入以離尤兮，退將復修吾初服"（《離騷》）也。

---

①論者（《初讀》18/11/20）："'上'下有墨點符號，'命'恐當下屬，即'命是以不行'。"

②劼，論者（《初讀》18/11/18）："似當讀爲'耆'，訓强。"羅小虎（《初讀》18/11/19）："讀爲'耆'。耆有致義。《詩經·周頌·武》：'勝殷遏劉，耆定爾功。'毛傳：'耆，致也。'《國語·晉語九》：'耆其肱骨，以從司馬。'韋昭注：'耆，致也。'不耆至力，也是不盡力之義。"

③《詩·大雅·旱麓》"豈弟君子，干禄豈弟"，毛傳："干，求也。"《論語·爲政》"子張學干禄"，注："干，求也。禄，禄位也。"

④《墨子·尚同中》："民知上置正長之非正以治民也，是以皆比周隱匿，而莫肯尚同其上。"

三、以居不懷

唯（雖）貧以俴（賤），而信有道，可以駿（馭）衆、絧（治）正（政）、臨事、倀（長）官，則或（有）聰自縈（營）竃口，以韙（覭）上下【3，47】正（政）悳（德）之瞖（晦）明，不返（及）高立（位）厚飤（食），以居不懷。

以韙（覭）上下【3，47】正（政）悳（德）之瞖（晦）明：合編者句讀“正（政）”前點逗號，整理者作一句讀。

高立（位）厚飤（食）【4，48】：整理者注：“食，俸禄。”引《周禮・醫師》“歲終則稽其醫事，以制其食”，鄭注：“食，禄也。”

以居不懷：懷，整理者讀爲“還”。按：懷依字讀，《説文》“懷，忍也”，段注：“猥下曰：一曰急也，此與義音同。”《論語・子罕》“子曰：沽之哉，沽之哉，我待賈者也”，注：“我居而待賈。”簡文“以居不懷”以自己的方式暗用典故，是爲文章高手。

以上句例謂：貧賤而有道之士，具備馭衆治政能力，是以視政德之晦明，未得時遇，“以居”而不急，有如孔子“居而待賈”，等待合適的時機。

四、聖人以解

古（故）昔之明者㝵（得）之，愄（愚）者逹（失）之，是以悊（仁）者不甬（用），聖人以解。古（故）宔（宅）寓不李（理），以峕（待）明王聖君之立。【4，48】

明者、愚者與上文“晦明”對應，明者以其明察，得“有道”者之用，如秦穆公用百里奚之例[1]；愚者眼拙，有眼不識泰山，如孔子不爲魯所用之例。甚者衆叛親離，如“微子去之，箕子爲之奴，比干諫而死”（《論語・微子》）之例。

是以悊（仁）者不甬（用），聖人以解：整理者注：“解，指離散其心。”

①《史記・孔子世家》：“齊景公與晏嬰来適魯，景公問孔子曰：昔秦穆公國小處辟，其霸何也？對曰：秦國雖小，其志大。處雖辟，行中正。身舉五羖，爵之大夫，起纍紲之中，與語三日，授之以政。以此取之，雖王可也，其霸小矣。”

按：先秦明確稱爲聖人者，周公、孔子。所謂“聖君”“聖士”，“聖”是修飾語，未可與“聖人”等量齊觀。魯君受齊女樂，怠於政事，子路曰：夫子可以行矣。孔子歌曰：“彼婦之口，可以出走。彼婦之謁，可以死敗。”去魯適衛，適鄭，獨立郭東門，“累若喪家之狗”（《史記·孔子世家》）。孔子出走，是“聖人以解”之例也。

古（故）宎（宅）寓不李（理），以時（待）明王聖君之立：才智出衆者志大，或産業、工商能力弱，不及宅寓之治也。《史記·蘇秦列傳》：“出游數歲，大困而歸。兄弟嫂妹妻妾竊皆笑之曰：周人之俗，治産業，力工商，逐什二以爲務。今子釋本而事口舌，困不亦宜乎？”及至“蘇秦爲從約長，并相六國”，行過雒陽，昆弟妻嫂側目不敢仰視，俯伏侍取食，蘇秦喟然嘆曰：“使我有雒陽負郭田二頃，吾豈能佩六國相印乎！”蘇秦終得“明王聖君之立”，太史公譽爲“其智有過人者”[①]，是爲定評。

五、不兩於圖

古（故）【4，48】舉（興）不可以幸，既其不兩於煮（圖），則或□於弗智（知），以孳（免）於衆，則可（何）或（有）益？

幸，整理者注引《國語·晉語一》“其下偷以幸”，韋注：“徼幸也。”按：興謂興賢。賢、聖之遇，逢其時也。遇與不遇，皆非徼幸也。參簡6“聖士之不由，卑（譬）之猷（猶）戢（歲）之不旹（時）”。

既其不兩於煮（圖）：整理者注：“兩，《逸周書·武順》：‘無中曰兩。’圖，謀也。”論者或讀兩爲“良”，或解兩爲“貳”[②]。蕭旭：“既，讀作暨，及也。整理者引《逸周書》‘無中曰兩’，不知何説？”[③]按：賢、聖者圖時遇，在上之“明者”得之以輔政，是兩圖也；或賢、聖者不逢其時，或在上之“愚者”眼瞎而不識英才，皆“不兩於圖”也。

則或□於弗智（知），以孳（免）於衆，則可（何）或（有）益：空圍之字不

---

①《史記·蘇秦列傳》：“蘇秦被反間以死，天下共笑之，諱學其術。然世言蘇秦多異，異時事有類之者，皆附之蘇秦。夫蘇秦起閭閻，連六國從親，此其智有過人者。吾故列其行事，次其時序，毋令獨蒙惡聲焉。”

②《初讀》18/11/18。

③蕭旭：《清華簡（八）〈邦家之政〉校補》，復旦網 http://www.gwz.fudan.edu.cn，2018/11/21。

識[①]。“弗知”與簡2“明者早知”相映襯。免，去也。在上者用令色，不知用人之道，則賢者去之，衆叛親離。

六、愈自固以非命之

皮（彼）天下之𠓗（鋭）士之𨓈（遠）才（在）下立（位）而不由者，𠓗（愈）自固以悲（非）愈（命）之。【5，49】

𠓗，整理者讀爲“鋭”，論者或讀爲“俊”[②]。由，整理者注：“由，任用。《左傳》襄公三十年‘以晉國之多虞不能由吾子’，杜注：‘由，用也。’”

𠓗（愈）自固以悲（非）愈（命）之：整理者注：“愈，《説文》‘怨’之古文。”合編者改讀爲“憐”[③]。按：固，堅也，守也。《論語・衛靈公》：“君子固窮，小人窮斯濫矣。”悲愈讀爲“非命”，但凡人力之所不及，古人謂之“命”也。《墨子・非命上》：“子墨子言曰：執有命者以雜於民間者衆。執有命者之言曰：命富則富，命貧則貧，命衆則衆，命寡則寡，命治則治，命亂則亂，命壽則壽，命夭則夭。”郭店簡《語叢一》2：“又（有）天又（有）命。”29～30：“智（知）天所爲，智（知）人所爲，㸒（然）句（後）智（知）道，智（知）道㸒（然）句（後）智（知）命。”懷才不遇者以自固非命之，蓋以“不由”爲命中注定如此，以“由”爲“非命”（不是自己的命），聊以自守自解也。

七、故求善人，必從以治

皮（彼）善人之欲達，亦若上之欲善人，侯〈医〉（殹）𤔲（亂）正（政）是御之。古（故）求善人，必從【7，51】以𤔲（治），詰亓（其）行，㚇（變）亓（其）正（政），則民攺（改）。皮（彼）善與不善，幾（豈）有亙（恒）穜（種）才（哉），唯上之流是從。

①整理者注：“字迹不清，疑爲‘務’字。”

②《初讀》18/11/20。

③論者（《初讀》18/11/18）：“‘悲’讀誹，‘誹怨’，《吕氏春秋》‘百姓不敢誹怨矣。’”論者（《初讀》18/11/19）：“此字就是從‘命’聲，或可讀爲‘憐’，參見《聲素》552頁。文獻有‘悲憐’的説法，如《商君書・兵守》：‘壯男壯女過老弱之軍，則老使壯悲，弱使强憐，悲憐在心，則使勇民更慮，而怯民不戰。’”

侯〈医〉（殹）𤔔（亂）正（政）是御之：整理者注："侯，疑爲'医'字之訛，讀爲'殹'。亂，《左傳》襄公二十八年'武王有亂臣十人'，杜注：'治也。'御，《廣雅·釋詁》：'使也。'"論者："'侯'爲發語詞，猶維、伊。"① 《詩·小雅·六月》"侯誰在矣"，毛傳："侯，維也。"《爾雅·釋詁下》"伊，維也。伊、維，侯也"，注："發語辭。"參簡26"医（殹）虐（吾）爲人皋戾，巳（已）脣（乎）不爯（稱）虐（乎）"，原簡侯、医字形相近，整理者的處理方式是正確的。

古（故）求善人，必從以訇（治）：以，整理者釋文作"身"，合編者改訂爲"以"。訇，整理者讀爲"始"，茲改讀爲"治"。原簡亂、治乃避複行文，上之欲善人乃亂政是御之，此所以治政需要哪方面的人才，就"求"具備相應資質之"善"者。《墨子·尚賢中》："然後聖人聽其言，迹其行，察其所能而慎予官，此謂事能。故可使治國者使治國，可使長官者使長官，可使治邑者使治邑。"

詰亓（其）行，支（變）亓（其）正（政），則民攺（改）【8，52】：詰，《管子·五輔》："逐奸人，詰詐僞，去讒慝，則奸人止。"《説文》："詰，問也。"支，整理者讀爲"變"，引《墨子·非命中》："此世不渝而民不改，上變政而民易教。"論者或讀爲"辨"②。句謂其行不善者"詰"之，其政不善者"變"之，"民"將按照君王的要求做。下文既言及"百官敬"，則本例"民"涵蓋百姓與百官。對於行政不善之"變"，指向換崗、懲罰、撤職之類行政措施。

皮（彼）善與不善，幾（豈）有亙（恒）穜（種）才（哉），唯上之流是從：官、民對於"善"的價值選擇，由"上之欲善人"，上之"御"所引導掌控，是乃"唯上之流是從"。頒布軍功軍爵則將士奮勇殺敵，開科舉則文章詩賦乃至八股風行，立牌坊則女有貞烈。有好的制度，將約束官、民向善。

八、下不敢諒上

母（毋）面惪（諒），毋笅（詐）愚（僞），則身（信）長。母（毋）憙㢸（譽），必譏（察）聖（聽），孪（免）亞（惡）慮娧（美），憎而遠之，則下不敢惪（諒）上。【10，54】

母（毋）面惪（諒）：整理者注："惪，從京，心聲，讀爲諒。《禮記·樂記》

① 《初讀》18/11/18。
② 《初讀》18/11/20。

‘則易直子諒之心油然生矣’，孔疏：‘諒謂誠信。’面諒，指當面信誓旦旦。《書·益稷》‘汝無面從，退有後言’，與此相類。”論者或讀悥爲倞。引《説文》：“倞，彊也。”[①]或讀面爲偭，訓爲違背[②]。蕭旭：“簡文悥讀作誩、競，指彊諫而言。”[③]按：整理者解釋是正確的，下文“則下不敢悥上”，諒承上謂“面諒”。《詩·鄘風·柏舟》“母也天只，不諒人只”，毛傳：“諒，信也。”

孚（免）亞（惡）慮媺（美）：整理者注：“免，《史記·樂書》‘免席而請’，正義：‘猶避也。’慮，《爾雅·釋詁》：‘謀也。’”

則下不敢悥（諒）上：整理者注：“悥，疑此處義爲‘讒’。”按：悥讀爲諒，誠也，信也。諒承上謂“面諒”，上既“憎而遠之”，下自不敢“面諒”而“退有後言”（當面表示理解、同意、没有意見，背後亂説）。

九、察其信者以自改，則過敝

母（毋）亞（惡）繇（謠），訤（察）亓（其）信者以自攺（改），則怂（過）誁（敝）。【10，54】

則怂（過）誁（敝）：誁，整理者讀爲“蔽”，引《爾雅·釋詁》：“微也。”魏棟讀誁爲“敝”，讀怂爲“禍”[④]。按：讀誁爲“敝”義長，讀怂爲“禍”則不必。《左傳》僖公十年“敝於韓”，注：“敝，敗也。”謡之信者以自改，則謡之“過”者不攻自破也[⑤]。

論者認爲誁字右旁從“希”[⑥]，合編者改隸作從言希聲之字，讀爲“希”，本文不取是説。整理者隸作“誁”是正確的。郭店簡《老子乙》11“大音祔（希）聖（聲）”，14“丌（其）甬（用）不祔（敝）”，清華（九）《治政之道》31“亦亓（其）希”，玆列相關字形如下：

《老子乙》11“祔（希）”　《治政之道》31“希”

《老子乙》14“祔（敝）”　本例“誁”

①《初讀》18/11/17。

②《初讀》18/11/20。

③同上引蕭旭《校補》。

④魏棟：《清華簡〈治邦之道〉篇補釋》，《清華大學學報》2018年第6期，第180—183頁。

⑤羅小虎（《初讀》18/11/17）：我們認爲或可讀爲弊。弊有停止義。《周禮·夏官·大司馬》：“火弊，獻禽以祭社。”鄭玄注：“火弊，火止也。”過弊，即過錯停止。《商君書》：“賞施於民所義，則過不止。”《商君書》：“故禁奸止過，莫若重刑。”

⑥《初讀》18/11/19。

十、衆不賤貧，癀勿廢

母（毋）喬（驕）大（泰）以不龏（恭），和亓（其）音㷼（氣）與亓（其）顔色以䁖（柔）之，則衆不戔（賤）分（貧），癀勿弊（廢）。【11，55】

母（毋）喬（驕）大（泰）以不龏（恭）：整理者注：“喬，讀爲‘驕’，驕大，古書作‘驕汰’‘驕泰’。《晏子春秋·外篇上十》：‘今公家驕汰，而田氏慈惠，國澤是將焉歸？’《禮記·大學》：‘是故君子有大道，必忠信以得之，驕泰以失。’”

和亓（其）音㷼（氣）與亓（其）顔色以䁖（柔）之：“和”“與”互文，“顔色”原簡爲合文。

則衆不戔（賤）分（貧），癀勿弊（廢）：整理者句讀“賤”下點句號，“廢”下點逗號。按以上複句皆以“毋”領句，兹改“貧”字上屬，“廢”下點句號。戔，整理者注：“讀爲‘賤’，《禮記·樂記》‘是以君子賤之也’，孔疏：‘謂棄而不用也。’”合編者讀戔爲“散”，其實原釋是正確的。癀，整理者注：“字形又見於包山簡、天星觀卜筮祭禱簡，病也。一説‘癀’讀爲‘癃’。”“癀勿弊（廢）”者，謂廢疾者皆有所養也[1]。若“貧”字下屬，貧者無“廢”之理也。

十一、食毋慎甚惑

尾（度）亓（其）力以吏（使）之，飢溁（渴）、寒䁂（暑）、褮（勞）𦢊（逸），和於亓（其）【12，56】身，古（故）母（毋）竆（慎）甚歏（勤）。備（服）母（毋）䛧（慎）甚媺（美），飤（食）母（毋）竆（慎）甚惐（惑），古（故）資裕以易足，甬（用）是以有余（餘），是以尃（賦）均於百眚（姓）之濂（斂）𠨞（利）而㥂（愛）者，古（故）四𡊄（封）之审亡（無）堇（勤）褮（勞）慬（殣）【13，57】㾓（病）之人。

① 《禮記·禮運》：“矜寡孤獨廢疾者皆有所養。”

乇（度）亓（其）力以吏（使）之，飢㴒（渴）、寒㬥（暑）、裻（勞）𦛜（逸），和於亓（其）【12，56】身，古（故）母（毋）竆（慎）甚斆（勤）：整理者注：“‘故’字後疑有脱文，據其文義，或可補一‘身’字。”[①]魏棟讀古爲“罟”[②]。或謂“故”應訓爲“事”，“簡文服與寒暑、食與飢渴、事與勞逸三者是對應的關係”[③]。按：整理者“勤”後點逗號，兹改爲句號。“故毋慎甚勤”與上文“度其力以使之”相照應[④]，凡工匠高手，該用力則用力恰到好處，做工利索；而不善其事者瞎使勁，做不出活兒來。簡文句例明白如話，論者脱字、改讀之説不可從。

備（服）母（毋）𢡱（慎）甚𡢃（美），飤（食）母（毋）竆（慎）甚惑（惑），古（故）資裕以易足，甬（用）是以有余（餘）【13，57】：“服”“食”二分句與“古（故）資裕以易足，甬（用）是以有余（餘）”構成因果複句。惑字整理者不作隸定，疑釋爲“費”。按原簡字形清晰，右上爲“或”，可參簡5、簡9“或”形；左旁爲“人”形，下部爲倒“人”形[⑤]，實爲“化”形分置於左、下。《吕氏春秋 • 本生》：“世之貴富者，其於聲色滋味也多惑者。”[⑥]

清華捌《治邦之道》13　清華玖《治政之道》17

是以尃（賦）均於百眚（姓）之溓（斂）𥝢（利）而炁（愛）者：尃，整理者讀爲“敷”。溓，整理者讀爲“兼”。𥝢，整理者注：“從‘利’字古文，讀爲‘利’。”引《墨子 • 天志上》：“故天意曰：此之我所愛，兼而愛之；我所利，兼而利之。”《墨子 • 法儀》：“奚以知天之欲人之相愛相利，而不欲人之相惡相賊也？以其兼而愛之，兼而利之也。奚以知天兼而愛之，兼而利之也？以其兼而有之，兼而食之也。”《荀子 • 非十二子》：“長養人民，兼利天下。”按：尃應讀爲“賦”，溓應讀爲“斂”。賦均，參簡25“母（毋）乃虗（吾）尃（賦）均，是亓（其）不均”。《逸周書 • 允文》：“公貨少多，賑賜窮士，救瘠補病，賦均田布。”《周禮 • 地官 • 大司徒》“以土均之瀍辨五物九等，制天下之地征以作民職，以令地貢，以斂財賦，以均齊天下之政”，注：“均，平也。”

---

①整理者注釋疑而釋文不補字，合編者補“身”字。

②魏棟：《清華簡〈治邦之道〉篇補釋》，《清華大學學報》2018年第6期，第180—183頁。

③林少平：《讀清華簡捌札記（三）》，復旦網 http://www.gwz.fudan.edu.cn, 18/11/08。

④可以認爲“故毋慎甚勤”承上文省“身”字。

⑤《説文》：“匕，變也。从到人。”又：“化，教行也。从匕人。”

⑥論者（簡帛論壇：《清華九〈治政之道〉初讀》，簡帛網 http://www.bsm.org.cn，19/11/27）隸定爲從人或聲之字，讀爲“有”。

十二、穀其事與穀司

> 𦥚（舉）【16，59】而厇（度）以可，士興；𦥚（舉）而不厇（度）以可，士堋（崩）。古（故）興善人，必䈞（篤）䎽（問）亓（其）行，𡯂（焉）雚（觀）亓（其）㒵（貌），𡯂（焉）聖（聽）亓（其）詞（辭）。既䎽（聞）亓（其）詞（辭），𡯂（焉）少（小）㝅（穀）亓（其）事，以桯（程）亓（其）攻（功）。女（如）可，以差（佐）身相豪（家）。【17，60】

𦥚（舉）而不厇（度）以可，士堋（崩）：整理者注："崩，讀爲背。《墨子·非命上》'守城則不崩叛'，孫詒讓閒詁：'崩，當爲倍之叚字。'《尚賢中》篇云：守城則倍畔，猶此下文云守城則崩叛也。'倍'與'背'同。"《逸周書·時訓》篇云'遠人背叛'。'倍'與'崩'一聲之轉。"整理者句讀二"以可"下屬，王寧謂上屬[①]。按：崩，壞也，毀也。士崩與士興相對而言，簡文"士"排在卿之下，工、賈、農之上，乃邦國用人候選群體，"舉而度以可，士興"，如舉秀才，中狀元，天下學子苦讀；"舉而不度以可，士崩"，如"焚書坑儒，學士逃難"（孔氏《尚書序》）[②]。

必䈞（篤）䎽（問）亓（其）行：䈞，整理者讀爲"熟"，論者讀爲"篤"[③]。䎽，整理者讀爲"問"，合編者改讀爲"聞"。

𡯂（焉）少（小）㝅（穀）亓（其）事，以桯（程）亓（其）攻（功）：整理者注："'穀'，官俸，此處謂給予官職。《論語·憲問》'邦有道，穀'，《集解》引孔安國注：'穀，禄也。'小穀其事，指試探性地給予一個官職，以考察其能力。《墨子·貴義》：'世之君子，使之爲一彘之宰，不能則辭之。'桯，即'程'，考核。以程其功，意即察其所能。《墨子·尚賢中》：'然後聖人聽其言，迹其行，察其所能，而慎予官，此謂事能。'"余曉春指出簡文與《鮑叔牙與隰朋之諫》句例有關[④]。《書·洪範》："人之有能有爲，使羞其行，而邦其昌。凡厥正人，既富方穀，汝弗能使有好于而家，時人斯其辜。于其無好德，汝雖錫之福，其作汝用咎。"上博藏五《鮑叔牙與隰朋之諫》1～2："周人之所目

---

① 《初讀》18/10/12。

② 參《史記·張釋之列傳》："秦以任刀筆之吏……陵遲而至於二世，天下土崩。"張釋之語又見載於《論衡·程材》。

③ 《初讀》18/11/20。

④ 《初讀》18/10/14。

（以）弋（代）之，觀亓（其）容，聖（聽）言，迿倘者叀（使）；遡（朋）亓（其）所㠯（以）衰薨（亡），忘亓（其）迿倘也。二厽（三）子孞（勉）之，寡（寡）人牆（將）迿倘。"《管子·四經》"使民於不争之官者，使各爲其所長也"，注："各長其所長，則順而悦，故不争也。"《管子·明法》："明主之擇賢人也，言勇者試之以軍，言智者試之以官。試於軍而有功者則舉之，試於官而事治者則用之。故以戰功之事定勇怯，以官職之治定愚智。故勇怯愚智之見也，如白黑之分。"小穀其事，"君以亓（其）所能衣飤（食）"（【18，61】），蓋試用其所能，所擅長之事，提供相應待遇。迿倘，讀爲穀司，《説文》："司，臣司事於外者。"司、事義近，穀司猶簡文"穀其事"。寡人將穀司，承上謂寡人將試用有能力之善司者，用人用其所長，如《管子》"言勇者試之以軍，言智者試之以官"也。論者或讀"𦬫"爲"由"[①]，不妥。

十三、随於其事，以愈求生

女（如）亡（無）能於一官，則亦母（毋）彌（弼）女（焉）。夫若是，民非亓（其）所能，則弗敢言。皮（彼）士返（及）攻（工）商、戎（農）夫之隳（隨）於亓（其）事，以愈求生。【19，62】忞（懋）於亓（其）力，以求相臤（賢），古（故）民宜墬（地）舉（舉），賜（貨）實正（征）亡（無）蘵（穢），上不𢙣（憂），邦豪（家）女（安）。

女（如）亡（無）能於一官，則亦母（毋）彌（弼）女（焉）：弼，整理者注："讀爲'畀'，給予。"蕭旭謂"弼"本訓輔，"毋弼，言不作輔臣，不備其位"[②]。按："女（如）亡（無）能於一官"，參下文"各尚（當）一官"，强調官員在位必須具備與其職守相應的能力，不具備所任"一官"之能，毋當"一官"。

隳（隨）於亓（其）事：隳，整理者讀爲"惰"。按：隳應讀爲"隨"，從也，順也[③]。《管子·侈靡》"重予之官而危之，因責其能以隨之"，注："與之重官則不避危亡也，責知其能隨而任之，則自課厲而無所顧望。"

以愈求生：愈，整理者注："讀爲偷。《國語·齊語六》'則民不偷'，韋

①簡帛網簡帛論壇《清華八〈治邦之道〉初讀》，http://www.bsm.org.cn，18/11/17。
②同上引蕭旭《校補》。
③因"民非亓（其）所能，則弗敢言"，本句例應理解爲没有能力或没有機會從政爲官，士、工、商、農隨遇而安，做自己的事情。

注：‘偷，苟且也。’”是說大謬。《論語 • 公冶長》“子謂子貢曰：女與回也孰愈”，注：“愈猶勝也。”《孟子 • 告子下》“丹之治水也愈於禹”，注：“自謂過乎禹也。”謂勝過禹也。《玉篇》：“愈，勝也。”《廣韻》：愈，“賢也，勝也。”“求生”乃生存競爭，同行致力於勝出，古今皆然。

十四、懋於其力，以求相賢

> 悉（懋）於亓（其）力，以求相臤（賢），古（故）民宜陸（地）舉（舉），賜（貨）實正（征）亡（無）蔵（穢），上不息（憂），邦豪（家）女（安）。

悉（懋）於亓（其）力【20，63】：懋，音茂[①]，《書 • 舜典》“惟時懋哉”，孔傳：“懋，勉也。”

以求相臤（賢）：相賢，整理者注：“使賢，用能，指任用賢者和有才幹的人。《周禮 • 大宰》：‘以八統詔王馭萬民：一曰親親，二曰敬故，三曰進賢，四曰使能，五曰保庸，六曰尊貴，七曰達吏，八曰禮賓。’”按：以上句法，士、工、商、農之“隨於其事”者，“以愈求生”也；士、工、商、農之“懋於其力”者，“以求相賢”也。相，交相也。《易 • 咸》彖曰：“咸，感也。柔上而剛下，二氣感應以相與。”《易 • 家人》“九五，王假有家，勿恤，吉”，象曰：“王假有家，交相愛也。”同行競爭，“以求相賢”者，希望賢於對手也。

古（故）民宜陸（地）舉（舉）：《管子 • 牧民》“國多財則遠者來，地辟舉則民留處”，注：“舉，盡也。言地盡辟則人留而安居處也。”[②]

賜（貨）實正（征）亡（無）蔵（穢）：整理者句讀“貨”字上屬，兹改下屬。蔵，同“薉”，整理者讀爲“穢”，論者改釋，引《荀子 • 天論》：“田薉稼惡，糴貴民飢，道路有死人，夫是之謂人祆。”[③]

---

①《說文》：“懋，勉也。”又“茂，艸木盛皃”，段注：“茂之引伸借爲懋勉字。”

②合編者句讀“地”下點逗號，又以“舉貨實”，“正（征）亡蔵”句。兹所不取。

③《初讀》18/11/26。

十五、芒税

侯〈医〉（殹）虐（吾）秅（芒）税，是亓（其）疾至（重）唐（乎）【26，69】

秅，整理者注："疑爲'秨'字之訛。秨，即'租'字。"蕭旭："秅，讀爲甿、氓，音轉亦作民。《説文》：'甿，田民也。''秅'涉'税'而易其偏旁。"[1]按：秅，同"芒"，《説文》："芒，艸耑也。"《玉篇》："稻麥芒也。"《詩•商頌•玄鳥》"宅殷土芒芒"，毛傳："芒芒，大貌。"《文選》卷十九束皙《補亡詩》"芒芒其稼"，注："芒芒，多貌。"税多如"麥芒"，其譬與多如"牛毛"類。

十六、賸位其子弟

古（故）萬民溓（斂）疠（病），亓（其）粟（粟）米六頪（擾）敗湶（竭），則貿（債）貿（賈、賣）亓（其）臣僕（僕），價（賸）位亓（其）子弟，以量亓（其）帀（師）、尹之諻（徵）【26，69】

萬民溓（斂）疠（病）：溓，整理者疑讀爲"慊"，解爲"不滿，怨恨"。按：溓讀爲"斂"[2]，下文言"師尹之征"，可知也。句謂萬民苦（病）於賦斂也。

亓（其）粟（粟）米六頪（擾）敗湶（竭）：六擾，整理者注："即六畜。《周禮•夏官•職方氏》'河南曰豫州……其畜宜六擾，其穀宜五種'，鄭注：'六擾，馬、牛、羊、豕、犬、雞。'"湶，整理者隸作"渫"，論者指出字見於簡12"飢湶（渴）"之"湶"[3]。合編者改隸作"湶"。

---

①同上引蕭旭《校補》。

②簾、簽上古音同在談部來紐，諧聲字溓、斂例可通假。《管子•山權數》"北郭有掘闕而得龜者，此檢數百里之地也"，注："檢猶比也，以此龜爲用者，其數可比百里之地。"朱駿聲《説文通訓定聲》謂檢假借爲"兼"。朱氏之説是有道理的，"檢（兼）數百里之地"，故得釋"檢"爲"比"也。

③參《初讀》18/11/20。

則賫（價）買（賈、賣）亓（其）臣僕（僕）：買，同“買”，賣也[①]。

儹（賸）位亓（其）子弟：整理者讀儹爲“贅”，兹依簡24“婦子儹（賸）暇”例讀爲“賸”[②]。《説文》賸，“一曰送也”。“儹（賸）位”是受限於“以量亓（其）帀（師）尹之諻（征）”的無奈之舉，將“位”折價轉讓，賤賣抵賦税，近於今人所謂“破産”。

以量亓（其）帀（師）、尹之諻（徵）：量，整理者注：“《周禮·序官》‘量人’，鄭注：‘猶度也。’”師尹，《書·洪範》：“卿士惟月，師尹惟日。”整理者解“師尹”爲“衆官長”。諻，整理者讀爲“徵”，引《禮記·中庸》“杞不足徵也”，鄭注：“徵，猶明也。”按：“量”作動詞，“師、尹”指向徵税官員，“徵”謂税、賦、貢諸品之徵收。《管子·四時》：“量民資以畜聚，賞彼羣幹，聚彼羣材，百物乃收，使民毋怠。”簡文“量……徵”者，按額度繳納税賦之徵。“師”如周官“遂師”，《周禮·地官·遂師》“遂師……經牧其田野，辨其可食者，周知其數而任之，以徵財征”，《周禮·地官·大宰》“以九賦斂財賄”，鄭司農注：“遂師之職亦云：以徵其財征，皆謂此賦也。”尹，楚官多以“尹”名，如左尹、大尹、工尹、宰尹等。

十七、防奪君目

此勿（物）也，毎（每）弌（一）之🉀（發）也，足以敗於邦。古（故）方（防）敚（奪）君目，以事之於邦𡳿（及）亓（其）埅（野）𨛬（里）四鄸（邊），則亡（無）命大於此【27，70】

此勿（物）也，毎（每）弌（一）之𤼭（發）也，足以敗於邦【27，70】：物，類也。發，整理者注：“發政。《墨子·尚同上》：‘國君發政國之百姓。’”按“發”承上謂癘疫、水旱、兵甲、盜賊、賸假、多臺、種貴等事類之發生。

古（故）方（防）敓（奪）君目：句與簡25“上乃憂慼，省殛以知之于百姓”相照應。《管子·形勢解》：“羣臣多奸立私，以擁蔽主，則主不得昭察其臣下，

①參《初讀》18/11/17。

②簡24“婦子儹（賸）暇”，整理者讀儹爲“贅”，讀暇爲“賈”，引《淮南子·本經》“贅妻鬻子”。羅濤認爲儹應是“賸”字。按：釋儹爲“賸”是也，賸，送也，賸婦猶《淮南子·本經》“贅妻”也。高誘注：“贅，從嫁也。或作賃妻。”或作“賃妻”者，實爲“贅妻”的解釋語。《説文》賸，“一曰送也”，段玉裁注：“倂，送也。賸訓送，則與倂音義皆同。”參羅濤《清華簡捌〈治邦之道〉“賸假”試解》，簡帛網http://www. bsm. org. cn，18/11/17。

臣下之情不得上通，故奸邪日多，而人主愈蔽。”《韓非子·孤憤》：“人主不能越四助而燭察其臣，故人主愈蔽，而大臣愈重。”君有方臣，藉以視聽四方，明察下情以行政。臣奪君目則人君失勢。

以事之於邦丛（及）亓（其）坙（野）𨛫（里）四鄙（邊），則亡（無）命大於此：《管子·法法》：“君臣之易位，勢在下也。在臣期年，臣雖不忠，君不能奪也。在子期年，子雖不孝，父不能服也。故春秋之記，臣有弑其君，子有弑其父者矣。”防奪君目，事關權柄之執，君王之位，邦國安危，此所以“無命大於此”。

An Attempt to Explain Chapter 8 of the Tsinghua Bamboo: “*The Governing of a Nation*”

Liu Xinfang

Abstract: In this work, I try to explain the characters “鄣悬” “誁” “傶” “儥眼”, and argue that “聖人以解” comes from the tale of Confusious who stood alone at the east gate of the cities when he left Lu and went to Wei and Zheng; “芒税” is an analogy of the heavy taxes that look like the massive grain tops and the hair of a bull; “下不敢諒上” means the governed people does not dare to deceive the governer; “以愈求生” means to fight for a living and the winners get better lifes; and “以求相賢” means a competition to select the better ones.

Key Words: The Tsinghua bamboo; *The Governing of a Nation*; Bamboo explanation

（劉信芳，安徽大學歷史系　合肥　230601）

《詩·秦風·權輿》毛詩本與安大簡本對讀*

沈　培

摘　要：本文通過對讀《詩·秦風·權輿》毛詩本和安大簡本，討論三個問題：第一，對於簡本首句的讀法，提出了跟整理者不同的意見，認爲應該讀爲“始也乎，我夏屋渠渠”。第二，討論毛詩本首句“於我乎”的含義及其形成的原因。第三，認爲毛詩本“不承權輿”與簡本“不爯權輿”各有所當，不能將二者等同。文中涉及詩旨、斷讀和字詞等方面的問題，有助於準確了解詩義，對了解古代文本流傳的複雜性也有一定的作用。

關鍵詞：《詩經·權輿》；安大簡；詩旨；虚詞；文本演變

安大簡《詩經》發布後，學者們進行了多方面的研究。其中簡本和毛詩本有何異同，無疑是大家關注的重點。今取《秦風·權輿》，將兩本進行比較，略談幾點認識。

下面先把兩本逐詞對照以顯示其異同①：

毛詩：　　於我乎，夏屋渠渠，今也每食無餘。于嗟乎，不承權輿。
簡本：始也於我　，夏屋渠渠，今也每食無餘。于嗟　，不爯權輿。

毛詩：　　於我乎，每食四簋，今也每食不飽。于嗟乎，不承權輿。
簡本：始也於我　，每食八☐

雖然此詩只有兩章，而且簡本第二章缺最後十餘字，但仔細比對，對於理解兩種版本的詩義還是很有幫助的。下面以問題爲綱分節論述。

---

* 本文主要内容曾在西南大學漢語言文獻研究所“集刊與學科建設高端論壇”（西南大學，重慶，2019.12.20—2019.12.22）上宣講過。當時報告完畢後，有一位碩士生私下告訴我，我的某些觀點，她也有相似的看法。我感到很高興，惜其不願意留下姓名，只能在此表示感謝。

①簡本釋文用寬式，根據安徽大學漢字發展與應用研究中心編，黃德寬、徐在國主編《安徽大學藏戰國竹簡（一）》，中西書局，2019年，第113—114頁。毛詩本據（漢）毛亨傳，（漢）鄭玄箋，（唐）孔穎達等正義，（清）阮元校勘《毛詩正義》，藝文印書館，2001年1初版（影印嘉慶二十年江西南昌府學刻本），第246頁。又參考龔抗雲、李傳書、胡漸逵、肖永明、夏先培整理，劉家和審定《毛詩正義》，北京大學出版社，2000年，第508—509頁；朱傑人、李慧玲整理《毛詩注疏》，上海古籍出版社，2013年，第619—621頁。下文凡是引自以上諸書者，不再出注。

一、關於簡本“始也於我夏屋渠渠”的讀法

“始也”的“始”，簡文作“飼”，整理者將“飼也於我”作一句讀，在注釋中說：

> 飼也於我：《毛詩》作“於我乎”。“飼也”讀爲“始也”，與下句“今也”正相對。又《爾雅•釋詁》：“權輿，始也。”簡文開篇“始也”與篇名相呼應。孔疏：“上言‘於我乎’，謂始時也。下言‘今也’，謂其終時也。”“飼也”二字爲《毛詩》所無。《毛詩》於“我”字下有一“乎”字，簡文無。

這是簡單説明了簡本和毛詩本首句的差別，對於“始也於我”應該怎麼理解，並無解釋。如果“始也於我”確實應當作一句讀，那麼此句跟下一句“夏屋渠渠”是什麼關係，也是需要説明的。不僅如此，這個看似簡單的句子應該如何理解，還牽涉其中的“於我”爲何不作“于我”的問題。

安大簡公布不久，網友“海天遊蹤”對簡本《詩經》“於”“于”的使用情況做過調查，其中也表達了他對“始也於我”的理解。他說：

> 1. 簡本計有49例“于”，用法、用字與《毛詩》相合。
>
> 2. “於”字僅出現四例，見於簡59“始也於我”二見，今本作“於我乎”。“於”作爲介詞，引進對象。《詩經》另一處“於我”見於《曹風•蜉蝣》：“心之憂矣，於我歸處！”林義光、高亨認爲“於”，古“烏”字，何處之詞。《詩經》中没有“于我”的用法。
>
> 3. 《有杕之杜》簡111“生於道左”，《毛詩》作“生于道左”；簡112“生於道州”，《毛詩》作“生于道周”。《詩經》中大多數介詞做“于”，符合時代較早的特性。當然也有極少數做“於”，如《齊風•著》：“俟我於著乎而”“俟我於庭乎而”“俟我於堂乎而”等等。簡本《有杕之杜》這兩例不知是否是楚國的書手以自己的用字習慣校改？如《包山楚簡》的介詞全部作“於”。或是當時確有作“生於道左”“生於道州”的版本？查了幾本關於《詩經》異文的著作，如楊冬冬：《陳壽祺、陳喬樅父子〈三家詩遺説考〉研究與整理》，福建師範大學博士論文，2016年，第200頁；程燕《詩經異文輯考》、袁梅：《詩經異文彙考辨

證》2013等等，都没有記載這句話的異文。[①]

“海天遊蹤”對簡本、毛詩本有關“於”“于”的異同所作的調查很重要。這不光牽涉“於”“于”所在詩句應該如何理解的問題，也關係到《詩經》原本面貌到底是什麼樣的問題。大家知道，“于”和“於”本是兩個音義有别的詞，用爲介詞，早期只用“于”，後來才用“於”，“于”“於”曾經同時存在一段時間，最終“于”被“於”取代。古今中外的學者對古漢語中的“于”和“於”，包括《詩經》中的“于”“於”都做過很多研究，成果豐富。近年來，風儀誠等人從古書傳抄的角度對戰國至西漢時代出土文獻裏的“于”和“於”的使用情況做了細緻的考察，所得結論很有啓發性。按照我們的理解，最重要的啓發就是：即使在已經多用“於”爲介詞的時代，當時的人仍然使用“于”作介詞，這並非混用，而是有特殊原因的，或爲存古，或爲仿古。這説明古人抄寫《詩》《書》類的經典文獻，是儘量保留其原貌的[②]。以此去看簡本“始也於我”，説“於”是引進對象，其可能性是很低的，因爲《詩經》用來引進對象的介詞通常用“于”而極少用“於”[③]。《詩

①武漢大學簡帛網論壇“安大簡《詩經》初讀”，“海天遊蹤”发言，http://www.bsm.org.cn/forum/forum.php?mod=viewthread&tid=12409&extra=page%3D1&page=14，141樓，2019.10.8。

②這方面的研究成果也比較多，這裏略舉一些代表性的論著供大家參考：風儀誠《戰國兩漢“于、於”二字的用法與古書的傳寫習慣》，載《簡帛》第二輯，上海古籍出版社，2007年；鮑紅霞《〈詩經〉“于”字研究》，貴州大學碩士學位論文，2008年；宋華强《新蔡葛陵楚簡初探》，武漢大學出版社，2010年，第283—284頁；王玉蛟《淺論〈清華簡（一）〉中的“于”和“於”》，武漢大學簡帛網http://www.bsm.org.cn/show_article.php?id=1574，2011.11.3；馬麗麗《先秦漢語介詞“于”“於”研究》，東北師範大學碩士論文，2014年；朱歧祥《由“于、於”用字評估清華簡（貳）〈繫年〉——兼談“某之某”的用法》，載中國古文字研究會、中山大學古文字研究所編《古文字研究》第30輯，中華書局，2014年；楊世鐵《從“于/於”用法上的變化看複合詞“於是”的産生》，《中國語文通訊》2015年第1期；風儀誠《再説“于”》，載中國古文字研究會等編《古文字研究》第31輯，中華書局，2016年；張廷任《戰國文獻裏出現的“至于”“至於”的語意上、語法上的差異》，Journal of Chinese Linguistics, Volume 45, Number 1, January 2017；［日］宮島和也《從戰國楚簡、秦簡來看上古漢語的“于”與“於”》，載復旦大學出土文獻與古文字研究中心編《戰國文字研究的回顧與展望》，中西書局，2017年；大西克也《清華簡〈繫年〉爲楚簡説——從楚王謚號用字探討》，載楊榮祥、胡敕瑞主編《源遠流長：漢字國際學術研討會暨AEARU第三屆漢字文化研討會論文集》，北京大學出版社，2017；黄雪嫚《包山楚簡〈疋獄〉84簡補釋》，《現代語文》2019年第4期。

③馬麗麗認爲：“《詩經》中作於西周時期，而且用作介詞的‘於’可能以下有3例（引者按：原文如此，似乎當作‘可能有以下3例’）：《周頌·清廟》中的‘不顯不承，無射於人斯’、《小雅·白駒》中的‘所謂伊人，於焉逍遥’和‘所謂伊人，於焉嘉客’，但是其可靠性仍需更多資料的證明，尤其是後兩例。”（見馬麗麗《先秦漢語介詞“于”“於”研究》，第12頁）這種對西周時代有介詞“於”表示懷疑，也反映了人們一般認爲引進對象的介詞“於”出現比較晚的看法。

鄭箋、孔疏是把毛詩本《權輿》“於我乎”的“於”理解爲引進對象的介詞，我們下一節再討論。《詩經》中還有幾例“於我”“於女（汝）”，舊説基本不看成是“於”引進對象的用例。一般把其中的“於”看成歎詞，或如“海天遊蹤”所言有人把“於我歸處”中的“於”看成疑問代詞，或者把“於我歸處”這樣的句子理解爲“於+我歸處”，“於”爲介詞，“我歸處”表示處所。“海天遊蹤”所言第三點，簡本“生於道左”“生於道州”，也是“於”後接處所，合乎《詩經》“於”的用例。如果認爲作毛詩本“生于道左”“生于道州”早於簡本，似可説明介詞“於”侵入“于”的領地，正是從引進處所開始的。當然，也可能“生於道左”“生于道左”用各有當，用“於”、用“于”分别表示兩個不同的詞，並非狹義的異文關係，而是同義詞的關係。

經》中的“於”如作介詞，主要是引進處所，用例也不多，如上引“海天遊蹤”發言中所舉之例及另外其他幾例。更重要的是，如果把“於”看作是引進對象賓語“我（代詞）”，那麼“始也於我”跟下一句“夏屋渠渠”在語義上也很難銜接。

在“海天遊蹤”之後，西南大學漢語言文獻研究所創建的“安大簡《詩經》讀書班”微信群裏也有好幾位學者討論了“始也於我”的問題。這裏將其紀要轉引如下①：

簡本《權輿》中的第一句爲“始也於我”，毛詩本作“於我乎”。王化平提出：“大家怎麼理解‘始也於我’中的‘於’字？”王寧回應：“不義而富且貴，于我如浮雲。”他認爲從文意上看簡本更優，“始也於我”大概是“在我當初的時候”的意思，毛詩可能原作“始於我乎”，後來“始”有可能訛脱了。但王化平指出“始也於我”與“于我如浮雲”中的“於”和“于”應有不同。蕭旭則認爲“於”是“相親於”的“於”，字本作“與”，表“親好”之義，該句意爲“當初和我好”。王化平表示讚同。

對於《詩經》中的“於”字，吕珍玉提出疑問：“《詩經》中‘於’多用爲發語感嘆詞，如毛詩《權輿》‘於我乎’，《曹風・蜉蝣》有“於我歸處（息、説）”，當介詞，存在動詞多用‘于’，怎會此處作‘始也於我’？”蕭旭表示，歎辭“於”實是“嗚乎”的“嗚”。楊軍也認爲“於”更可能是動詞，與“于”的讀音也不同，二者直到中古都有語音的區别。

可見參與討論的幾位學者也都不同意把“始也於我”的“於”看成是引進對象的介詞。其中蕭旭提出“於”讀爲動詞“與”，表示“親好”之義，得到了王化平的同意。楊軍雖然没有明確表示同意這一看法，但也認爲“於”更可能是動詞。

其實，過去就有學者將毛詩“於我乎”的“於”看成動詞，解釋爲“厚”，跟蕭旭的主張相似②。《風俗通義•過譽》有下面這樣的話：

孔子稱：“可寄百里之命，託六尺之孤，臨大節而不可奪。”相於之義，具於此矣。

王利器《風俗通義校注・過譽第四》注〔一三〕對“相於”作了詳細的解釋：

《潛夫論・交際》篇：“俗人之相於也，有利生親，積親生愛。”又

（接上頁）下面兩例“於”可能有人認爲是“於+對象”的用例，略微説明一下：《周頌・清廟》：“不顯不承，無射於人斯。”鄭箋：“此文王之德，人無厭之。”魏了翁《毛詩要義》：“文王之德爲人所樂，無見厭倦於人斯。”（見《續修四庫全書》第56册，上海古籍出版社，1995年，第770頁）有人據此認爲這裏的“於”是“在被動句中引進主動者”。參看向熹編著《詩經詞典》（修訂本），商務印書館，2014年，第665頁。此例的“於”可以視爲引進對象，但所在句子表示被動義，比較特殊，跟“始也於我”仍然不同。另外，《大雅・假樂》“受禄於天”之“天”可以看作處所或來源。

①西南大學漢語言文獻研究所“語言與文獻”微信公衆號2019年10月25日發布。

②參看（漢）應劭撰，王利器校注《風俗通義校注》，中華書局，1981年，第197—198頁。又，徐仁甫謂：“相於猶‘相與’，有‘相得’‘相親’之意。”見徐仁甫《廣釋詞》，四川人民出版社，1981年，第311頁。《辭源》《漢語大詞典》等工具書皆收有“相於”詞條，此不具引。

《釋難》篇："夫堯、舜之相於人也，非戈與伐也。"汪繼培箋云："相於，兩相交被之辭。文五年《左傳疏》引鄭康成《箴膏肓》云：'禮，天子於二王後之喪，含爲先，襚次之，賵次之；於諸侯，含之，賵之；小君亦如之；於諸侯臣，襚之；諸侯相於如天子於二王後。'《儀禮·聘禮》鄭注：'大問曰聘，諸侯相於，久無事，使卿相問之禮。'《易林·蒙之巽》：'患解憂除，王母相於，與喜俱來，使我安居。'《藝文類聚》五十三孔融《與韋休甫書》曰：'疾動，不得復與足下岸幘廣坐，舉杯相於，以爲邑邑。'《急就篇》有尚自於，一人言自於，二人言相於。《吕氏春秋·不侵》篇云：'豫讓國士也，而猶以人之於己也爲念。'高誘注：'於猶厚也。'相於亦相厚之意矣。"器案：曹子建樂府《當來日大難》："廣情故，心相厚。"《御覽》六八八引繁欽《定情詩》："何以結相於，金薄畫幓頭。"《晉書·左貴嬪傳》："爲《離思賦》曰：'况骨肉之相於兮，永緬邈而兩絶。'"《讀曲歌》："君行負憐事，那得厚相於。"杜甫《贈李八秘書别三十韻》："良友惜相於。"是相於一詞，自漢、魏至唐人猶相沿用之。尋《左傳》莊公九年："管夷吾治於高傒。"杜注："言管仲治理政事之才，多於敬仲。"又成公二年："余雖欲於鞏伯。"於亦厚意。《詩·秦風·權輿》兩"於我乎"，箋所謂"其意勤勤然"，亦厚義也。馬融《廣成頌》："淤賜犒功。"然則"於"亦"淤"之借字也。

王注引用大量例子推論《權輿》"於我乎"的"於"爲厚義，但也存在明顯的漏洞。

其一，誤解了鄭箋之義。毛詩"於我乎，夏屋渠渠"下鄭箋云：

屋，具也。渠渠，猶勤勤也。言君始於我，厚設禮食大具以食我，其意勤勤然。

可見"勤勤"是解釋"渠渠"的，不是對"於我乎"的"於"的解釋。

其二，把《權輿》"於我乎"的"於"解釋爲"厚"，在《詩經》中是孤例。毛詩中其他幾例"於我"不能如此解釋，更無其他"於"字可以如此解釋。

其三，簡本"始也"與"今也"相對，文義顯豁。毛詩本"今也"前面並無"始也"，文義本已不顯，如果把"於我乎"坐實爲"厚待我乎"，實則實矣，但文義與後面的"今也"更加難以形成對比。

鑒於目前各説尚不能對簡本《權輿》的首句作出合理的解釋，本人這裏提出一種説法供大家參考。我們認爲簡本第一章其實當讀爲：

始也於（乎），我夏屋渠渠，今也每食無餘。于嗟，不爯權輿。

"始也於"當與"我夏屋渠渠"斷開讀。"始也於"讀爲"始也乎"。古書

"於""乎"常常有異文關係①。戰國簡中常用"虐"記録語氣詞"乎"，上博二《容成氏》"於是乎"就多作"於是虐"，此篇還有三個"於是於"，整理者讀爲"於是乎"，顯然是正確的②。這是"於""乎"相通最直接的證據。

"始也乎，我夏屋渠渠"的"乎"用於句中，表示停頓。這種句子中間表示停頓的"乎"，傳世古書和出土文獻都常見，各種古漢語語法論著也多有論及。前述"於是乎"常常出現在句首，其中的"乎"就是表示停頓的，跟簡本"始也乎"比較相似。這裏不妨舉出一個"於是乎"的實例以便大家對比：

《左傳》僖公二十七年：冬，楚子及諸侯圍宋。宋公孫固如晉告急。先軫曰："報施、救患，取威、定霸，於是乎在矣。"狐偃曰："楚始得曹，而新昏於衛，若伐曹、衛，楚必救之，則齊、宋免矣。"於是乎蒐于被廬，作三軍，謀元帥。

下面再舉一例名詞性主語之後加"乎"的例子，可以説跟"始也乎"也比較接近：

《禮記•孔子閒居》：子夏曰："敢問《詩》云：'凱弟君子，民之父母'，何如斯可謂民之父母矣？"孔子曰："夫民之父母乎，必達於禮樂之原，以致五至，而行三無，以横於天下，四方有敗，必先知之。此之謂民之父母矣。"

我們改用這樣讀法之後，就可以知道，全詩是以"我"的口氣來叙述的。這對理解此詩的主旨有影響。按照鄭箋、孔疏乃至朱熹《詩集傳》的説法，此詩的主旨是諷刺君主對待賢者先厚後薄。現在看來，很可能此詩原本就是貴族感歎自己家道中衰、今不如昔，是否有責斥其君主待之先厚後薄的意思，至少從字面上是看不出來的。過去雖然早有人就是如此理解的③，但是，如果没有簡本的出現，恐怕是難以坐實的。

二、關於毛詩本"於我乎"的理解

有了上面的討論，檢討毛詩本"於我乎"到底應該怎麼理解就有了一個基礎。

---

①參看高亨纂著、董治安整理《古字通假會典》，齊魯書社，1989年，第830—831頁"於與乎"條。

②具體例子可以參看白於藍《簡帛古書通假字大系》，福建人民出版社，2017年，第398頁"於與乎"條。

③難以追溯是誰最早提出了這種觀點，我們只是參看了一些有關詩旨討論的論著而得知。例如：包傑編著《詩經•國風今譯（意譯新探）》，文匯出版社，2010年，第254頁；楊樹郁、許宏偉《國風詩旨辯略》，廣西人民出版社，2014年，第203頁。

表面上看起來，雖然毛詩本“今也”前面並無“始也”，但自鄭箋以來，大家在解釋“於我乎”的時候，都認爲它説的是當初或過去的事情。爲什麽會有這樣的認識呢？按照現有各種對於“於我乎”的解釋，只能推斷這種理解是語境帶來的。但是，這實在有些不合常理。何况自簡本公布之後，大家看到，明明有的版本很明確是“始也”與“今也”相呼應，爲什麽毛詩本就偏偏不出現“始也”這樣的話呢？如果簡單地認爲簡本形式在先，毛詩本在後，其所以形成現在的形式，是因爲在傳抄過程中漏掉了“始也”這樣的話，恐怕是把問題簡單化了。下面我們試圖重新解釋“於我乎”的含義，並説明毛詩本形成的原因。

前面我們已經提到，鄭箋、孔疏是把“於我”理解爲介詞“於”帶對象賓語“我（代詞）”的。鄭箋説“言君始於我厚，設禮食大具以食我，其意勤勤然”，孔疏説“言康公始者於我賢人乎，重設饌食禮物大具，其意勤勤然，於我甚厚也”。姑且不論他們對“夏屋”的理解正確與否，如果按照他們的解釋，“於我乎，夏屋渠渠”實際上相當於“於我夏屋”且“渠渠”，“於我夏屋”意爲“（設）夏屋於我”。這其實是一種增字解經的方式。大概由於這個原因，後代學者一般不從他們的説法。更何况，我們前面説過，從用字習慣上看，“於”後面一般不帶對象賓語。

就本人所見來看，在解釋“於我乎”的各種説法裏面，最多的一種看法是把“於”看成“語詞”，或明言其爲“歎詞”[①]。例如郝懿行在解釋《爾雅·釋詁》“爰、粤、于、那、都、繇，於也”時説：

> 於與于同，亦語詞也。《詩》《書》俱古文作于，經典假借作於。於，本古文烏字。《説文》引孔子曰：“烏，于呼也。”取其助氣，故以爲烏呼。然則烏呼雙聲、叠韻之字，許意蓋以經典凡言烏呼者，皆取引聲以助氣，如《詩》云“於乎小子”“於乎悠哉”“於乎前王不忘”之類是也。若單言於者，則爲歎美之詞，如《詩》云“於粲灑埽”“於穆清廟”之類是也。於乎即烏呼，俗作嗚呼，非也。烏、于、呼三字古皆同聲，故經典或借於爲于，《詩》“於我乎夏屋渠渠”是也。《廣雅》云：“於，于也。”《説文》“于，於也。”是皆以爲語辭。故《詩》“于沼于沚”“遠送于野”，毛傳並云：“于，於也。”《書·吕刑》“王曰吁”，釋文引馬作于。于，於也。[②]

高亨解釋“於我乎”時，説即“嗚呼我”[③]。大概就是以“於”爲“嗚呼”。

①或認爲“於”可能是詞頭，跟語詞説似無本質區别。參看黄樹先《漢藏語論集》，華中科技大學出版社，2007年，第111頁。

②（清）郝懿行著，吴慶峰、張金霞、叢培卿、王其和點校：《爾雅義疏》，齊魯書社，2010年，第2706—2707頁。

③高亨：《詩經今注》，上海古籍出版社，1980年，第175頁。

屈萬里也説：

> “於我乎”之於字，疑與《曹·蜉蝣》“於我”之於，《豳·九罭》“於女”之於，以及《小雅·白駒》“於焉”之於，並當讀如烏，爲歎詞。[①]

把“於我乎”的“於”看成語詞，單就“於我乎，夏屋渠渠”來説，是可以講通的。但它本身並不含有對往事追述的意義，因而跟後面的“今也如何如何”形成不了今昔對比。如果真是這樣，毛詩本的表達就顯然不如簡本了。

其實，問題恐怕還是出在我們對“於我乎”的理解上。我們同意上引屈萬里等學者的意見，認爲應該把《詩經》中跟“於我”相關的詩句放到一起來考慮[②]。下面就把相關的詩列舉出來：

《曹風·蜉蝣》：

> 蜉蝣之羽，衣裳楚楚。心之憂矣，於我歸處。
> 蜉蝣之翼，采采衣服。心之憂矣，於我歸息。
> 蜉蝣掘閲，麻衣如雪。心之憂矣，於我歸説。

《小雅·白駒》：

> 皎皎白駒，食我場苗。縶之維之，以永今朝。所謂伊人，於焉逍遥。
> 皎皎白駒，食我場藿。縶之維之，以永今夕。所謂伊人，於焉嘉客。

對於這兩首詩裏面的“於我”“於焉”，過去也有各種説法，我們在前文已經簡單提及。這裏先來談談“於焉”。

過去對於“於焉”的解釋主要有兩種意見：一種如鄭箋所主張，把“所謂伊人，於焉逍遥”解釋爲“所謂是乘白駒而去之賢人，今於何遊息乎”；另一種如陳奂所主張，他説：“《玉篇》：‘焉，是也。’言於是消揺也。今字作‘逍遥’。”[③]“焉”訓“何”、訓“是”都是古人的常訓，具體句子中的“焉”作哪種解釋，要看解釋者是把句子看成疑問句還是陳述句。無論如何，這兩種解釋都是把“於”後面的“焉”看成處所賓語的。雖然古人常把“是”訓爲“此”，其實它跟“此”還是有區别，“此”是近指，“是”是複指，指代前面出現過的名詞。因

①屈萬里：《詩經詮釋》，上海古籍出版社，2016年，第156頁注②。余培林從屈氏之説，見其《詩經正詁上》，臺灣三民書局股份有限公司，1983年，第367頁。

②林義光也認爲《小雅·白駒》“於焉逍遥”、《曹風·蜉蝣》“於我歸處”、《豳風·九罭》“於女信處”幾句詩的“於”當作同一解釋，但他認爲這些“於”，“並訓爲何處”，跟屈氏不同。參看林義光《詩經通解》，中西書局，2012年，第207頁。高亨《詩經今注》對這幾處“於”的解釋不太統一。他對《曹風·蜉蝣》“於我歸處”的解釋是：“於，古烏字。烏，何也。此句言哪裏是我歸宿的地方呢？”（第194頁）對《豳風·九罭》“於女信處”的解釋是：“於，古烏字。烏，何也。……此句言有什麽地方可供你住兩宿呢？”（第214頁）另外，他把《小雅·白駒》“於焉逍遥”的“於”則解釋爲“居”（第360—360頁）。

③參看北京大學《儒藏》編纂中心編《儒藏》精華編第三三册《詩毛氏傳疏》，北京大學出版社，2009年，第504頁。

此“焉”也常被訓爲“之”，“之”是一個遠指代詞[①]。馬建忠在説明“焉”的用法時，常説它跟“叙述往事”有關[②]，其語感是很正確的。

知道了“於焉”的用法，接下來再看“於我”跟“於焉”的關係。

鄭箋解釋《曹風·蜉蝣》“於我歸處”是“君當於何依歸乎”，跟解釋《小雅·白駒》“於焉逍遥”爲“今於何遊息乎”用語頗爲相似，其解“於焉”是“於何”，解“於我”也是“於何”。章太炎《膏蘭室札記》第三〇三條“於我歸處”在引用鄭箋之後説：

> 麟按：鄭以經之我字即何之假借，如誐以謐我作何以恤我，是何與我聲字通之證。《正義》云：於我君之身當何所歸處乎？我何並言，非《經》誼，亦非《箋》誼。翁氏《詩附記》謂《箋》抛荒我字，亦不得鄭旨，下二章放此。[③]

可見章氏認爲“於我”當讀爲“於何”，並且認爲鄭玄就是這麼讀的。“我”“何”音近相通[④]，自不待言，但讀“於我”爲“於何”其實不如讀爲“於焉”。《詩經》中並無“於何”的説法[⑤]，而“於焉”正可以表示“於何”之義。再看《小雅·伐木》：

> 有酒湑我，無酒酤我。坎坎鼓我，蹲蹲舞我。迨我暇矣，飲此湑矣。

此詩押魚部韻，已有學者認識到幾個句末的“我”不入韻，應該是虚詞[⑥]。我們認爲，這種“我”跟“於我逍遥”的“我”表示的是同一個詞，讀爲“何”不適合於《伐木》詩，讀爲“焉”則全部都能講通。

“我”與“焉”可以相通，可以找到不少證據。前面已經提到從“我”、從“可”之聲的字可以相通。古書中也有例子能反映從“可”聲之字跟“焉”相通[⑦]。例如：《書·秦誓》：“斷斷猗無他伎。”“猗”，《公羊傳》文公十二年作“焉”。

安大簡《詩經》公布後，“我”和“言”的關係再一次引起了大家的争議，雖然有人直接將“言”讀爲“我”並不可信，但反映了大家對“我”“言”語音相近

①關於“焉”的古今訓釋，可參看謝紀峰編纂《虚詞詁林》修訂版，商務印書館，2015年，第628—644頁。

②參看馬建忠《馬氏文通》，商務印書館，1998年，第350—352頁。

③參看上海人民出版社編，章太炎著，沈延國、湯志鈞點校《章太炎全集·膏蘭室札記詁經札記七略别録佚名徵》，上海人民出版社，2014年，第146頁。此書標點不精，這裏姑且從之。

④更多的例證，可以參看張儒、劉毓慶《漢字通用聲素研究》，山西古籍出版社，2002年，第590頁。

⑤毛詩有三例“于何”，跟“於何”不同。

⑥例如余冠英認爲：“‘我’，語尾助詞，猶漢樂府《烏生》篇‘我’之我。”見余冠英注譯《詩經選》，人民文學出版社，1979年，第176頁注[二三]。後來有的學者不同意把《伐木》幾個句末的“我”看成虚詞，所述理由難以成立，在此不贅。

⑦參看張儒、劉毓慶《漢字通用聲素研究》，第756頁。

這一事實的認可①。過去已經有人將出土文獻中有些“言”讀爲“焉”②，或有人不信，其實是没有必要的。這應當也是反映“我”和“焉”具有密切關係的例子。

我們還可以舉出一組跟“焉”“我”平行的例子，來加强把“我”讀爲“焉”的可能性。

上博簡《君人何必安哉》有“吾軌有白玉三圍而不戔哉”一句話，原整理者讀“軌”爲“罕”，復旦大學出土文獻與古文字研究中心研究生讀書會改讀爲“焉”，得到了不少學者的同意③。其實這一讀法可能要重新檢討。

我們知道，古書從“軌”之字與從“可”之字常可相通。王念孫《廣雅疏證》“柯，莖也”下説：

> 柯，榦也。古聲“柯”與“榦”同，故鄭注《考工記》云：“笴，矢榦也。”《廣韻》：“笴，古我切，又公旱切。箭莖也。”箭莖謂之“榦”，亦謂之“笴”；樹莖謂之“榦”，亦謂之“柯”。聲義竝同也。樹莖名“柯”，因而草莖亦以爲名。《爾雅》云：“荷，芙蕖其莖茄。”茄，猶“柯”耳。④

嶽麓秦簡有“𣏌”字，整理者讀爲“笴”⑤，顯然是正確的。

“幹”與“干”古書多相通，故從“干”聲之字也可與從“可”聲之字相通。例如“若干”又作“若柯”。顔師古《匡謬正俗》卷六“若柯”條説：

> 問曰：“俗謂如許物爲‘若柯’，何也？”答曰：“‘若干’，謂且數也。《禮》云‘始服衣若干尺矣’，班書云‘百加若干’，並是其義。‘干’音訛變，故云‘若柯’也。”⑥

有人認爲上博簡有用“干”爲“焉”之例，説或可信。無論如何，從“干”與從“安”之字可通，如“晏”“旰”可以表示同一個詞，而傳世古書和出土文獻都充分

---

①本人曾在復旦大學出土文獻與古文字研究中心的一次講座中討論過這個問題。講座題目爲“思古人之所思，悟古人之所言——重申釋讀出土文獻應該注意的兩個視角”，2019.11.28。論文尚未完成。

②張宇衛《談楚簡五則有關“安（焉）”字句的解釋——簡論“安”字》（《新竹教育大學語文學報》第17期，2011年）舉有較多實例，可以參看。又參看張儒、劉毓慶《漢字通用聲素研究》第756頁所舉“焉”“言”相通之例。

③參看復旦大學出土文獻與古文字研究中心研究生讀書會《〈上博七·君人者何必安哉〉校讀》，http://www.gwz.fudan.edu.cn/Web/Show/580，2008.12.31。又見白於藍《簡帛古書通假字大系》，第1214頁。

④參看（清）王念孫撰，張靖偉等校點《廣雅疏證》，上海古籍出版社，2016年，第1715頁。又，該書第1311頁還有“‘柯’之言‘榦’也”之語。另外，《龍龕手鑒》《集韻》《敦煌俗字典》等工具書在“笴”下都列有從軌聲字的異體，在此不必一一列舉。

⑤參看朱漢民、陳松長主編《嶽麓書院藏秦簡（叁）》，上海古籍出版社，2013年，第146頁、第151頁注[十二]。

⑥參看劉曉東《匡謬正俗平議》，山東大學出版社，1999年，第200—201頁。

證明“焉”又作“安”[①]。綜上所舉之例，“干”既與“可”聲字發生關係，又與“焉”發生關係，也可見“可”聲字與“焉”的關係。這種關係其實就是“我”和“焉”的關係。

新出清華簡第九册也出現過“𢦏”字，關於它的讀法，也有必要在此討論一下。《治政之道》簡23有下面一句話：

今夫又（有）國之君酒（將）或𢦏不跃（足）才（哉）？[②]

整理者讀“𢦏”爲“曷”，認爲是“反詰疑問詞”。從網上討論可知，大家似乎都不同意這種讀法。有人按照上博簡“𢦏”的讀法將此句的“𢦏”讀爲“焉”或“安”[③]。其實放到句子中這是讀不通的。如果句中用“焉”，上引簡文當說成“今夫有國之君焉將有不足哉”才是。但是，如果把簡文“𢦏”讀爲“何”，全句讀爲“今夫有國之君將有何不足哉”，“何不足”作“有”的賓語，“何”是修飾“不足”的，這樣理解就毫無窒礙了。回頭去看上博簡《君人何必安哉》，可知其中的“𢦏”也當讀爲“何”[④]。

“𢦏”與“何”的關係，跟“焉”與“我”的關係是平行的。其實還有其他一些平行的例子，這裏就不多舉了。

總之，我們認爲《詩經》中的“於我”“於焉”實際上是一回事。至於其含義，如果出現在疑問句，“於焉”就是“在哪裏”的意思；如果出現在陳述句，“於焉”就是“在那裏”的意思。

討論至此，我們就可以對毛詩本“於我乎”的形成過程作出一個較爲合理的推測了。

簡本比毛詩本多出“始也”這樣的時間表達，文義很清楚。但似乎不能據此說毛詩本在流傳過程中漏抄了“始也”二字。頗疑在傳抄過程中“始也於我夏屋渠渠”曾被讀爲“始也於我（焉），夏屋渠渠”，“於焉”被理解爲“在那個地方”，“始也於焉”仍然可以講通。再進一步，“於焉”由表示“在那裏”被理解爲“在那個時候”。既然“於焉”可以理解爲“在那個時候”，它跟後面的“今也”自然就形成了呼應，於是就没有必要保留“始也”，“始也”就是在這種情形

①參看劉洪濤、劉建民《上博竹書〈慎子曰恭儉〉校讀》，載《簡帛》第3輯，上海古籍出版社，2008年，第111頁。

②參看清華大學出土文獻研究與保護中心編、黄德寬主編《清華大學藏戰國竹簡（玖）》，中西書局，2019年，圖版見該書第51頁，釋文、注釋見該書第128頁、第139頁注[八六]。

③參看陳民鎮《讀清華簡〈治政之道〉筆記》，http://www.ctwx.tsinghua.edu.cn/publish/cetrp/6831/2019/20191122152705853803309/20191122152705853803309_.html，2019.11.22；子居《清華簡九〈治政之道〉解析（下）》，http://www.xianqin.tk/2019/12/29/884/，2019.12.29。

④過去在討論此篇簡文時，李天虹曾提出“𢦏”讀爲“曷”的看法（清華簡《治政之道》整理者讀“𢦏”爲“曷”，可能就是受到李文的影響），所持理由比讀“焉”要多。參看李天虹《〈君人者何必安哉〉補説》，http://www.bsm.org.cn/show_article.php?id=980，2009.1.21。我們知道，“曷”“何”關係密切。但從清華簡來看，還是讀“𢦏”爲“何”更爲恰當。

之下被有意删除了。既然保留了“於我”，爲了吟誦的必要或爲了跟後面“于嗟乎”相一致，“於我”後面再加上了“乎”。這樣，就形成了毛詩本“於我乎”的面貌。這種面貌形成應該比較早，距離毛傳所作時代可能已經有了一段時間①，當時人已不知其形成的過程，因而不能對它的含義作出合理的解釋。

這裏要補充解釋一下“於焉”由表示處所變爲表示時間的可能性。這可以拿“於是”來類比。《漢語大詞典》“於是”下面前兩個義項爲：

【於是】❶在此（引者按：實際上是“在那裏”的意思）。《穀梁傳•僖公三十三年》：“百里子與蹇叔子送其子而戒之曰：‘女死，必於殽之巖唫之下，我將尸女於是。’”《史記•孟子荀卿列傳》：“中國外如赤縣神州者九，乃所謂九州也。於是有裨海環之，人民禽獸莫能相通者，如一區中者，乃爲一州。”唐柳宗元《捕蛇者説》：“問之，則曰：‘吾祖死於是，吾父死於是。’”宋蘇軾《四菩薩閣記》：“有僧忘其名，於兵火中拔其四板以逃……而寄死於烏牙之僧舍。板留於是百八十年矣。”❷當時；其時。《左傳•隱公四年》：“於是，陳蔡方睦於衛。故宋公、陳侯、蔡侯、衛人伐鄭。”《漢書•陳勝傳》：“於是諸郡縣苦秦吏暴，皆殺其長吏，將以應勝。”《新唐書•陳子昂傳》：“時高宗崩，將遷梓宫長安。於是，關中無歲。子昂盛言東都勝塏，可營山陵。”《資治通鑑•魏明帝太和五年》：“亮帥諸軍入寇，圍祁山，以木牛運。於是大司馬曹真有疾，帝命司馬懿西屯長安……以禦之。”清徐士鑾《宋豔•駁辨》：“於是王仲巍者久依貫。聞是而自詣貫識之。”②

既然“於是”可以表示“在那裏”，也可以表示“在那個時候”，那麼，“於我（焉）乎”由表示“在那裏”變爲表示“在那個時候”是完全可能的。退一步講，即便不承認“於我（焉）乎”不能表示時間，只能表示處所，但要知道，“焉”古人常訓爲“是”，在古人心目中也是類似遠指的一種指代。這種類似遠指的“於焉”，跟其後的“今後”也可以形成前後對比的效果。

①前面我們提到，“於”用作介詞，侵入“于”的領地，很可能就是從引進處所開始的。有此參照，可以推測“於我乎”被理解爲“於焉乎”，肯定是在“於”有介詞功能之後。或許會有人認爲，像《小雅•白駒》那種屬於西周時代的詩歌，其中“於焉”的“於”還不能肯定是介詞（即便“於焉”的“於”不能看作介詞，“焉”仍然可以理解爲“在哪裏”或“在那裏”），其被理解爲介詞，是後來重新分析的結果。這種想法也有一定的道理。但無論如何，春秋之後，“於”能用爲引進處所的介詞，應該是没有疑問的。

②參看羅竹風主編，漢語大詞典編輯委員會、漢語大詞典編纂處編《漢語大詞典》第六卷，上海辭書出版社，1986年，第1574頁。

三、關於“不承權輿”與“不再（稱）權輿”

毛詩本“不承權輿”，簡本作“不爯權輿”，整理者注釋説：

不爯權趣：《毛詩》作“不承權輿”。“爯”，讀爲“稱”。王筠《説文句讀·冓部》“爯”下云：“稱、偁二字，古蓋並用爯。”《荀子·禮論》“貧富輕重皆有稱者也”，楊倞注：“稱，謂各當其宜。”上古音“爯”屬昌紐蒸部，“承”屬禪紐蒸部，音近可通。“趣”，從“止”，“與”聲。“趣”“輿”諧聲可通。

根據“稱”的含義，整理者對簡本“不稱權輿”做了新的解釋，並認爲毛詩本“承”也當讀爲“稱”，是同樣的意思。客觀地講，“不稱權輿”與“不承權輿”兩種説法都可以成立。下面所引《漢書》裏的話可證“不稱權輿”確實可以成立：

《漢書·嚴朱吾丘主父徐嚴終王賈傳第三十四上》：稍遷，會東郡盜賊起，拜爲東郡都尉。上以壽王爲都尉，不復置太守。是時，軍旅數發，年歲不熟，多盜賊。詔賜壽王璽書曰：“子在朕前之時，知略輻湊，以爲天下少雙，海内寡二。及至連十餘城之守，任四千石之重，職事並廢，盜賊從横，甚不稱在前時，何也？”壽王謝罪，因言其狀。[①]

毛詩作“不承權輿”的表達當然也是没有問題的。“承”，古人除了常訓爲“繼”以外，還常訓爲“纘”。《孟子·滕文公下》“丕承哉”趙岐注：“承，纘。”《禮記·中庸》：“武王纘大王、王季、文王之緒。”鄭玄注：“纘，繼也。”[②]“纘”對“緒”而言，“緒”本指絲端，段注在“緒”下説：“抽絲者得緒而可引，引申之凡事皆有緒可纘。”[③]“權輿”相當於“端始”，因此，毛詩説“不承權輿”，其意甚暢。

需要注意的是，如果要問：是誰“不稱權輿”？是誰“不承權輿”？馬上我們就會發現一個問題：簡本和毛詩本似乎並不相同。先看毛詩本，孔疏説：

此述賢人之意，責康公之辭。言康公始者於我賢人乎，重設饌食禮物大具，其意勤勤然，於我甚厚也。至於今日也，禮意疏薄，設饌校少，使我每食纔足，無復盈餘也。于嗟乎！此君之行不能承繼其始。以其行無終

①參看班固撰、顔師古注《漢書》，中華書局，2013年，第2795頁。

②以上趙岐注、鄭玄注，參看宗福邦等主編《故訓匯纂》，商務印書館，2003年，第860頁“承”義項26、第1789頁“纘”義項1。

③參看（漢）許慎撰，（清）段玉裁注，許惟賢整理《説文解字注》第2版，鳳凰出版社，2015年，第1119頁。

始，故于嗟歎之。

由此可見，孔疏認爲“不承權輿”的主語是“君之行”，實際上是在譴責“君”不承權輿而帶來了作詩者“于嗟乎”的悲歎。安大簡整理者在注釋中曾經引用過前人的說法，說明此詩“于嗟乎，不承權輿”還有一個版本：

> 于差：《毛詩》作“于嗟乎”。簡本無“乎”字。《魯詩》“乎”作“胡”，王先謙云：“《釋詁》‘權輿，始也’，郭注《詩》曰：‘胡不承權輿。’案，毛讀‘于嗟乎’句，‘不承權輿’句。此引《詩》‘乎’作‘胡’，以‘胡不承權輿’爲句，蓋本舊注所引《魯詩》，故文異而句讀亦異也。”（《詩三家義集疏》第四六一頁）

作“胡不承權輿”，其在譴責在上者之不遵守舊制，用意更加明顯。或許這個版本形成的原因，就是爲了讓此意顯著。

回頭再看簡本。如果我們的讀法是正確的，首句讀爲“始也乎，我夏屋渠渠”，因爲一開始就出現了主語“我”，以下幾句應該都是說明“我”的情況的。“今也每食無餘”是說“我”，“于嗟乎，不稱權輿”也應當是說“我”之“今也每食無餘”的情況的。這跟“君主對待賢者先厚後薄”就没有直接關係了。

因此，在比較簡本和毛詩本之後，我們再一次發現，此詩的主旨很可能在傳抄過程中發生過變化，由一個没落貴族的自悲自歎變成了譴責“君主對待賢者先厚後薄”之詩。其所以認爲有這樣先後的關係，主要是因爲按照前者去理解全詩，語氣頗爲一貫；按照後者去理解全詩，則存在變换主語、意補主語的問題。這大概就是詩旨變化、文本變動而帶來的消極影響吧[①]。

以上所論，並非要説明“爯”“承”不能相通。董珊曾論證西周金文中有些“爯”字當讀爲“承”[②]。例如新出氣盉和霸姬盤都有“爯公命”的説法，董珊認爲：

> （“爯”與“承”）雖無通假例證，但“承王/君/天命”之類的文例極爲常見：（以下所舉例子略）
>
> 準此，盉銘“爯（承）公命”就是遵從奉承公的命令。

這種看法應該是正確的。董文還指出有其他幾件銅器銘文的“爯”都當讀爲“承”，有待進一步檢驗，本文不專門討論這一問題，在此從略。

---

①當然，我們並不否定，文本流傳過程中也往往會有“後出轉精”的現象，這屬於另外一種情況，在此不論。

②參看董珊《翼城大河口誓盉銘文的理解》，載陝西省考古研究院、上海博物館編《兩周封國論衡：陝西韓城出土芮國文物暨周代封國考古學研究國際學術研討會論文集》，上海古籍出版社，2013年。此文有“三、‘爯’讀爲‘承’及其他”一節，論證甚詳。

關於《權輿》簡本和毛詩本的異同，本文主要就談以上三點。除此之外，兩種版本個別不同之處也非常明顯。例如毛詩本第二章“每食四簋”，簡本作“我每食八☐”，學者們推測“八”下一字當爲“簋”字。如此，則毛詩本和簡本存在“四簋”和“八簋”之別，已有學者對此發表了看法①。由於存在較多不確定的因素，我們就不再討論了。

總而言之，本文的討論涉及《權輿》簡本和毛詩本在詩旨、斷讀和字詞方面的不同，所論不一定正確，但通過這樣的工作，相信能幫助我們更多、更深入地了解古代文本的準確含義、了解古人注釋的正誤及其産生的原因，也能幫助我們更充分地了解古代文本流傳的複雜性。

2020年5月27日寫完

The Comparative Study of Two Versions of *Quanyu* of *The Book of Songs*

Shen Pei

Abstract: By comparing the two versions of *Quanyu* of *the Book of Songs*，one is the version of *Bamboo Slips of the Warring States Period Collected by Anhui University*, another is the version of *Maoshi*, this article discusses three issues: 1.The first sentence of the version of *Bamboo Slips* should be read as “始也乎，我夏屋渠渠”, which is different from that of the collator. 2.The meaning and source of “於我乎”,the first sentence of *Mao Shi*, were discussed. 3.“不承權輿” in *Maoshi* and “不再權輿” in the version of *Bamboo Slips* are different. We can't treat them all the same. The article deals with the poem's meaning, sentence reading, and dictional aspects, which play a role in accurately understanding the meaning of the poem and the complexity of the circulation of ancient texts.

Key Words: *The Book of Songs*; *Quanyu*; *Bamboo Slips of the Warring States Period Collected by Anhui University*; The theme of the poem; Function words; Textual evolution

（沈培，香港中文大學中國語言及文學系　新界　999077）

①西南大學漢語言文獻研究所“安大簡《詩經》讀書班”微信群討論過這個問題，其紀要説（“語言與文獻”微信公衆號2019年10月25日發布）：

王化平還提出，簡本《權輿》“每食八”以下殘，該句毛詩本作“每食四簋”，據此可推測下文應是“簋”字。他認爲從前人注釋看，簡本作“八”應該是對的。孔穎達在正義中已經注意到“四簋”略爲簡單，所以將其解釋爲“是平常燕食”，且“燕食差於禮食也”。但《伐木》就有“陳饋八簋”，可見“八簋”是盛宴，故毛詩作“四”應是訛誤。

關於安大簡《詩經·君子皆壽》中一個字的考釋*

徐在國

摘　要：《詩經·君子偕老》"蒙彼縐絺"的"縐"在安大簡中寫作""。在安大簡整理過程中，最初分析爲从"玉"，"攸"聲，後經李家浩先生提示此字右側""實爲"羽"之省寫，字當分析爲从"玉"，"翛"聲，與今本"縐"音近可通。此字的考釋過程再次證明了字形對古文字考釋的重要作用。

關鍵詞：安大簡；《君子皆壽》；縐；翛

安大簡《詩經·君子皆壽》簡89有如下一字：

□皮（彼）絺（絺），是埶（褻）樂也。

毛詩《君子偕老》作"蒙彼縐絺，是褻袢也"。

此字的考釋頗費周折。多種可能都考慮過，具體按照時間順序如下：

1. 左旁从玉，右旁不識。

2. 右旁不識，疑爲"芻"的訛寫。

3. 疑是"玪"，从"玉"，"今"聲。楚文字"今"作""（《上博六·競公瘧》9）、"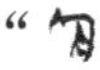"（《清華一·尹至》3）、""（《清華二·繫年》103）、"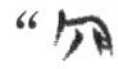"（《清華四·筮法》11）可證。"玪"在簡文中疑讀爲"錦"，有彩色花紋的絲織品。

4. 釋爲"瑵"，認爲"字左旁从'玉'，右旁疑从'叉'聲，是'瑵'的異體字。《毛詩》作'縐'。上古音'瑵'爲莊紐幽部字，'縐'爲莊紐侯字，二字聲紐相同，韻部關係密切，'瑵'可讀作'縐'。"

5. 从玉，攸聲，讀爲"縐"。"攸"，从"人"、兩小"丿"，右部是

* 本文爲教育部、國家語委"甲骨文等古文字研究與應用專項"重大項目"戰國文字譜系疏證"（YWZ—J013）、國家社會科學基金重大委托項目"安徽大學藏戰國竹簡的整理與研究"（16@ZH013）的階段性研究成果。

“又”，“又”“支”二旁古通。

最後一種説法是2018年3月4日下午，我在安大簡《詩經》定稿會上提出來的。這次定稿會由李家浩先生主講，講了整整一天，中午也不休息，他講到“做學問一定要注重細節，反復强調引書規範，引工具書一定去核查原文”等，受益匪淺。

3月5日李先生回到北京，第二天一早就給我打電話，告訴我：此字他想了一晚上，醒來立即想到右部應該是“羽”之省，加上我説的“攸”，就是他考釋過的包山簡中的“翛”字。

我聽李先生一説，腦子里立刻浮現出包山簡中的那個字，没問題，就是它！我很興奮，這個字的右部，我和李先生一人釋對了一半，合起來，就從字形上徹底將此字解决了。

下面的論證，就是事後諸葛亮了。

“”，左从“玉”，没什麽問題。右旁“”，我做了一個摹本作：“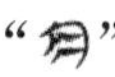”，由“”“”組成，當是“翛”。包山楚簡“翛”字作“”“”（《包山》269）、或省作“”“”（《包山》竹牘1）。李家浩先生是這樣考釋的：

> “翛”這個詞，在（1）（3）中有如下幾種寫法：
>
> A （3）
>
> B （3）
>
> C （1）
>
> A是獨體，B、C是合體。B从A从“糸”，C从A从“羽”省，（3）的“侵羽”之“羽”省作“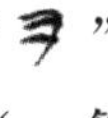”可證。A和B所从A旁的寫法，與258號簡“僻（臆）脩一笲”“一笲脩”之“脩”所从“攸”旁的左半相同；C所从A旁的寫法，與252號簡“脩二箕”之“脩”所从“攸”旁的左半相同。此字到底是什麽字，目前還説不清楚。這裏暫且作爲“攸”字的省寫。①

簡文右旁“”正與“”“”同形，釋爲“翛”當無問題。“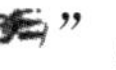”，隸定爲“瓊”，不見於《説文》，當分析爲从“玉”，“翛”聲。“翛”又从“羽”，“攸”聲。上古音“芻”屬初紐侯部，“攸”“翛”屬心紐幽部，古音近相通。典籍中“雛”“由”，“鄒”“由”古通。如《孟子·萬章上》所記孔子學生“顔讎由”，《史記·孔子世家》寫作“顔濁鄒”，《漢書·古今人表》寫作“顔

①李家浩：《包山楚簡中的旌旆及其他》，香港中文大學中國語言及文學系《第二屆國際中國古文字學研討會論文集續編》，1995年；後收入《著名中年語言學家自選集·李家浩卷》，安徽教育出版社，2002年，第259—260頁。本文據後者引録。

燭雛”。而“由”及从“由”聲字與“攸”及从“攸”聲字古通。如《易·家人》：“無攸遂。”《大戴禮·本命》盧注引“攸”作“由”。《老子》十七章：“悠兮其貴言。”《釋文》：“悠，孫登、張憑、杜弼俱作由。”《書·多方》：“不克終日，勸于帝之廸。”《釋文》：“廸，馬本作攸。”[①]因此，簡本“璕”當從《毛詩》讀爲“縐”。“絺”，即“絺”字異體。

通過這個字的釋讀，我想説的是，一方面古文字疑難字的釋讀不容易；另一方面古文字疑難字的釋讀過程也挺有意思。反復求索，不斷否定自我，最終合力解决此字。這也驗證了于省吾先生所説：“字形是我们实事求是地进行研究的唯一基础。”

The Interpretation of a Character Pattern in *A Life Companion* of *The Warring States Bamboo Slips Collected by Anhui University*

Xu Zaiguo

Abstract: The character zhou(縐) in *A Life Companion* of *The Book of Songs* is recorded as “” in *the Warring States Bamboo Slips Collected by Anhui University*. Originally, you(攸) is analyzed as phonetic sign and yu(玉) as meaning sign in the finishing process. Li Jiahao reminds us that the right component of this character is omitted of yu (羽). xiao(翛) should be considered as phonetic sign and could be regarded as a interchangeable word of zhou(縐). This successful interpretation demonstrates once again the value of character pattern in explaining the ancient Chinese characters.

Key Words: *The Warring States Bamboo Slips Collected by Anhui University*; *A Life Companion*; Zhou(縐); Xiao(翛)

（徐在國，安徽大學漢字發展與應用研究中心　合肥　230039）

①高亨：《古字通假會典》，齊魯書社，1989年，第718、719頁。

楚簡“戁{難}、惖{易}”與《説文》“戁、惕”：是通假，還是同形

劉寶俊　孟媛媛

摘　要： 在郭店簡、上博簡、清華簡三種戰國楚簡中，表示“困難”和“容易”意義的字有時寫作“戁”和“惖”。楚簡的整理者和簡帛學界大多認爲，楚簡的“戁”就是《説文》訓爲“敬也”的“戁”字，在楚簡中通假爲“難”；楚簡的“惖”就是《説文》訓爲“敬也”的“惕”字，在楚簡中通假爲“易”。本文認爲，楚簡中的“戁”和“惖”應是戰國楚系文字表示{難}、{易}意義的專造本字。楚簡“戁、惖”與《説文》“戁、惕”是同形字而非通假字。

關鍵詞： 楚簡“戁、惖”；《説文》“戁、惕”；同形字；通假字

在郭店簡、上博簡（1—9册）、清華簡（1—7册）中，表示{難}、{易}意義的字，除了寫作通常所見的“難”和“易”外，還多寫作增加了“心”符的“戁”和“惖”。

楚簡的整理者以及簡帛學界多認爲：楚簡的“戁”，就是《説文》訓爲“敬也”的“戁”字，在楚簡中通假爲“難”。楚簡的“惖”，就是《説文》訓爲“敬也”的“惕”字，在楚簡中通假爲“易”。

整理者對“戁”“惖”兩字的隸定，“戁”均據圖版隸作“戁”；“惖”則除個別整理者據圖版隸作“惖”外，其他整理者均改變原字的組合方式，隸作“惕”。

我們認爲：楚簡中的“戁”和“惖”應是戰國楚系文字表示{難}、{易}意義的專造字、本字。楚簡“戁、惖”與《説文》“戁、惕”是同形字而非通假字的關係。試申其説。

一、楚簡“戁”與《説文》“戁”

《説文・心部》：“戁，敬也。从心、難聲。”《爾雅・釋詁》：“戁，懼也。”段玉裁注《説文》云：“敬者，肅也。《商頌》‘不戁不竦’，《傳》曰：‘戁，恐。竦，懼也。’敬則必恐懼。故《傳》説其引申之義。”“戁”表示“敬”或“懼”的意義，在先秦傳世文獻中，除以上兩處外未見其他。

在郭店簡、上博簡和清華簡中，“戁”字出現了23例（郭店簡9例、上博簡7例、清華簡7例），其中用作“困難”的“難”11例，用作“苦難”的“難”7例，用作“感歎”的“歎（嘆）”5例。没有表示“敬”或“懼”的用例。

（一）“戁”用作“困難”意義的辭例，如：

郭店簡《老子》甲第16簡：“戁（難）惖（易）之相成也，長短之相形也。”

郭店簡《老子》丙第12—13簡：“不貴戁（難）得之貨。”

郭店簡《六德》第49簡：“民之父母親民易，使民相親也戁（難）。”

上博簡（三）《中弓》第12簡：“譎譎狷人，戁（難）爲從正。”

整理者注：“‘戁’，《説文・心部》：‘敬也，从心，難聲。’讀爲‘難’。《郭店楚墓竹簡・老子甲》等數處有此字，均讀爲‘難’。”①

上博簡（三）《中弓》第20簡：“今之君子，戁（難）以納諫。”

上博簡（三）《中弓》第21簡：“古之事君者，以忠與敬，唯其戁（難）也。”

整理者注：“‘戁’，通‘難’，不容易。”②

清華簡（三）《芮良夫毖》第26—27簡：“民多艱戁（難），我心不快。”

（二）“戁”用作“苦難”“災難”意義的辭例，如：

上博簡（六）《平王問鄭壽》第3簡：“君王與楚邦懼戁（難）。”

清華簡（一）《祭公》第19簡：“我亦不以我辟陷於戁（難），弗失於政。”

清華簡（三）《芮良夫毖》第1簡：“恒争于富，莫治庶戁（難）。”

整理者注[四]：“‘戁’通‘難’。”③

清華簡（三）《芮良夫毖》第7簡：“毋自縱於逸以遨，不圖戁（難），變改常術。”

---

①馬承源主編：《上海博物館藏戰國楚竹書（三）》，上海古籍出版社，2003年，第272頁。

②馬承源主編：《上海博物館藏戰國楚竹書（三）》，第278頁。

③李學勤主編：《清華大學藏戰國竹簡（三）》，中西書局，2012年，第147頁。

清華簡（三）《芮良夫毖》第21簡："邦其康寧，不逢庶戁（難）。"

（三）"戁"用作"感歎""歎息"意義的辭例，如：

郭店簡《性自命出》第25簡："聽琴瑟之聲，則悸如也斯戁（難）。"

整理者注[二三]："裘按：末一字疑當讀爲'歎'。"

上博簡（五）《弟子問》第4簡："回子戁（嘆）曰：'於！莫我知也夫。'"

上博簡（六）《孔子見季桓子》第26簡："仰天而戁（嘆）曰。"

從以上辭例來看，"戁"字首先應考慮是楚文字"難"的本字，其次也可考慮是"歎（嘆）"的本字①，而不應釋讀爲《説文》訓爲"敬也"，或《爾雅》訓爲"懼也"意義之"戁"的通假。

李守奎等認爲"戁"字"疑即楚之'嘆'字"②。若如此，則面臨楚簡中更多的"戁（嘆）"通假爲"難"的問題，但這種通假前無所見，難以印證。從現有出土文獻材料來看，"歎（嘆）"字不見於小篆之前其他的古文字材料，更無"戁"字用作"歎（嘆）"的其他例證③。在楚文字中"戁"字也更多的是用作"難"，更應是"楚之'難'字"。楚簡"戁（難）"用作"歎（嘆）"，應是通假而非本字。"難"通假作"歎（嘆）"在文獻中不乏其例。如《詩·曹風·下泉》"愾我寤歎，念彼周京"，阜陽漢簡《詩》作"難"，正與楚簡以"戁"通"歎（嘆）"相符合。

我們認爲楚簡"戁"是"難"的本字、專造字。更重要的理由是：

1. 在楚簡中"戁""憂"經常連用或對舉，而且都從"心"，可以互相證明。

2. "戁"不僅用作"困難"之"難"，而且用作"苦難""災難"之"難"，這種雙重的音義對應説明"戁"與"難"具有深層的語義關聯。

3. 在先秦出土文獻中，"戁"字目前僅見於楚系簡帛文獻，可能是一個楚國特有的文字。它是楚人在通用的"難"字基礎上增加"心"符形成的"累增字"。之所以增加"心"符，是爲了突出{難}作爲一種心理意識活動的主要特徵，符合楚簡凡與"心性"語義相關的詞大都以"心"爲意符的普遍規律④。

4. 先秦以及後代傳世文獻都没有"戁"通假作"難"的現象，其他出土文獻也没有"戁"通假作"難"的例證。

因此我們認爲，在楚簡"戁"跟《説文》"戁"的關係上，"戁"是楚文字表

①《説文·口部》："嘆，吞歎也。一曰太息也。"《欠部》："歎，吟也。"段玉裁"嘆"字注曰："嘆、歎二字今人通用。《毛詩》中兩體錯出，依《説文》則義異，歎近於喜，嘆近於哀。""嘆、歎"實爲一字，並無"喜""哀"之别。

②李守奎等：《上海博物館藏戰國楚竹書（一～五）文字編》，作家出版社，2007年，第484頁。

③傳世文獻中"歎息"字古或寫作"太"。而"太"不見於郭店簡、上博簡和清華簡中，其他楚簡"太"也只用作神祇名，不用作"歎息"字。

④參見劉寶俊《戰國楚簡特形"心"符字群研究》，中華書局，2020年。

示“困難”“災難”之“難”的本字，與《説文》訓爲“敬也”、《爾雅》訓爲“懼也”的“𢜺”是同形的關係而非通假的關係。

《説文·鳥部》：“鷬，鳥也。从鳥、堇聲。難，或从隹。”“難”即“難”字，是“鷬”的異體字，本義爲鳥名，而非“困難”“災難”意義的本字。然而在造字之初，鳥名“難”就假借爲“困難”“災難”意義的“難”。在傳世文獻和出土文獻中，都不見“難”作爲“鳥名”的本義，而只有表示“困難”“災難”的假借義，迄今依然如此。戰國楚簡在假借字的基礎上增加“心”符，創造出一個表示“難易”“災難”意義的本字“𢜺”，這是語言文字史上的一個創舉。“難”有與“心”關聯的語義内涵。劉熙《釋名·釋言語》云：“難，憚也，人所忌憚也。”《廣韻·翰韻》：“難，患也。”“難”“憚”“患”讀音相近、意義相關，是一組同源詞，都與人的心理意識相關。“憚”“患”均從“心”，“難”從“心”寫作“𢜺”，是同樣的造字理據。只是楚文字“𢜺（難）”表示的音義，到秦始皇統一天下後，在“書同文字”時因不與秦系文字通用的“難”音義相合，“𢜺（難）”遂被“難”取代。而秦系表示“敬也”意義、讀音女版切的“𢜺”字，恰與楚文字的“𢜺（難）”字形相同，今人遂將異時異地的一對同形字，誤以爲是秦朝小篆“𢜺（敬也）”在戰國楚簡中通假爲“𢜺（難）”字。

二、楚簡“㥔”與《説文》“惕”

與楚簡“難”字從“心”寫作“𢜺”一樣，楚簡的“易”字也從“心”寫作“㥔”。“㥔”在郭店簡、上博簡和清華簡中共出現了14次。整理者除個别隸作“㥔”外，絶大多數隸作“惕”。隸作“惕”，本身就表明了整理者認爲楚簡的“㥔”就是《説文》的“惕”，在楚簡中通假作“易”。

郭店簡、上博簡和清華簡的14例“㥔”，其中用作“容易”意義的有8例，用作“輕視”“忽視”意義的有2例，用作“變易”意義的和用作人名的各1例，還有2例用作“惕”。

（一）“㥔”用作“容易”之“易”的辭例，如：

郭店簡《老子》甲第14簡：“大小之多㥔（易）必多𢜺（難）。”

郭店簡《老子》甲第15—16簡：“有亡之相生也，𢜺（難）㥔（易）之相成也。”

上博簡（二）《從政》甲第17簡：“是以曰君子難得而㥔（易）使也。”

上博簡（二）《從政》甲第18簡："是以曰小人惖（易）得而難使也。"

上博簡（七）《武王踐阼》第10簡："位難得而惖（易）失，士難得而惖（易）外。"

整理者注："'惕'，借爲'易'。"①

（二）"惖"字用作"輕視""忽視"意義的辭例，如：

上博簡（五）《三德》第15簡："毋不能而爲之，毋能而惖（易）之。"

清華簡（六）《管仲》第11簡："小事逸以惕，大事簡以誠。"

按：本例"惖（易）"寫作左右組合的"惕"，是惟一的例外。

（三）"惖"用作"變易"意義的辭例，如：

上博簡（五）《三德》第5簡："變常惖（易）禮，土地乃坼，民乃囂死。"

（四）"惖"或寫作"傷"，用於人名"傷牙"，是"易牙"的異文。

上博簡（五）《鮑叔牙與隰朋之諫》第6簡："傷（易）牙人之與偖而食人。"

（五）"惖"用作"惕"的辭例，如：

上博簡（三）《彭祖》第6簡："怵惖之心不可長。"

上博簡（九）《卜書》第8簡："若卜貞邦，三族苟旨（栗）而惖，三末唯敗，亡大咎。"

以上"惖"既用作"容易"之"易"，又用作"輕易"之"易"，還用作"變易"之"易"；"傷牙"又與傳世文獻人名"易牙"形成異文。説明楚簡"惖"應是"難易""輕易""變易"之"易"的本字。

在先秦古文字中，左右組合的"惕"字最早見於春秋晚期《蔡侯申尊》和《蔡侯申盤》銘文"孜敬不惕"，又見《侯馬盟書》"余不敢惕兹"。根據文義，都是"輕易""輕忽"的意思，與清華簡《管仲》11簡"小事逸以惕（惖），大事簡以誠"的意義完全相同，這些"惕"都絶非《説文·心部》"惕，敬也"之意。上下組合的"惖"字始見於春秋晉國銅器趙孟壺銘文"爲趙孟庎邗王之惖金"，"惖"或讀爲"賜"，或讀爲"錫"，均爲借讀，無從推知其本義。此外的"惖"字就只見於楚簡。由春秋金文及戰國楚簡"惕""惖"都讀爲"易"，可知"惕""惖"是一對"異寫"的異體字。

《説文·易部》："易，蜥易，蝘蜓，守宫也。象形。"段玉裁注："易本蜥易，語言假借而難易之義出焉。""易"本爲"蜥蜴"之"蜴"的初文，很早就假借作"難易"的"易"，迄今仍是如此。而"惕""惖"都是春秋戰國時期楚系、晉系文字在假借字"易"的基礎上增加"心"符而新造的表示"難易"意義的本字，與秦系文字表示"敬也"意義、讀音他歷切的"惕"字音、義均不相屬。從辭

①馬承源主編：《上海博物館藏戰國楚竹書（三）》，上海古籍出版社，2008年，第161頁。

例歸納角度看，上博簡《彭祖》和《卜書》兩例“惖”用作“怵惕”的“惕”，疑是“難易”意義的“惖”借用作“怵惕”的“惕”，尚不足以證明“惖”即是“惕”字，難以對“惖”是“易”形成令人信服的反證。

由春秋金文和戰國楚簡“愓”“惖”讀“易”，可推知春秋楚簡“愓”“惖”，都應是“難易”之“易”的本字，與《説文》表示“敬也”的“愓”是同形分化关系，而非《説文》的“愓”在楚簡通假爲“惖”。自秦朝統一天下“書同文字”後，楚系、晉系文字的“惖愓（易）”遂被傳統秦系文字的假借字“易”所取代，遂致今人誤以爲楚簡中大量出現的“惖愓（易）”，是後代秦系小篆中的“愓”（敬也）在戰國時期的通假。

三、餘　論

從歷史的角度來看，“難”和“易”這一對反義詞的形義演變具有某些共性。據《説文》，“難”“易”的本義分别爲“鳥名”和“蜥易”，但先秦時期就分别假借表示“困難”和“容易”意義。戰國楚簡給假借字“難”“易”同時增加形符“心”變作“戁”“惖（愓）”，而成爲“困難”和“容易”意義的本字，與通行的假借字“難”“易”並行不悖，構成“戁:惖（愓）=難:易”的對應等式。而秦漢以後，楚系文字“戁”“惖（愓）”字形恰與秦系文字表示“敬也”意義的“戁”“愓”相同。今人已難以覺察戰國時期的楚人曾經新創和使用“戁”“惖（愓）”作爲“困難”和“容易”意義的本字，而被《説文》“戁”“愓”形義所蔽，誤以楚簡“戁”“惖”爲《説文》之“戁”“愓”的通假，於“戁”“惖”二字形、音、義的歷史演變就隔而不通了。

類似於此的情況還有：

楚簡“浴（谷）”與《説文》“浴，灑身也”；

楚簡“谷（欲）”與《説文》“谷，泉出通川爲谷”；

楚簡“箸（書）”與《説文》“箸，飯攲也”；

楚簡“紿（治）”與《説文》“紿，絲勞即紿”；

楚簡“泉（泊）”與《説文》“泉，水原也”。

……

楚簡這些字跟《説文》字形完全相同而意義完全不同，是同形字，並非楚簡字是《説文》字的通假。又如：

楚簡“忎（愿）”與《説文》“忨，貪也”；

楚簡“㥿（違）”與《説文》“愇，是也”；

楚簡“惻（賊）”與《説文》“惻，痛也”。

……

楚簡這些字跟《説文》字字素相同，但配置方式不同，意義也完全不同，是兩個完全不同的字，不能將楚簡字視作《説文》所載字的異體。

戰國時期“文字異形”，秦系文字與楚系文字的差異尤爲明顯，秦文字崇尚傳統而楚系文字善於革新。《説文》小篆是秦朝“書同文字”的産物。用秦代源自秦系文字的《説文》小篆字形爲標準，去比附戰國時期的楚系文字，需要掌握尺度，慎重考量，而不宜簡單套用。故類似於上述種種情況，均當立足於楚簡文本，結合《説文》，反復比較斟酌，從嚴隸定、推勘、釋讀楚簡文字，而不可一概以後世《説文》之字來比附楚簡文字，凡與《説文》不合者，輒以“通假”目之。如果固守《説文》而前溯古文字，容易形成“習慣性閲讀”，導致“楚書漢讀”“郢書燕説”之誤。

古人的某些觀點值得我們借鑒：

許慎《説文·叙》云：“書曰：‘予欲觀古人之象。’言必遵修舊文而不穿鑿。”①

徐鉉《説文·叙》云：“務援古以正今，不徇今而違古。”②

清代學者臧庸在《拜經日記》“周禮以今證古”條中援引段若膺（玉裁）的話説：“今儒好用古字，凡講小學，必宗《説文》。然當究其意旨，不可拘其形體。凡一代有一代之字，何必盡泥《説文》？”③

王聘珍《大戴禮記解詁·自叙》云：“近代以來人事校讎，往往不知家法”，“大率以今義繩古義，以今音證古音，以今文易古文，遂使孔壁古奥之經，變而文從字順。洵有以悦俗學者之目，然而經文變矣。經義當由兹而亡，可不懼哉？”④

今人的某些觀點亦值得我們重視：

商承祚《説文中之古文考》云：“古文每有與篆文形同而音讀義異。若執篆以例古，或據古以繩篆，則失之沾矣。”⑤

李守奎《包山楚墓文字全編·前言》云：“楚文字研究已經遠不是楚文字與後世字書文字之間的簡單對應關係。例如‘芋’‘吟’‘脰’皆見於《説文》，但楚文字的‘芋’{華}、‘吟’{今}、‘脰’{廚}所記録的詞義與小篆完全不同。釋字

①（漢）許慎：《説文解字》，中華書局，1963年，第316頁。
②（漢）許慎：《説文解字》，第321頁。
③（清）臧庸：《拜經日記》卷二，清嘉慶二十四年武進臧氏拜經堂刻本。
④（清）王聘珍：《大戴禮記解詁》卷十三，中华书局，1983年。
⑤商承祚：《説文中之古文考》，上海古籍出版社，1983年，第106頁。

的核心是音義的解讀，字形的簡單比附是不能算作釋字的。”①

以上説的都是要尊重出土文獻的本來面目，而不當輕易以通假釋原字、以後代文字比附前代之字。“遵修舊文而不穿鑿”“不徇今而違古”是古代小學家實事求是的優良傳統，也是今人釋讀出土文獻時應當遵循的重要原則。罔顧“一代有一代之字”而“盡泥《説文》”，“拘其形體”而失其意旨，“以今義繩古義”“以今文易古文”的傳統積習，在現代簡帛學界仍是一種較爲常見的現象，實乃古典重建中偏離“古人之象”的不良傾向，應當引起我們的注意和反思。

“戁(Difficult), 惖(Easy)” in Chu Bamboo Slips and “戁(Revere)，愓(Revere)” in *Shuowen*: Are They Interchangeable Characters, or Homographs

Liu Baojun, Meng Yuanyuan

Abstract: In the three bamboo slips of Guodian, Shangbo, Tsinghua in the Warring States Period, the words meaning “difficult” and “easy” are sometimes written in the form of “戁” and “惖”. Most scholars in the fields of Chu bamboo slips and bamboo silk hold that “戁” in Chu bamboo slips is identical with “戁” in *Shuowen* meaning “revere”, and it is interchangeable with “难” in Chu bamboo slips. “惖” in Chu bamboo slips is identical with “愓” in *Shuowen* meaning “revere”, and it is interchangeable with “易” in Chu bamboo slips. In this article, it is held that “戁” and “惖” in Chu bamboo slips should be the original characters for the meanings of “difficult” and “easy” in the Chu characters of the Warring States Period. “戁，惖” in Chu bamboo slips and “戁，愓” in *Shuowen* are homographs rather than interchangeable characters.

Key Words: “戁，惖” in Chu bamboo slips; “戁，愓” in *Shuowen*; Homograph; Interchangeable character

（劉寶俊，中南民族大學文學與新聞傳播學院　武漢　430074；
孟媛媛，中南民族大學文學與新聞傳播學院　武漢　430074）

①李守奎：《包山楚墓文字全編 • 前言》，上海古籍出版社，2012年，第4頁。

洛陽西朱村曹魏墓出土石牌銘文零札（五則）*

范常喜

摘　要：洛陽西朱村曹魏墓出土石牌200餘枚，其上銘文多是對隨葬品的名稱、數量等的記録，研究價值頗高。本文着重對銘文中的“甑覆”“樅覆槃”“辟方”“竹篋箱”“杵臼”等五處字詞作了補釋。

關鍵詞：西朱村曹魏墓；石牌銘文；古文字

引　言

2015年8月至2016年12月，洛陽市文物考古研究院搶救性發掘了洛陽寇店鎮西朱村M1號曹魏大墓①。根據其宏大的墓室結構以及高規格陪葬物品推測，該墓應當是曹魏時期的皇室成員墓。墓中出土刻銘石牌200餘枚，其内容多是對隨葬品的名稱、數量等的記録。李零、曹錦炎等先生在《博物院》2019年第5期發表文章，刊布了這批石牌銘文中的絶大部分，並作了相應的研究②。雷海龍先生也對此提出了很好的補充意見③。李零先生文刊布石牌銘文最多，共計138件，分類考釋也最爲全面。本文擬在李零先生考釋基礎上同時參考其他諸家研究，着重對五處石牌銘文的訓釋略作補充。

* 本文爲教育部、國家語委“甲骨文等古文字研究與應用專項”重點項目“戰國文字資料中心與研究平臺建設”（YWZ—J019）、國家社會科學基金重大項目“戰國文字詁林及資料庫建設”（17ZDA300）的階段性研究成果。

①洛陽市文物考古研究院：《河南洛陽市西朱村曹魏墓葬》，《考古》2017年第7期，第71—81頁。

②李零：《洛陽曹魏大墓出土石牌銘文分類考釋》；曹錦炎：《洛陽西朱村曹魏大墓墓主身份淺析——兼談石牌銘文所記來自一帶一路的珍品》；趙超：《洛陽西朱村曹魏大墓出土石牌定名與墓主身份補證》；劉連香：《洛陽西朱村曹魏墓墓主探討》；霍宏偉：《洛陽西朱村曹魏墓石牌銘文中的鏡鑒考》。以上諸文均載《博物院》2019年第5期。

③雷海龍：《西朱村曹魏墓M1石楬文字補説》，簡帛網，2019年11月23日。

一、甑覆

石牌M1：465："甑一，覆自副。"李零先生謂："覆：疑指甑冪。"[①]"冪"一般多指巾類覆蓋物，字亦作"幂"，如《禮記•禮運》："疏布以冪。"鄭玄注："冪，覆尊也。"《周禮•天官•幂人》："掌共巾幂。"出土漢代之甑罕見設冪，但其上有覆蓋或盆者。洛陽曹魏正始八年墓出土陶竈（M35：7），後端釜上放有帶蓋的敞口盆形甑[②]。貴州清鎮12號漢墓、廣西平樂銀山嶺165號東漢墓出土陶甑（165：5）（圖1），以及廣州東郊先烈路東漢墓出土陶竈所置陶甑上都覆有隆起的甑蓋，形如覆盆（圖2）[③]。

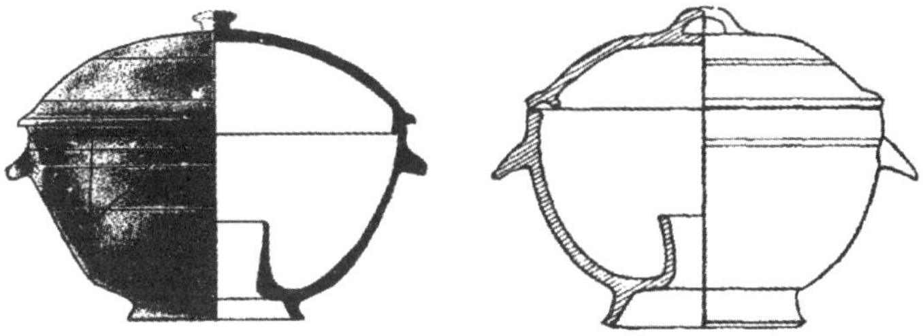

圖1：貴州清鎮12號漢墓、廣西平樂銀山嶺165號東漢墓出土覆蓋陶甑

圖2：廣州東郊先烈路東漢墓出土陶竈及其上覆蓋陶甑

①李零：《洛陽曹魏大墓出土石牌銘文分類考釋》，《博物院》2019年第5期，第8頁。

②洛陽市文物工作隊：《洛陽曹魏正始八年墓發掘報告》，《考古》1989年第4期，第316頁。

③孫機：《漢代物質文化資料圖説》，上海古籍出版社，2011年，第386頁。貴州省博物馆：《贵州清鎮平壩漢墓發掘報告》，《考古學報》1959年第1期，第91、92頁。廣西壯族自治區文物工作隊：《平樂銀山嶺漢墓》，《考古學報》1978年第4期，第475、478頁。徐衛民：《大風起兮：圖説秦漢》，商務印書館，2016年，第167頁。

出土實物中亦多次見到甑上覆盆者，而且所覆之盆自銘爲“盆”。滿城1號漢墓出土了一套銅甗，包含釜、甑、盆，三者相扣合（圖3）[1]。其中，銅釜刻銘作“御銅金雍甗一容十斗盆備”；銅甑刻銘作“御銅金雍甗甑一具盆備卅七年十月趙獻”；銅盆刻銘作“御銅金雍甗盆容十斗卅七年十月趙獻”，墨書作“御銅金雍甗盆容十斗”。陝西茂陵一號無名冢亦出土了一套銅甗，釜、甑、盆三者相扣合[2]。其中釜肩刻銘“陽信家鏖復（鍑）容一斗并重三斤六兩五年奉主買邯鄲弟二”；甑口沿刻銘“陽信家鏖甗容一斗并重三斤六兩五年奉主買邯鄲弟二”；盆口沿刻銘“陽信家鏖盆容一斗并重三斤六兩五年奉主買邯鄲弟二”。

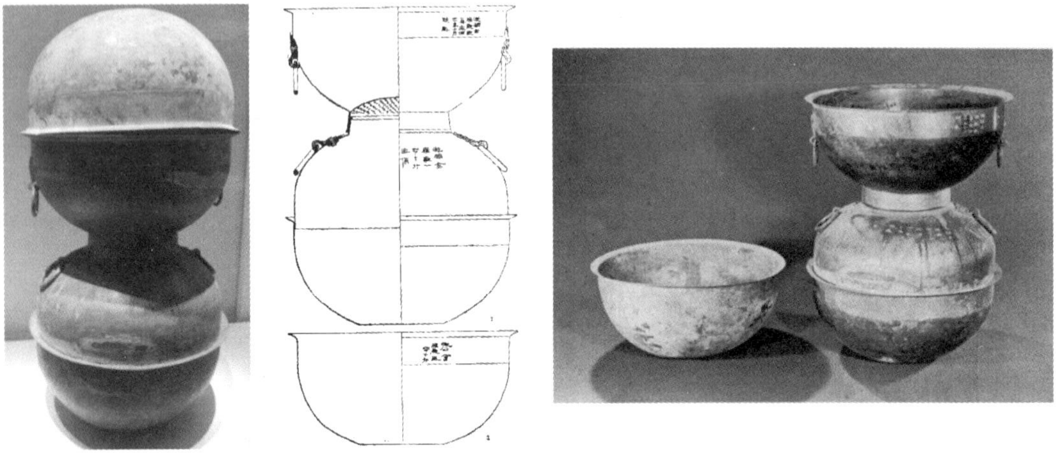

圖3：滿城漢墓M1出土覆盆銅甗

漢墓出土遣册多將“甗”“瓫”記在一起，如鳳凰山九號墓遣册簡42：“甗、瓫（盎）各一。”[3]《説文・皿部》：“盎，盆也。从皿，央聲。瓫，盎或从瓦。”《方言》：“罃甀謂之盎。自關而西或謂之盆，或謂之盎，其小者謂之升甌。”鳳凰山九號墓所出陶釜、陶甑即簡文所記之“甗”，陶鉢即簡文所記之“瓫”，也就是甑蓋。雷海龍先生已正確指出了這一對應關係[4]。因此，M1：465號石牌銘文“甑一，覆自副”中的“覆”可能即蓋在甑上的盆蓋類東西。

①中國社會科學院考古研究所、河北省文物管理處：《滿城漢墓發掘報告》上册，文物出版社，1980年，第52—55頁。河北博物院：《大漢絶唱：滿城漢墓》，文物出版社，2014年，第245頁。

②咸陽地區文管會、茂陵博物館：《陝西茂陵一號無名冢一號從葬坑的發掘》，《文物》1982年第9期，第4頁。

③湖北省文物考古研究所：《江陵鳳凰山西漢簡牘》，中華書局，2012年，第71頁。

④雷海龍：《漢代遣册名物考釋二則》，簡帛網，2018年7月1日。

二、櫇覆槃

石牌M1：307：“二升墨漆畫椀一具，櫇覆槃自副。”李零先生謂：“櫇覆槃：圓形大承盤，也叫承旋或檈。”[①]我們懷疑該石牌銘文當斷讀作“二升墨漆畫椀一具，櫇、覆槃自副”。

“櫇”和“覆槃”可能是兩件東西。李零先生已經指出，“櫇”即承槃，至確。湖南永州鷂子嶺二號西漢墓出土一件夾紵胎漆盤自銘爲旋（圖4）。該盤平折沿，銅扣塗金，淺盤，平底下有三乳狀鎏金銅足，盤底及器壁錐畫幾何紋飾。外沿下部錐刻銘文“建平五年，廣漢郡工官造乘輿髹汧畫紵黄釦旋，徑九寸”等63字[②]。南京南郊郎家山4號六朝墓出土兩件附有銅托的銅碗（圖5）[③]，此處的銅托似即石牌銘文所記承椀之櫇。

“覆槃”應該是指覆蓋在椀上作蓋之用的盤。西安市西郊楊家圍牆唐墓出土一件白瓷蓋碗（M1：9），蓋爲子母口，環形蓋鈕。另外同出兩件大小不同的白瓷三足盤（M1：30、M1：5），盤呈敞口，口沿微折，淺腹，平底露胎，底有三個椎狀短足（圖6）[④]。石牌銘文所記“覆槃”可能與此唐墓所出白瓷蓋碗之蓋相仿佛。

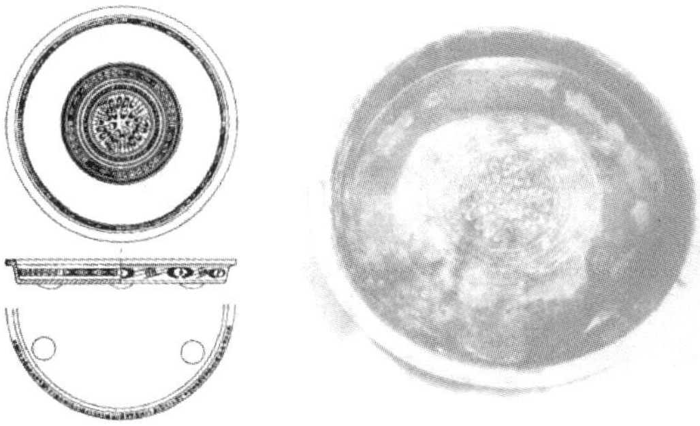

圖4：湖南永州鷂子嶺二號西漢墓出土自名“旋”的漆盤（M2：66）

①李零：《洛陽曹魏大墓出土石牌銘文分類考釋》，《博物院》2019年第5期，第8頁。

②湖南省文物考古研究所、永州市芝山區文物管理所：《湖南永州市鷂子嶺二號西漢墓》，《考古》2001年第4期，第52—53頁。

③江蘇省文物管理委員會：《南京南郊郎家山第4號六朝墓清理簡報》，《文物參考資料》1956年第4期，第10頁。

④西安市文物保護考古研究院：《西安市西郊楊家圍牆唐墓M1發掘簡報》，《考古與文物》2013年第2期，第14頁。

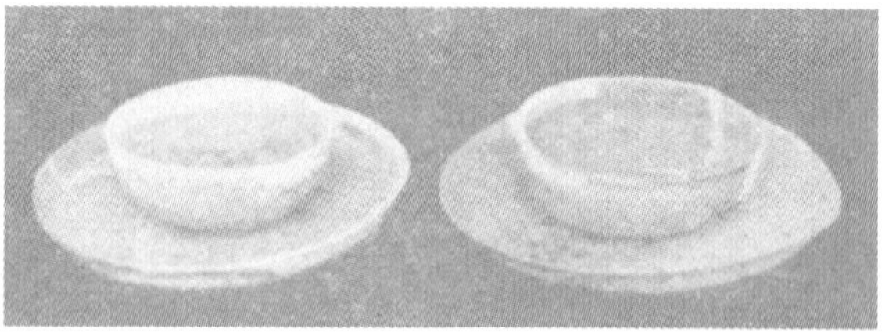

圖5：南京南郊郎家山4號六朝墓出土附銅托銅碗

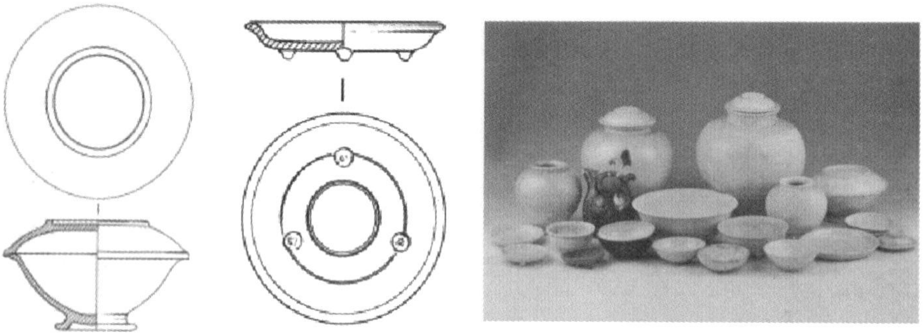

圖6：西安西郊楊家圍牆唐墓出土白瓷蓋碗、白瓷三足盤及其組合

三、辟方

石牌M1：289：“墨漆畫辟方七寸机（几）一，高五寸。”李零先生謂：“辟方七寸，疑指長寬各七寸。”①

“辟方”應指周長面積。晉陸翽《鄴中記》：“石虎御牀，辟方三丈，其餘牀皆局脚，高下六寸。”《晉書》列傳第六十五：“以硃書手腕横文後三寸作田字，辟方一寸二分，使露手以卧。”《太平御覽》卷九六三引南朝宋鄭輯之《永嘉郡記》：“陽興去安固江口六十五里，有仙石山，頂上有平石，辟方十餘丈，名爲仙壇。”《藝文類聚》卷七引《神異經》：“昆侖有銅柱焉，其高入天，所謂天柱也，圍三千里，圓周如削，銅柱下有回屋焉，辟方百丈。”“辟方”較早見於佛典，字或作“壁方”“闢方”等。真大成先生指出，此

①李零：《洛陽曹魏大墓出土石牌銘文分類考釋》，《博物院》2019年第5期，第12頁。

詞當由兩個原本表“旁側”“邊側”義的語素複合而成，表示事物的周長，引申又可指面積[①]。

曹操高陵出土M2：104號石牌銘文“木墨斂二合，八寸机一”[②]，其中的“八寸机”應當也是指周長爲八寸的几。根據漢魏時期1尺約合23厘米計算，七寸、八寸約16、17厘米。由此可知，此机（几）邊長約4—5厘米，比實用几小得多。即便按“辟方”爲面積算，八平方寸的几顯然也太小，這應當與兩處石牌所記之几均爲冥器有關。

四、“竹篋箱”與“子”

石牌M1：333：“墨漆畫十二子杯篋箱一，丹縑衣自副。”李零先生謂：“杯篋箱：盛成套耳杯的箱籠，也叫杯笿或杯落。篋箱：篋同篩，有氣孔。”[③]

李零先生釋作“杯”的字原形作，同墓出土M1：510號石牌上另有“杯”字作，對比可知，此字顯非“杯”字。與M1：413號石牌上的（竹）字相較可知，該字當釋“竹”，故“杯篋箱”當改釋作“竹篋箱”。M1：413號石牌銘文作“墨漆畫廿四子竹箱一，丹縑衣自副”，其中的“竹箱”與此處“竹篋箱”相類似。李零先生認爲“廿四子竹箱”是指器分二十四格[④]。此外，石牌M1：238：“象牙錐畫十四子箱一。”趙超先生謂：“其他還有多件稱作某某子箱的器物，應該都是在大箱中套裝有多個各種形狀的小箱、盒、盂等，組成一套。”[⑤]同時趙先生還舉了馬王堆一號漢墓出土的九子奩爲例以説明這一點。

我們認爲，無論是將“子”理解爲小格還是小箱盒，都有一定道理。正如趙超先生所説，漢代多用“子”表示大奩盒内之小盒。馬王堆一號漢墓出土遣册簡230所記“九子曾（繒）檢（奩）一合”，簡231“五子檢（奩）一合”，分别對應墓

①真大成：《釋“辟方”》，《辭書研究》2006年第2期，第209—211頁。陳偉武師審閲小稿時指出，“辟方”義同“開方”，猶方圓。

②河南省文物考古研究院：《曹操高陵》，中國社會科學出版社，2016年，彩版八二• 2。

③李零：《洛陽曹魏大墓出土石牌銘文分類考釋》，《博物院》2019年第5期，第8頁。

④李零：《洛陽曹魏大墓出土石牌銘文分類考釋》，《博物院》2019年第5期，第12頁。

⑤趙超：《洛陽西朱村曹魏大墓出土石牌定名與墓主身份補證》，《博物院》2019年第5期，第34頁。

中出土的443號雙層九子奩（圖7），和441號單層五子奩。雙層九子奩内含小奩盒9個，單層五子奩内含小奩盒5個①。長沙咸家湖西漢曹㜸墓出土的長方形奩中則有小奩盒11個②。

魏晉時期，多格食盒稱作“槷”或“槅”。《廣韻•紙韻》：“槷，似盤，中有隔也。”故槷也稱槅。江西南昌東湖區西晉吴應墓出土了一件漆槷（M1：5），内分七個方格，底部朱漆書“吴氏槅”（圖8）③。“槷”内小格亦稱作“子”④。《太平御覽》卷七五九引晉張敞《東宫舊事》：“漆三十五子方槷二沓，蓋二枚。”又引晉曹毗《杜蘭香傳》：“蘭香降張碩，賫方九子槷、七子槷。”因此，李零先生的觀點亦不可忽視。

由上可知，石牌銘文所記“十二子竹簁箱”“廿四子竹箱”可能是指内含12、24個小箱盒或小格的竹箱。

圖7：馬王堆一號漢墓出土雙層九子奩及其下層内小奩盒

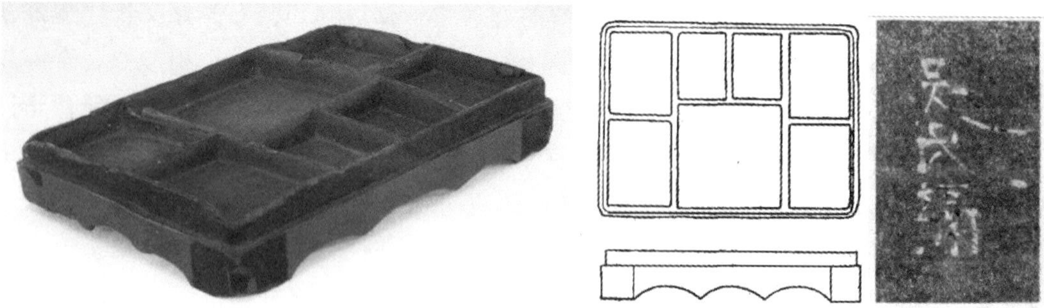

圖8：江西南昌東湖區西晉吴應墓出土七子格“吴氏槅”

①裘錫圭主編：《長沙馬王堆漢墓簡帛集成》第陸册，中華書局，2014年，第207頁。湖南省博物館、中國科學院考古研究所：《長沙馬王堆一號漢墓》上集，文物出版社，1973年，第88頁。

②長沙市文化局文物組：《長沙咸家湖西漢曹㜸墓》，《文物》1979年第3期，第5頁。

③江西省博物館：《江西南昌晉墓》，《考古》1974年第6期，第375頁。黄迪杞、戴光品：《中國漆器精華》，福建美術出版社，2003年，第146號。

④陸錫興：《從槷到攢盒》，《中國典籍與文化》2003年第3期，第102—108頁。郭曉蘭：《魏晉南北朝時期“槅”考論》，《南方文物》2019年第1期，第184—190頁。

五、杵臼

石牌M1：281：“銀小杵臼一，具杵，丹縑衣自副。”李零先生謂：“小杵臼：藥臼。”[①]劉連香先生釋文作“銀小杵臼一具，杵、丹縑衣自副”[②]。

此石牌銘文第一個“杵”字後有重文號，原形作，故整段銘文當改釋作“銀小杵、杵臼一具，杵、丹縑衣自副”，大意是：銀製小杵和杵臼一套，杵和包裹用的丹縑衣囊都有配備。可能因爲當時“杵臼”已多指臼，爲了説明陪葬的是杵與臼一整套器具，所以才特意在“杵”後加了重文符號。

此處的銀小杵和杵臼應當都是藥具[③]。曹操《上器物表》：“臣祖騰，有順帝賜器。今上四石銅鋗四枚，五石銅鋗一枚，御物有純銀粉銚一枚，藥杵臼一具。”[④]其中的“藥杵臼一具”可與此石牌所記相參看。

此外，廣州西漢南越王墓西耳室出土銅鐵杵臼兩套（C168、C169）（圖9）。出土時兩銅臼套疊在一起，兩杵並排放置，附近有五色藥石。杵與臼均通體裹以絲絹[⑤]。從南越王墓出土杵與臼各自放置並通體包裹絲絹來看，M1：281號石牌後半部分所記“杵、丹縑衣自副”應該也是指這種情形。

圖9：廣州西漢南越王墓西耳室出土銅鐵杵臼

①李零：《洛陽曹魏大墓出土石牌銘文分類考釋》，《博物院》2019年第5期，第13頁。
②劉連香：《洛陽西朱村曹魏墓墓主探討》，《博物院》2019年第5期，第47頁。
③劉連香先生也已指出這一點。參見劉連香《洛陽西朱村曹魏墓墓主探討》，第47頁。
④（魏）曹操：《曹操集》，中華書局，1974年，第39頁。
⑤廣州市文物管理委員會等：《西漢南越王墓》，文物出版社，1991年，第75、82、110頁。

Five Notes on the Stone Labels Excavated from the Tomb of Cao-Wei in Xizhu Village, Luoyang

Fan Changxi

Abstract: There are more than 200 stone labels excavated from the tomb of Cao-Wei in Xizhu village, Luoyang. Most of the stone labels are records of the names and quantities of the funerary objects, which are of high research value. In this paper, five notes on the stone labels, such as "Zengfu(甑覆)", "Xuanfupan(樶覆槃)", "Bifang(辟方)", "Zhushaixiang(竹簁箱)" and "Chujiu(杵臼)", are explained.

Key Words: Cao-Wei tomb in Xizhu village; Stone label inscriptions; Ancient Chinese characters

（范常喜，中山大學中國語言文學系　廣州　510275）

唐代墓誌俗字零釋*

梁春勝

摘　要：唐代墓誌多俗字，今人在釋録時，往往不識或誤釋。文章選取22字試作考釋，指出“共”當是“黄”字俗訛，“霜”當是“霸”字俗訛，“汙”當是“汗”字俗訛，“久”當是“文”字俗訛，“㙄”當是“褫”的俗字，“淉”當是“課”的换旁俗字，“射”當是“躬”字俗訛，“魂”當是“瑰”字俗訛，“裾”當是“裾”字俗訛，“洞”當是“凋”字俗訛，“細”當是“紉”字俗訛，“鬠髮”當是“鬌髮”二字俗寫，“拉”當是“短”字俗寫，“愁”當是“愁”字俗寫，“茎”當是“莖”字俗寫，“湽”當是“淄”字俗寫，“祕”當是“祉”字俗寫，“淅”當是“浙”字俗寫，“錄”當是“緑”的類化换旁俗字，“盖”當是“孟”字俗訛，“頚”當是“頸”字俗寫，“凢”當是“凡”字俗寫。

關鍵詞：唐代；墓誌；俗字

唐代的正字運動，使當時的社會用字得到很大規範，但其作用也不可高估。從流傳至今的唐代石刻和寫本來看，其中的異體俗訛現象仍然非常多。唐代的俗體字，今天大都已不再使用，所以今人在釋録唐代墓誌時，往往不識或誤釋，從而影響到對墓誌文意的正確理解。鑒於此，本文選取唐代墓誌中的俗字22例試作考釋。不當之處，敬請方家指正。

一、未釋字考

唐代墓誌中的俗體字，常常與他字的正體或俗體混同，需要經過考釋纔能揭示

* 本文爲國家社會科學基金重點項目“唐代墓誌疑難字考釋”（批准編號：18AYY017）的階段性研究成果。

其真面目。今人在釋録唐代墓誌時，因爲不識俗字，所以常常照録原形。這樣處理雖比較嚴謹，但無助於讀者理解文意。所以對於未釋俗字，有必要加以考釋，揭示其正字。以下列舉唐代墓誌中的11例未釋俗字加以考釋。

1. 唐裴寂墓誌：“封豕長虵，因機電發；共巾青犢，候隟風馳。万乘於此土崩，九縣由斯愊裂。”（《珍稀》45）[①]

按：“共巾”費解。“共”拓本作“共”，據文意當是“黄”字俗訛。“黄巾”“青犢”皆代指造反的人，這裏指隋末各地蜂起的割據勢力。唐韓長墓誌：“屬隋季云終，天下騷動，黄巾之群聚結，青犢之黨縱横。”（《北圖》13/10）[②]“黄巾”“青犢”對文同義，可以比參。

“愊”拓本作“愊”，據文意當是“幅”字俗寫，“巾”“忄”二旁相亂爲俗書通例。“幅裂”謂如布帛的撕裂，與“土崩”一樣，皆喻指天下大亂。

王慶衛《新見初唐名臣裴寂墓誌及相關問題》一文亦録作“共”“愊”而失校[③]。

2. 唐裴寂墓誌：“義師爰集，蒙授金紫光禄大夫；霜朝初建，擢爲大將軍府長史。諒由唐年元愷，委質虞庭；漢代賈荀，當官魏㤉。”

（《珍稀》46）

按：“霜朝”費解。“霜”拓本作“霜”，據文意當是“霸”字俗訛。“霸朝”指割據一方的政權，這裏指李淵初起兵時建立的大將軍府。《舊唐書》卷一《高祖紀》：“（大業十三年六月）癸巳，建大將軍府……裴寂爲大將軍府長史。”[④]“霸”漢隸或作“霸”（流沙簡 • 簡牘5. 10）[⑤]、“霸”（居317. 21）[⑥]等形。後世承之，如北周宇文貞墓誌“匹黄霸之重守潁川”作“霸”[⑦]，北周朱緒墓誌“曾祖霸”作“霸”[⑧]，左下形似“手”，俗書進一步變作“扌”形，如魏王導墓誌“會稽之頌張霸”作“霸”（《蒐續》73）[⑨]，隋豆盧寔墓誌“功在霸圖”作“霸”（《北圖》10/84）。此類字形與“霜”形近，因而與“霜”訛混。王慶衛《新見初唐名臣裴寂墓誌及相關問題》一文亦録作“霜”而失校（222）。

“㤉”拓本作“㤉”，當是“幄”字俗寫。魏高照容墓誌“爰接帝幄”之

①胡戟：《珍稀墓誌百品》（簡稱《珍稀》），陝西師範大學出版社，2016年。

②北京圖書館金石組：《北京圖書馆藏中國歷代石刻拓本匯編》（簡稱《北圖》），中州古籍出版社，1989年。斜綫前的數字表册數，後表頁數，下同。

③王慶衛：《新見初唐名臣裴寂墓誌及相關問題》，《中國中古史集刊》第二輯，2016年，第222頁。

④（後晉）劉昫等：《舊唐書》，中華書局，1975年，第3頁。

⑤漢語大字典字形組：《秦漢魏晉篆隸字形表》，四川辭書出版社，1985年，第461頁。

⑥王夢鷗：《漢簡文字類編》，臺北藝文印書館，1974年，第116頁。

⑦毛遠明：《西南大學新藏墓誌集釋》，鳳凰出版社，2018年，第93頁。

⑧胡海帆、湯燕：《1996—2017北京大學圖書館新藏金石拓本菁華（續編）》，北京大學出版社，2018年，第162頁。

⑨趙文成、趙君平：《秦晉豫新出墓誌蒐佚續編》（簡稱《蒐續》），國家圖書館出版社，2015年。

"幄"作"幄"[①]，魏奚真墓誌"幃謀幄議"作"幄"（《北圖》4/156），皆其比。"由"當讀作"猶"。此處以八元、八愷、賈詡、荀彧與誌主相比擬。王慶衛《新見初唐名臣裴寂墓誌及相關問題》一文録作"握"，非是。

3．唐王贇墓誌："然則布濩前哲，涣汙後昆。靈根祉葉，有自來矣。"（《珍稀》55）

按："涣汙"不辭。"汙"拓本作"汙"，當是"汗"字俗訛。"干""于"二旁形近，俗書常相亂，故"汗"俗書或訛作"汙"，如北齊雲榮墓誌"波流於是浩汗"之"汗"作"汙"（《校注》10/36）[②]，隋萬寶墓誌"配東南道行臺步大汗薩至合州"作"汙"（《蒐續》180），隋曹大墓誌"泉源浩汗"作"汙"（《山東石刻分類全集》5/111）[③]，隋荀君妻宋玉豔墓誌"洪源浩汗"作"汙"（《隋彙》5/134）[④]，唐韓承墓誌"長源涣汗"作"汙"（《北圖》13/82），《可洪音義》"汗"或作"汙"（《可研》471）[⑤]，皆其例。"涣汗""布濩"對文同義，是流布、遍布之義。

4．唐王贇墓誌："曾祖仁，魏大將軍，疊州諸軍事，疊州都督，蘭香縣開國公。伯寧持譽，淮海方其總戎；君久無伐，膠東同其昨（胙）土。"（《珍稀》55）

按："久"拓本作"久"，據文意當是"文"字俗訛。君文是東漢賈復之字。《後漢書》卷一七《賈復傳》："帝以復敢深入，希令遠征，而壯其勇節，常自從之，故復少方面之勳。諸將每論功自伐，復未嘗有言。帝輒曰：'賈君之功，我自知之。'十三年，定封膠東侯，食郁秩、壯武、下密、即墨、梃、觀陽，凡六縣。"[⑥]即出此。"文""久"俗書或相混。魏高樹解伯都等造像記"高文成"之"文"作"久"（《北圖》3/55），東魏元湛妃王令媛墓誌"宋太宰江夏文獻王"作"久"（《北圖》6/108）。"久"俗書亦可寫作此形，如魏侯剛墓誌"金石載於永久"之"久"作"久"（《北圖》5/36），隋吕武墓誌"久畜雄心"作"久"（《隋彙》2/100）。因此，"文"俗書或與"久"相混，如隋楊乂墓誌"服君文之從學"之"文"作"久"（《隋彙》1/277），是其切證。"伯寧"是滿寵之字，代曹休督揚州諸軍事，拜征東將軍，與吴相抗，屢挫吴軍，見《三國志·魏書》卷二六本傳。這裏是將誌主曾祖與滿寵、賈復相比擬。

①洛陽市文物局：《洛陽出土北魏墓誌選編》，科學出版社，2001年，第283頁。
②毛遠明：《漢魏六朝碑刻校注》（簡稱《校注》），綫裝書局，2009年。
③《山東石刻分類全集》編輯委員會：《山東石刻分類全集》，青島出版社，2013年。
④王其禕、周曉薇：《隋代墓誌銘彙考》（簡稱《隋彙》），綫裝書局，2008年。
⑤韓小荆：《〈可洪音義〉研究——以文字爲中心》（簡稱《可研》），巴蜀書社，2009年。
⑥（南朝宋）范曄：《後漢書》，中華書局，1965年，第666—667頁。

5. 唐李繼叔墓誌：“恐簡蠹無傳，形圖或⿰土虒，式鐫玄石，乃作銘云。”（《唐彙》35）[1]

按：“⿰土虒”拓本作“⿰土虒”，右旁爲“虒”俗寫，其字當是“褫”的俗字。《四聲篇海·土部》引《搜真玉鏡》：“⿰土虒，音持。”（322b）[2]《篇海類編·地理類·土部》：“⿰土虒，丈几切，讀如治，落也。”[3]《漢語俗字叢考》指出“⿰土虒”“⿰土虒”皆當是“褫”字俗寫[4]，是也[5]。誌文“褫”是褫落、崩壞義。句謂簡册會遭蟲蛀，塑像終會崩毀，故而將誌主事迹鐫刻於誌石，以流傳後世。《附考》（1/203）[6]、《新編》（20/13765）[7]、《補遺》（1/477）[8]亦皆録作“⿰土虒”而無説。

6. 唐韓長墓誌：“父節，隋南陽郡淉陽縣長。”（《唐彙》234）

按：“淉”拓本如此，《隋書·地理志》南陽郡下有課陽縣，注云：“舊曰涅陽，開皇初改焉。有課水、涅水。”[9]“淉”即“課”涉義换旁俗字，與《説文·水部》讀同“果”的“淉”非一字。《附考》（3/389）、《新編》（20/13976）、《補遺》（6/254）亦皆録作“淉”而無説。

唐韋長詮墓誌：“大夫人張氏，南陽白水人。父光，周使持節，儀同三司，萬、巴二州諸軍事，二州刺史，淉陽縣開國子。”（《珍稀》53）“淉”亦當是“課”的换旁俗字。

7. 唐成君妻劉尚墓誌：“夫人性洽安貧，不求榮利，射儉節用，無思□禮，温柔控性，婉順居心。”（《補遺》3/387）

按：“射”拓本作“射”，據文意當是“躬”字俗訛。《詩·周南·葛覃》小序云：“《葛覃》，后妃之本也。后妃在父母家，則志在於女功之事，躬儉節用，服澣濯之衣，尊敬師傅，則可以歸安父母，化天下以婦道也。”（《十三經注疏》276c）[10]“躬儉節用”即出此，這裏用來稱贊誌主勤儉持家。《唐彙》（417）、《新編》（20/14151）録作“財”，亦非。

缺字拓本作“□”，據殘存字形和文意，當是“犯”字。《詩·周南·漢廣》：“南有喬木，不可休息。漢有游女，不可求思。”鄭箋：“木以高其枝葉

①周紹良、趙超：《唐代墓誌彙編》（簡稱《唐彙》），上海古籍出版社，1992年。

②（金）韓道昭：《成化丁亥重刊改併五音類聚四聲篇海》（簡稱《四聲篇海》），《續修四庫全書》229册影印明成化刻本，上海古籍出版社，1996年。

③舊題（明）宋濂：《篇海類編》，《續修四庫全書》229册影印明刻本，第623頁下欄。

④張涌泉：《漢語俗字叢考》，中華書局，2000年，第188、1192頁。

⑤“褫”俗從土旁，另參鄭賢章《〈新集藏經音義隨函録〉研究》，湖南師範大學出版社，2007年，第117頁；《可研》388頁。

⑥毛漢光主編：《唐代墓誌銘彙編附考》（簡稱《附考》），“中央研究院”歷史語言研究所，1983—1995年。

⑦周紹良主編：《全唐文新編》（簡稱《新編》），吉林文史出版社，2000年。

⑧吴鋼主編：《全唐文補遺》（簡稱《補遺》）第一至九輯，三秦出版社，1994—2007年。

⑨（唐）魏徵等：《隋書》，中華書局，1973年，第841頁。

⑩（清）阮元校刻：《十三經注疏》，中華書局，1980年。

之故，故人不得就而止息也。興者，喻賢女雖出游流水之上，人無欲求犯礼者，亦由貞絜使之然。”小序云：“《漢廣》，德廣所及也。文王之道被于南國，美化行乎江漢之域，無思犯禮，求而不可得也。”（《十三經注疏》281c—282a）“無思犯禮”即出此，用來稱贊誌主貞潔不可犯。《唐彙》《新編》録作“厄”，非是。

8．唐王公度墓誌：“任屈掾曹，器乃邦棟。祥刀未襲，瓊魂入夢。嗚呼蒼旻，殲我貞淳。”（《唐彙》1556）

按：“魂”拓本作“魂”，單看字形確是“魂”，此處則當是“瑰”字俗訛。“瓊瑰入夢”典出《左傳》成公十七年：“初，聲伯夢涉洹，或與己瓊瑰食之，泣而爲瓊瑰盈其懷，從而歌之曰：‘濟洹之水，贈我以瓊瑰。歸乎歸乎，瓊瑰盈吾懷乎。’懼不敢占也。還自鄭，壬申，至于貍脤而占之，曰：‘余恐死，故不敢占也。今衆繁而從余三年矣，無傷也。’言之，之莫而卒。”（《十三經注疏》1921c）此處以“瓊瑰入夢”作爲死亡的婉稱。《新編》（22/15189）、《補遺》（2/533）亦録作“魂”而無説。

9．唐史從慶墓誌：“降□秦漢，逮於齊梁，曳長裙以修詞，披短褐而棲志，其令名可知也。”（《唐彙》2285）

按：“裙”拓本作“裙”，據文意當是“裾”字俗訛。“居”“君”形近，俗書常相亂，如 S. 5639《文樣 • 慶生子文》“捧翫而趙璧居懷”之“居”作“君”（《英藏》8/213b）[1]，《可洪音義》“裾”或作“裙”（《可研》524），皆其比。“曳長裾”指出仕，與“披短褐”（指隱居不仕）正相對。《漢書》卷五一《鄒陽傳》：“今臣盡智畢議，易精極慮，則無國不可奸；飾固陋之心，則何王之門不可曳長裾乎？”[2]“曳長裾”蓋出此。魏苟景墓誌：“粹衿内朗，雅韻外敷。捨兹巾褐，曳彼長裾。”（《校注》6/268）隋劉則墓誌：“曳長裾而赫弈，拖珠珮以鏗鏘，縉紳愛其軌範，習俗嘉其雲彩。”（《隋彙》4/139）唐李玄濟墓誌：“曳長裾而趨朱邸，奉筆菟園；陪後乘而謁紫宫，承華鳳闕。”[3]其中“曳長裾”義同，可以比參。《新編》（22/15466）、《補遺》（4/497）亦録作“裙”而無説。

10．唐張備妻李三娘墓誌：“早喪金夫，俄洞玉質。雖殊朝露，終同夜室。”（《唐彙續》210、682）[4]

按：“洞”拓本作“洞”，據文意當是“凋”字俗訛，“凋”與“喪”對文同義。“周”旁俗書或訛作“同”，如隋康寶足墓誌“縱橫倜儻”之“倜”作

① 中國社會科學院歷史研究所等：《英藏敦煌文獻（漢文佛經以外部份）》（簡稱《英藏》），四川人民出版社，1990—1995年。

②（漢）班固：《漢書》，中華書局，1962年，第2340頁。

③趙力光：《西安碑林博物館新藏墓誌彙編》，綫裝書局，2007年，第79頁。

④周紹良、趙超主編：《唐代墓誌彙編續集》（簡稱《唐彙續》），上海古籍出版社，2001年。

“侗”（《蒐續》190），P. 2237V《患文》“未蒙調減”之“調”作“詷”（《法藏》9/317b）[①]，《名義·女部》“婤”字下釋文“周”作“同”（24b）[②]，《龍龕·走部》“趒”字下釋文“凋”作“洞”（325）[③]，皆其比。《新編》（21/14341）、《補遺》（5/174）亦録作“洞”而無説。

11. 唐索謙墓誌：“懷珠韞玉，紐蘭佩芷。”（《補遺》3/355）

按：“紐”拓本作“紐”，據文意當是“紉”字俗訛。魏孝文帝《弔比干文》“紉蕙芷以爲紳兮”之“紉”作“紐”（《北圖》3/21），北齊高建墓誌“紉蘭佩芷”作“紐”（《校注》8/370），《可洪音義》“紉”或作“紐”（《可研》653），皆其比。《離騷》：“扈江離與辟芷兮，紉秋蘭以爲佩。”“紉蘭佩芷”即出此。魏楊逸墓誌：“握珠把玉，紉蘭佩芷。”（《蒐續》83）亦可比參。《新編》（20/13958）、《唐彙續》（77）亦皆録作“紐”而無説。

二、誤釋字考

唐代墓誌中的俗體字，今人釋録時還往往會認錯，從而給讀者閱讀和研究墓誌造成障礙，甚至會誤導讀者。所以對於誤釋俗字，尤其需要加以考釋，以糾正錯誤的釋讀意見。以下列舉唐代墓誌中的11例誤釋俗字加以考釋。

12. 唐裴寂墓誌：“文梓纔生，有識知其構夏；明珠始育，僉議歸其照車。許之遠大，彰乎⿱髟⿱左月髮。”（《珍稀》45）

按：“⿱髟⿱左月”字書不收，“⿱髟⿱左月髮”費解。“⿱髟⿱左月髮”拓本作“鬌髮”，應是“鬌髮”二字俗寫。前者如《名義·食部》“⿰食⿱左月”寫作“⿰食⿱左月”（92b），《可洪音義》“惰”或作“惰”（《可研》431），“⿱左月”旁寫法相同，可以比參。後者如魏元悌墓誌“髟髮行謡”之“髮”作“髮”（《北圖》5/86），北齊元君妻韓華墓誌“鬒髮如雲”作“髮”（《圖録》183），隋楊文思墓誌“公髻髮從戎”作“髮”（《隋彙》4/331），唐張妃墓誌“投身布髮之檀”作“髮”（《北圖》11/60），皆其比。《禮記·内則》：“三月之末，擇日翦髮爲鬌，男角女羈。”（《十三經注疏》1469c）“鬌”指儿童剪髮後留下的一部分頭髮，“鬌髮”代指童年。句謂誌主自幼童時，即被認爲有遠大前程。王慶衛《新見初唐名臣裴寂墓誌及相關問題》一文釋作“髫”（221），亦非。

①上海古籍出版社、法國國家圖書館：《法藏敦煌西域文獻》（簡稱《法藏》），上海古籍出版社，1994—2005年。

②［日］釋空海：《篆隸萬象名義》（簡稱《名義》），中華書局，1995年。

③（遼）釋行均：《龍龕手鏡》（簡稱《龍龕》），影印高麗本，中華書局，1985年。

13. 唐裴寂墓誌："加以沉機先物，望景知微。籌千變於桓晨，籠万象於方寸。"（《珍稀》45）

按："桓"同"豆"，"豆晨"不辭。"桓"拓本作"短"，應是"短"字俗寫。"短"字這樣寫，是繼承漢隸以來的寫法，如漢韓仁銘"不幸短命喪身"之"短"作"短"（《北圖》1/166），魏高貞碑"而不幸短命"作"短"（《北圖》4/143），魏司馬悦墓誌"脩短定期"作"短"（《校注》4/155），敦煌俗字"短"或作"短"（《敦典》93）[1]，皆其例。"短晨"即"短辰"，指很短的時間。句謂誌主能在極短的時間内，籌謀應對各種變化。王慶衛《新見初唐名臣裴寂墓誌及相關問題》一文同誤（221）。

14. 唐裴寂墓誌："如何不慗，翻乖與善。泉途黝黝，玄夜沉沉。"（《珍稀》46）

按："慗"拓本作"慭"，當是"慭"字俗寫。曹魏王基殘碑"曾不慭遺"之"慭"作"慭"（《北圖》2/18），東魏李挺墓誌"曾不慭留"作"慭"（《北圖》8/86），《名義・心部》"慭"寫作"慭"（73a），皆其比。"不慭"是哀悼誌主去世之語，墓誌習見。"不慗"則不辭，故非是。王慶衛《新見初唐名臣裴寂墓誌及相關問題》一文録作"整"（224），亦非。

唐李摩呼禄墓誌："何期享年永永，天不愗遺，殛疾嬰纏，無施藥餌。"[2]"愗"拓本作"慭"，據文意亦當是"慭"字，"天不慭遺"亦墓誌習語。唐内命婦王氏墓誌"遭罹不慭"作"慭"[3]，唐史光墓誌"天不慭遺"作"慭"（《北圖》29/31），字形皆相近，亦可比參。《揚州新發現唐代波斯人墓碑意義初探》録作"湣"[4]，亦誤。

15. 唐王贇墓誌："公筵抽嶰谷，即有宫商；質挺崐山，自然琬琰。"（《珍稀》55）

按："筵"拓本作"莛"。俗書"艸"頭與"竹"頭相混，"巠"旁與"巫"旁皆可寫作"㐫"，故"莛""筵"皆可寫作此形。前者如 S. 617《俗務要名林・木部》"莛，大耕反"之"莛"作"莛"（《英藏》2/96），P. 2940《齋琬文・慶皇猷第二》"芝草千莛"作"莛"（《法藏》20/178a），《可洪音義》"莛"或作"莛"（《可研》518）。後者如魏元詮墓誌"龜筵襲吉"之"筵"作"筵"（《北圖》4/1），北齊張宗憲墓誌"亦既筵賓"作"筵"（《蒐續》148），《可洪音義》"筵"或作"筵"（《可研》676）。此處據文意當是"莛"字。漢應劭《風俗通

①黄征：《敦煌俗字典》（簡稱《敦典》），上海教育出版社，2005年。

②周運中：《唐代揚州波斯人李摩呼禄墓誌研究》，《文博》2017年第6期，第69頁。

③陝西省考古研究院：《陝西省考古研究院新入藏墓誌》，上海古籍出版社，2019年，第72頁。

④鄭陽、陳德勇：《揚州新發現唐代波斯人墓碑意義初探》，《中國穆斯林》2015年第3期，第60頁。

義》卷六《聲音》：“昔皇（黄）帝使伶倫自大夏之西，崑崙之陰，取竹於嶰谷生，其竅厚均者，斷兩節而吹之，以爲黄鐘之管。”[①]即本此。此處將誌主比作嶰谷之竹、崐山之玉，天生美質。

16. 唐韓忠墓誌：“父寶，随（隋）朝散大夫，左監門中郎將，青州刺史，檢校青州都督，齊州黜陟大使，皇朝右監門中郎將，安州都督府長史，檢校趙王府事，上柱國，襄川公。毓智資神，日新允劭；懸衡稱物，月旦攸歸。故以德警皇華，濇川叶流星之使；道光帝子，叢臺襲曳裾之樂。”（《珍稀》63）

按：“濇”拓本作“濇”，當是“淄”字俗寫。“甾”旁俗書或寫作“啚”，如隋張波墓誌“涅而不緇”之“緇”作“繬”（《隋彙》5/163），隋甯贙碑“冀州臨淄人也”之“淄”作“濇”（《北圖》10/25），《玉篇·艸部》“菑”或作“薔”[②]，皆其例。“德警皇華，淄川叶流星之使”是指韓寶任齊州黜陟大使而言，齊州境内有淄水流過，故以淄川指代齊州。下文“道光帝子，叢臺襲曳裾之樂”是指其任檢校趙王府事而言，叢臺是戰國趙王之臺，故以叢臺指代趙地。《羌族石刻文獻集成》照録原形而未釋（2/673）[③]。

17. 唐韓忠墓誌：“豈非祕延陰慶，遽闢高門；筮仕元亨，克昭後大。”（《珍稀》63）

按：“祕”拓本作“〓”，右從心，其字當是“祉”字俗寫。“止”俗作“〓”[④]，與“心”形近，俗書遂與“心”相混。如東魏明賚墓誌“歷官外内”之“歷”作“〓”（《山東石刻分類全集》5/48），《可洪音義》“企”或作“〓”（《可研》631），“阯”或作“〓”（《可研》826），“沚”或作“沁”（《可研》826），皆其例。“祉”訓福，“祉延陰慶”指因神靈保佑而福禄延長。《漢書》卷七一《于定國傳》：“始定國父于公，其閭門壞，父老方共治之。于公謂曰：‘少高大閭門，令容駟馬高蓋車。我治獄多陰德，未嘗有所冤，子孫必有興者。’至定國爲丞相，永爲御史大夫，封侯傳世云。”[⑤]“祉延陰慶，遽闢高門”即出此。《羌族石刻文獻集成》照録原形而未釋（2/673）。

18. 唐甯裕妻程文亮墓誌：“屬隨季沸騰，兵荒荐及，糲糧貴於浙玉，芻蕘重於炊桂。”[⑥]

按：“浙玉”費解。“浙”拓本作“淅”，俗書“浙”“淅”皆可寫作此形，

①王利器：《風俗通義校注》，中華書局，1981年，第273頁。

②（宋）陳彭年等：《大廣益會玉篇》，中華書局，1987年，第66頁下欄。

③曾曉梅、吴明冉：《羌族石刻文獻集成》，巴蜀書社，2017年。

④（唐）顔元孫：《干禄字書》，影印明拓本，紫禁城出版社，1990年，第36頁。

⑤（漢）班固：《漢書》，第3046頁。

⑥鄒林：《新見〈唐上輕車都尉甯裕妻程文亮墓誌〉考》，《中國國家博物館館刊》2019年第2期，第63頁。

此處據文意當是“淅”字俗寫。《説文 • 水部》：“淅，汏米也。”“淅”是淘米之義，與下文的“炊”對文，義亦相關。韓愈、孟郊《城南聯句》：“庖霜膾玄鯽，淅玉炊香粳。”“淅”王元啓、方成珪校作“淅”[①]，是也，“淅玉”指淘洗晶瑩如玉之上等米。上引誌文中的“淅玉”，則是指晶瑩如玉之上等米。句謂隋末兵荒馬亂，生活艱辛，連極平常之粗糧、柴草也不易得，十分寶貴。

19. 唐楊仁方墓誌：“若迺山開高掌，河浮録錯，固以地出精靈，人挺英俊。”（《唐彙》151）

按：“録”拓本作“𨩍”，當是“緑”之類化换旁俗字（受下“錯”字類化）。其字右旁是“录”之俗訛，如《可洪音義》“緑”或作“綠”（《可研》572），是其證。《水經注》卷一五《洛水》：“舜又習堯禮，沈書於日稷，赤光起，玄龜負書，至於稷下，榮光休至，黄龍卷甲，舒圖壇畔，赤文緑錯以授舜。舜以禪禹。”[②]“河浮緑錯”即本此。魏元壽安墓誌：“赤文緑錯之權輿，壽丘華渚之閥閲，豈生商之可侔，何作周之云比。”（《北圖》5/42）魏元融墓誌：“葳蕤赤文，氛氲緑錯。帝圖爰炳，玄功已爍。”（《北圖》5/60）出典相同，皆其比。誌主爲弘農楊氏，“山開高掌，河浮緑錯”，即指弘農一帶，境内有華山、黄河。此處是説弘農楊氏人傑地靈，賢俊輩出。隋楊欽墓誌：“公桑梓關輔，向背川岳，禀長河之浚靈，蘊高掌之秀氣。”（《隋彙》2/319）楊欽亦是弘農楊氏，可以比參。《附考》（2/335）、《新編》（20/13891）亦皆誤作“録”。《補遺》録作“錄”（2/114），也不識其字。

20. 唐李景逸墓誌：“夫人秦氏，夙夙母儀，三從早著，有蓋姜之德，習曹誡之功，温良可恭，節操之志。”（《唐彙》1987）

按：“蓋”拓本作“盖”，此處當是“孟”字俗訛。“孟”俗書或與“盖”相混，如《可洪音義》“孟”或作“盖”（《可研》586），《龍龕 • 虫部》“蜢”俗作“蟏”（223），《四聲篇海 • 力部》“勐（猛）”俗作“勐”（511a），皆其比。《詩 • 鄭風 • 有女同車》：“彼美孟姜，德音不忘。”鄭箋：“不忘者，後世傳其道德。”（《十三經注疏》341c）“孟姜之德”即本此。《新編》（12/8171）、《補遺》（3/161）同誤。

21. 唐陳頣墓誌：“公諱頣，字志一，陳文帝子江夏王之曾孫。”

（《唐彙》1335）

按：“頣”拓本作“頲”，左旁應是“廷”俗寫，其字當是“頲”字俗寫。

①曲守元、常思春：《韓愈全集校注》，四川大學出版社，1996年，第1023、1043頁。

②（北魏）酈道元注，（清）楊守敬、熊會貞疏，段熙仲點校，陳橋驛復校：《水經注疏》，江蘇古籍出版社，1989年，第1332頁。

唐同州司户參軍韋涵墓誌“次男頙”之“頙”作“頣”[1]，《裴韻·冥韻》“頙”寫作“頤”[2]，皆其比。《千唐誌齋藏誌》[3]、《附考》（18/415）、《隋唐五代墓誌匯編·洛陽卷》（9/177）[4]、《新編》（6/3781）、《補遺》（2/473）、《洛陽出土石刻時地記》[5]、《新出唐墓誌百種》[6]同誤。

22. 唐宇文述墓誌：“公諱述，字伯通，遼西貝城人。”（《珍稀》253）

按：“貝”拓本作“𠘨”，當是“凡”字俗寫。如敦煌俗字“凡”或作“𠘨”（《敦典》106），《名義·二部》“凡”寫作“凢”（3a），《可洪音義》“帆”或作“忛”（《可研》436），“汎”或作“氾”（《可研》437），皆可以比參。“凡城”在今河北省平泉市南，見於《三國志·魏書·烏丸傳》《晉書·地理志上》《魏書·馮文通傳》等。《隋書·宇文述傳》稱其爲代郡武川人，與墓誌不同。考《新唐書·宰相世系表》，宇文氏出自匈奴南單于之裔，至普迴號宇文氏，其子莫那自陰山徙居遼西。至佚豆歸，爲慕容皝所滅，其子拔拔陵陵仕後魏，以豪傑徙居代州（郡）武川。宇文述先祖本爲費也頭氏，臣屬佚豆歸，後從其主亦稱宇文氏。可見宇文氏曾經二遷：由陰山遷至遼西，又由遼西遷至武川。凡城古屬遼西郡，蓋宇文氏曾遷居於此，故宇文述墓誌稱爲凡城人，而《隋書》稱爲武川人，是因爲前者據第一次遷居地而言，後者據第二次遷居地而言，二者並不矛盾。賀華《隋〈宇文述墓誌〉述略》和樊波、李舉綱《〈隋書·宇文述傳〉與新見〈宇文述墓誌〉比事》二文亦皆將“𠘨”誤釋作“貝”[7]，後者又稱“遼西貝城僅此一例，是歷史的失載還是另有原因，尚無法確知，故宇文述的籍貫存疑待考”。這就是因爲釋字錯誤而導致古遼西郡下出現“貝城”這樣一個子虛烏有的地名，可見根據墓誌材料研究歷史，不能不以正確釋字爲基本前提。

①陝西省考古研究院：《陝西省考古研究院新入藏墓誌》，上海古籍出版社，2019年，第80頁。

②周祖謨：《唐五代韻書集存》，中華書局，1983年，第555頁。

③河南省文物研究所、河南省洛陽地區文管處：《千唐誌齋藏誌》，文物出版社，1984年，第675頁。

④《隋唐五代墓誌匯編》編輯委員會：《隋唐五代墓誌匯編》，天津古籍出版社，1991—1992年。

⑤郭玉堂：《洛陽出土石刻時地記》，大象出版社，2005年，第239頁。

⑥趙文成、趙君平：《新出唐墓誌百種》，西泠印社出版社，2010年，第128頁。

⑦賀華：《隋〈宇文述墓誌〉述略》，《碑林集刊》第13輯（2007年），第262頁；樊波、李舉綱：《〈隋書·宇文述傳〉與新見〈宇文述墓誌〉比事》，《碑林集刊》第14輯（2008年），第232頁。

Interpretation of Vulgar Forms in the Grave-Tablet Inscriptions of the Tang Dynasty

Liang Chunsheng

Abstract: There are many vulgar forms in the grave-tablet inscriptions of the Tang dynasty, some of them are still unrecognized or mistaken. So it is still an important work to recognize these characters. This paper proposes new interpretations of 22 characters of this type and concludes that “共” should be “黄”, “霜” should be “霸”, “汙”should be “汗”, “久” should be “文”, “㙗” should be “褫”, “淉” should be “課”, “射” should be “躬”, “魂” should be “瑰”, “褐” should be “裾”, “洞” should be “凋”, “細” should be “紉”, “鬠髮” should be “髻髮”, “拉” should be “短”, “愁” should be “慭”, “莖” should be “莖”, “濇” should be “淄”, “祉” should be “祉”, “淅” should be “淅”, “錄” should be “緑”, “盂” should be “孟”, “頚” should be “頸”, “凢” should be “凡”.

Key Words: Tang dynasty; Grave-tablet inscription; vulgar forms

（梁春勝，河北大學文學院　保定　071000）

關於《西南大學新藏墓誌集釋》録文及注釋的幾個問題*

何　山

摘　要：《西南大學新藏墓誌集釋》著録259種北魏至五代新見墓誌文獻，大部分爲首次發表，於文史等相關研究價值突出。該書將拓片、提要、釋文和注釋相結合集中刊布，總體水平較高，堪稱流散碑誌文獻整理的典範之作。但該成果在文字釋讀考辨、字詞及史事注釋、行文體例、斷句標點等方面存在一些問題甚至錯誤，本文選擇典型實例分十四類進行校理，旨在爲该份材料的科学有效利用、後續相關文獻的整理與研究提供參考和借鑒。

關鍵詞：西南大學新藏墓誌；釋讀整理；疏誤；考辨；碑刻文獻與近代漢字研究

《西南大學新藏墓誌集釋》[①]（以下簡稱《新藏》）著録259種北魏至五代時期的新見墓誌，它們於近年出土，民間收藏，散在各地，由毛遠明先生於2010年開始到河南、陝西、河北、山西等地陸續訪求而得。材料時代明確，真實可靠，信息豐富，大部分爲首次發表，於文史等相關研究價值突出。《新藏》將拓片、提要、釋文和注解有機結合，集中刊布，方便實用，形式、内容等方面實現了普及性與學術性的較好融合。故該書既是一份較高水平成果，又堪稱流散碑誌文獻整理的典範之作。由於誌石長埋地下，石面侵蝕剥泐，文字殘損模糊不可避免。同時，這批誌銘俗體别字較多，有的形體怪異，部分字形書刻潦草；誌文多用典，一些語言生澀難懂；原石誤書誤刻現象時有發生。受這些因素綜合影響，該書在文字釋讀考辨、字詞及史事注釋、行文體例、斷句標點等方面存在一些問題甚至錯誤，不利於研究者科學、有效利用。爲更好發揮這批材料應有的學術價值，筆者仔細覆核《新藏》所刊拓片，有的還參以不同版本的誌石圖版，重點選擇較難判斷或帶普遍性的問題，

* 本文爲國家社會科學基金項目“宋遼金元石刻異體字研究及新見字字形譜”（15BYY115）、全國高校古委會項目“隋唐五代石刻新見字形整理及字譜編纂”（1709）、中央高校重點科研項目（SWU2009224）的階段性成果。匿名審稿專家曾提出寶貴修改意見，尤其指出了原文三之1和7、十三之1等的不足甚至錯誤，特致謝忱。

①毛遠明：《西南大學新藏墓誌集釋》，鳳凰出版社，2018年。

分十四類進行考辨、補正，以期盡可能呈現文獻原貌，使該書更好服務於相關學術研究，也爲後續類似文獻的整理與研究提供參考和借鑒。造成《新藏》釋録疏誤的影響因素往往不止一種，本文着眼主要因素進行分類，基本體例爲：先酌引《新藏》録文，其後標明出處，便於核驗；再對照拓片訂疑考誤。所涉字形盡量從拓片直接截取，以保持字形原貌，便於比較。

一、未辨同形字而誤

1. 北齊天保元年（550）《麴神墓誌》：“佩犢斯犇，櫰華自止。”（57/12[①]）

按：拓本“犇”同“奔”，本指疾走，誌文引申指爲某種目的而竭力從事某項工作。拓本“華”前之字作“櫰”，《新藏》按原刻字形照録作“櫰”，但“櫰”爲木名，於文意費解，恐誤。根據寫本文字構件變異之通例，“木”可能由“扌”變異而得，故“櫰”當爲“攘”的異體字，與櫰木之“櫰”同形。佩犢即“帶牛佩犢”之省縮，原指漢宣帝時渤海太守龔遂勸誘持刀劍起義的農民，放棄武裝鬥爭，轉而從事農耕，後喻指改業歸農。佩犢斯奔，謂百姓盡心忙碌於農桑；攘華自止，指盜取、浮華之亂象自動消失。兩句誌文用漢代著名循吏龔遂善治之典。典出《漢書•循吏傳•龔遂》：“至渤海界，郡聞新太守至，發兵以迎，遂皆遣還，移書敕屬縣悉罷逐捕盜賊吏。諸持鉏鉤田器者皆爲良民，吏毋得問，持兵者乃爲盜賊。遂單車獨行至府，郡中翕然，盜賊亦皆罷。渤海又多劫略相隨，聞遂教令，即時解散，棄其兵弩而持鉤鉏。盜賊於是悉平，民安土樂業。……遂見齊俗奢侈，好末技，不田作，乃躬率以儉約，勸民務農桑……民有帶持刀劍者，使賣劍買牛，賣刀買犢，曰：‘何爲帶牛佩犢！’春夏不得不趨田畝，秋冬課收斂，益蓄果實菱芡。勞來循行，郡中皆有蓄積，吏民皆富實。獄訟止息。”撰文者以龔遂作比，意在贊頌誌主麴神爲官以教化爲先，治理若解亂繩。麴氏之所以取得郡富民安、政平訟息的治理效果，乃因該誌前兩句誌文所言“君不日化行，朞月教立”。上引誌文應校理爲：佩犢斯犇，攘華自止。

2. 唐天寶四年（745）《張都護墓誌》：“遠爲杆守，善備不虞。”（466/9）

按：根據碑刻文字構件“扌”“木”訛混之通例，拓本“杆”或爲“扞”之異體，與表木名之“杆”同形。扞，抵禦、保衛。《漢書 • 鄒陽傳》：“此四分五裂之國，權不足以自守，勁不足以扞寇。”顔師古注：“扞，禦也。”北魏熙平

①數碼具體指拓片所在頁碼及引用誌文在拓片中的起始行數。下同。

二年（517）《元萇墓誌》：“内任腹心，外蕃維扞。”①孝昌二年（526）《銀青光禄大夫于纂墓誌》：“扞城既委，夙夜攸在。”皆其例。兩句誌文是説長遠謀劃抵禦及防守，有備無患。《新藏》照録“杅”字，並注云：“杅，通‘扞’，通‘捍’。”其分析稍顯迂曲，恐欠妥當。

3. 唐咸通十五年（874）《李又玄夫人邵氏墓誌》：“寃號待機，温顔渺茫。”（700/30）

按：《新藏》所録之“待”拓本作“侍”。其後的字形作“机”，可轉寫爲“机”，《新藏》録文作“機”。但“待機”於文意費解，恐誤。細品誌銘之意，原刻“侍”應是表侍奉義的“侍”字；“机”乃“踞几”之“几”的加形異體字，而非表“弩牙”之“機”的簡體字“机”，兩者僅爲同形關係，且後者大概是現代簡化字才有的。因此，誌銘“侍机”即“侍几”，謂守侍几筵。几筵，猶几席，乃祭祀的席位，誌銘指稱靈座。《墨子·節葬下》：“諸侯死者……又必多爲屋幕、鼎鼓、几梴、壺濫、戈劍、羽旄、齒革，寢而埋之。”《國語·周語上》：“設桑主，布几筵。”寃號，悲傷痛哭。上引銘文表達夫人邵氏離世，後輩們懷着無比悲痛的心情爲其守靈服喪。其他碑誌文有類似表述。如北周建德四年（575）《叱羅協墓誌》：“奉侍几筵，非復温凊之日。”東魏元象元年（538）《崔混墓誌》：“君時在疚，守侍几筵。”《新藏》録文應校理爲：寃號侍几，温顔渺茫。

另，該誌前文有云：“夫人自鄜延計院護柱史机櫬。”（700/13）其“机”《新藏》按原刻字形照録，並注云：“机櫬：棺柩，即内棺，爲親身之棺。”注文雖列“机櫬”一語，但實際僅解釋了“櫬”的涵義，表明整理者未詳“机”之所指。根據上文分析，此處“机”仍爲“踞几”之“几”的加形異體字，表靈座。該句誌文是説夫人護送柱史靈座和棺柩，於是緊接兩句誌文交代其具體歸葬之地：“歸萬年縣洪原鄉張屈村，祔曾王父尚書主客郎中全藝大塋之北。”可見，將“机”認同爲“几”，既符合撰者之意，又與文意、邏輯相諧。

二、不辨形近字而誤

1. 北魏永安二年（529）《楊倪墓誌》：“刊石記年，言功未蓋。”（9/13）

按：《新藏》所録之“蓋”拓本作“盖”，字形相近而又有區別，前者於文意

①本文所涉碑誌文獻和字形材料如未特别注明，均出自“漢至清石刻語料庫”，恕不一一作注。

費解，恐非。其實該字乃“盡”的簡省俗字。北魏正始元年（504）《九級浮圖碑》之“盡”，西魏大統十三年（547）《陳神姜等人造像記》之“盡”，兩者均爲“盡”之異體，可資比勘。待考字形左上之點畫或爲贅筆，或爲泐痕，成爲影響字形辨别的關鍵因素。“言功未盡”意謂誌主功績很大，難以盡陳。王連龍《新見北朝墓誌集釋》（《新見集釋》）録文作“盡”[①]，是也。

2. 北周天和五年（570）《婁洽墓誌》：“君普樂公之次子，承華蘭桂，稟潤璵瑤。”（87/5）

按：《新藏》所録之“瑤”拓本作“璠”，兩字形明顯不合，“璵瑤”不辭，恐誤。細審原刻字形，其右邊作“畨”，此乃“番”之常見省筆字形，故待考字應爲“璠”。璵璠，寶玉，比喻傑出人才，正與文意相合。碑刻有其他用例。東漢建寧元年（168）《楊統碑》：“帝嘉其忠臣之苗，器其璵璠之質。”北魏正光五年（524）《元謐墓誌》：“國沉梁棟，家喪璵璠。”太昌元年（532）《元襲墓誌》：“篤生琬琰，誕出璵璠。”上引誌文“承華蘭桂，稟潤璵璠”，意在贊頌誌主婁洽乃美才盛德的優秀子孫。楊寧《近五年（2008—2012）新見漢魏六朝石刻搜集與整理》已將該字録作“璠”[②]，應予參考採納。

3. 唐永徽三年（652）《安樂公夫人秦玉勝墓誌》：“水碎明珠，崖衰芳草。”（206/28）

按：《新藏》所録之“崖”拓本作“岸”。查檢碑刻文字，未見“崖”作此形者，而“岸”有類似字形。如明萬曆六年（1578）《無窮禪師小像讚》“涯岸美惡”之“岸”作“岸”，與待考字構形一致。北魏建義元年（528）《元周安墓誌》“高岸難尋”之“岸”作“岸”，其構件“干”竪筆向上穿插而作“干”。“干”增横筆，則變爲待考字右下構件“丰”。“岸”可視爲“岸→岸”的過渡形體。儘管“崖”“岸”均可表水边高起之地，並與文意相合，但因後者與待考字能够建立更緊密的形體聯繫，故“岸”應爲“岸”，而非《新藏》所釋之“崖”。

4. 唐麟德二年（665）《房德墓誌》：“從授彭王府倉曹參軍，兼遂州都督府功曹參軍。”（234/19）

按：《新藏》所録之“從”拓本作“從”。據碑刻文字形體變異規律，“從”右上構件常變異作“丷”，而“徙”右上常變異作“业”，則待考字爲“徙”的可能性更大，且“從授”於句意不諧。徙，有調動義，與“授”搭配，相當於“改除”“改任”等語，表調動並任命，與文意相合。碑刻文獻常見類似表述。唐上元三年（676）《韋慶本墓誌》：“久之，徙授洪州都督府長史。”武周長安二年

①王連龍：《新見北朝墓誌集釋》（中國書籍出版社，2012年，第67頁）收録該誌，題名《楊兒墓誌》。

②楊寧：《近五年（2008—2012）新見漢魏六朝石刻搜集與整理》，西南大學2014年碩士學位論文，第136頁。

（702）《樊文及前妻高氏墓誌》："徙授定州司馬，累加中大夫。"因此，不論字形還是文意，待考字都應爲"徙"字。該誌下文云："從除貝州司馬，遷雅州司馬。"（234/22）《新藏》所録之"從"，拓本作"徔"，亦應校改爲"徙"。同碑銘辭云："灰衡薦徙，羲望俄循。"其"徙"作"徔"，可資比勘。

《新藏》既誤"徙"爲"從"，又誤"從"爲"徙"。唐儀鳳元年（676）《辛澄墓誌》："鼓篋従師，綜蟻術而功倍。"（265/6）武周萬歲通天二年（697）《駱玄運墓誌》："桓譚非讖，屈徔六安之職。"（331/5）兩例中的"従""徔"均可轉寫爲"従"，乃"從"的常見異體，《新藏》均録作"徙"，誤。前例"從師"指跟隨老師學習。誌文謂墓主辛澄負篋隨師求學，勤奮努力，取得良好效果。後例《新藏》注云："徙，原刻微泐，但殘畫尚可見，録以備參。"原刻字形實爲"從"字。屈從，屈意順從。誌文是説因桓譚極言讖之非經，令帝不悦，遂命其任職六安，故曰"屈從"。唐代碑誌有類似用例。唐開元十年（722）《楊暉墓誌》："至開元八年，屈從常調，授青州參軍事。"開元十八年（730）《李承先墓誌》："未擢桂林之美，屈從門蔭之進。"唐貞元三年（787）《獨孤季膺墓誌》："故屈從常途，臨是鞏縣。"碑誌罕用"屈徙"。《新藏》未能準確把握"從""徙"俗體的區别特徵，因而誤混誤録。

5. 唐咸亨四年（673）《李文舉墓誌》："慕美前脩，奉御令弟見之矣。"（246/3）

按：拓本"美"前之字作"𥮧"，其各構字成分基本清晰，可轉寫作"纂"。根據寫本文字構件"艹""𥫗"變换之通例，此處"纂"當同"纂"，表繼承義。《爾雅•釋詁》："纂，繼也。"纂美前脩，繼承先人的美德。碑刻文獻有類似用例。東魏天平二年（535）《司馬昇墓誌》："君纂帝王之資，憑萬乘之胤。"北齊天保三年（552）《劉悦墓誌》："擾龍纂其基，斬蛇成其業。"唐天寶六年（747）《張去奢墓誌》："莫不居敬行簡，纂美前修。"由此可見，待考字應爲"纂"字無疑。《新藏》録文作"慕"，誤辨下部構件。

三、不辨訛俗字而誤

1. 唐開耀二年（682）《趙自慎墓誌》："靈文獻吉，瑞羽標埏。"（281/38）

按：拓本"靈"後之字作"叒"，當爲"爻"的訛變俗字。東魏興和三年（541）《元寶墓誌》："于時陽爻在六，世路威夷。"其"爻"作"叒"，與待考字形體基本相同，可證"叒"應爲"爻"字。《新藏》録文作"文"，並注云：

"本墓誌當讀作'文'，文意纔通暢。靈文，當指卜筮顯現的結果。靈文獻吉，卜筮選擇葬地、葬期，結果顯示吉祥，將要出殯安葬。"其分析有如下疑點：一是碑誌"靈文"常表贊頌、紀念性的文辭，未見此用法。如武周垂拱三年（687）《法果寺碑》："刻石靈文，紀豐碑而可固。"唐顯慶元年（656）《弘福寺首律師高德頌》："踵德波離，檀靈文之玉檢。"唐龍朔三年（663）《道因法師碑》："俾此靈文，永傳遐劫。"唐神龍三年（707）《楊承胤墓誌》："延閣靈文，王板金縢之記。"二是碑誌文與"瑞羽"對應者多爲靈瑞之事物或景象。唐總章三年（670）《楊上慈墓誌》："况乎瑞羽翻華，克著歸環之美；祥鱗絢采，亟聞升鉉之符。"唐上元二年（675）《裴師墓誌》："黑水裁坰，泛僊舟而獨下；姑射疏鎮，矯瑞羽而孤摶。"武周天授二年（691）《格善義妻斛斯氏墓誌》："是用修墳龍嶠，集瑞羽以挺哀；執紱龜川，儼靈騶而泫泣。"這些情況表明，上引"靈叐獻吉"之"靈叐"不能爲"靈文"，而應爲"靈爻"，指靈異的卦爻，與"瑞羽"正相對仗。按古代喪葬習俗，安葬死者前要通過占卜選擇吉時吉地，通常借助龜甲或蓍草進行卜問，稱爲龜筮，卜筮協吉則葬，不協則改。歷代墓誌文有相關記載。北魏延昌四年（515）《王禎墓誌》："卜遠戒期，龜筮襲吉。"永安二年（529）《元馗墓誌》："龜筮獻吉，先遠戒期。"上引兩句誌銘是説卜筮結果均顯示吉祥，即卦顯吉日，鳳標吉地。其占卜之物改用卦爻和靈鳳，爲古代碑誌卜筮文化研究增添了新的内涵。《西安碑林博物館新藏墓誌續編》（下簡稱《墓誌續編》）釋待考字作"爻"[①]，是也。其他文獻亦見用例。唐王勃《乾元殿頌》序："靈爻密發，八方昭《大有》之和；寶篆潛開，六合啓《同人》之會。"可見，考校此條材料，需緊密結合文字形體特徵、碑誌行文特點和古代祥瑞文化，進行綜合分析。

2. 武周垂拱三年（687）《高懷義墓誌》："石屏江汭，碧雞巖右。"（299/27）

按：拓本"石"後之字作"𡱝"，《新藏》録文作"屏"，明顯誤辨字形右下構件。該誌前文云："忠信徽猷，掩龜城而擅響；清廉雅譽，溢犀浦而馳聲。"上引銘文實爲該段序文的提煉，彼此存在照應關係。且其中的"犀"作"𡱝"，與上述"𡱝"構形基本一致。據此可斷定，待考字應爲"犀"。

3. 武周載初元年（689）《張斌墓誌》："四德褒躬，有切雞鳴之誡。"（310/13）

按：拓本"德"後之字作"𧚍"，其上爲"莊"之俗體，下爲構件"衣"，整字當爲"裝"的换聲異體字。《新藏》録文作"褒"，上部構件與原刻字形不合，

①趙力光：《西安碑林博物館新藏墓誌續編》，陝西師範大學出版社，2014年，第179頁。

誤。裝，飾也，藏也。《正字通 • 衣部》："裝，凡藏於心者亦曰裝。"躬，身也，己也。《禮記 • 樂記》："好惡無節於内，知誘於外，不能反躬，天理滅矣。"鄭玄注："躬，猶己也。"《爾雅 • 釋詁上》："躬，身也。"上引誌文意在表明誌主夫人蘇氏謹遵四德，並常以之爲誡，與其前兩句"三從履正，不忘螽羽之時"對舉，文意通暢。故《新藏》所録之"褎"應校改作"裝"。

4. 唐景雲二年（711）《衛俊墓誌》："君任上黨府校尉，居百夫之長，預七華之雄。"（351/9）

按：原刻"七"後一字作"苹"，應爲"萃"的簡體異體字。七萃，泛指天子的禁衛軍或精鋭部隊。唐代墓誌有較多用例。唐武德四年（621）《竇幹墓誌》："六師電邁，七萃飆發。"唐永徽五年（654）《尹暢墓誌》："英威七萃，功冠三軍。"唐調露二年（680）《藺武敵墓誌》："名超七萃，功冠三軍。"回到上引誌文，"上黨府校尉""百夫之長""七萃之雄"均與部隊有關，邏輯上是一致的。《新藏》録待考字作"華"，碑刻"華"罕有作如此簡省者，且"七華"不辭，意思費解，誤。該誌下文"卒於私第"之"卒"作"卆"，可佐證待考字應爲"萃"。

5. 唐開元十一年（723）《申屠玄墓誌》："鬻身無殆，延董永而何辭。"（382/15）

按：拓本"董"前之字作"迊"，左邊構件稍泐，但仍可辨其爲"辶"或"廴"之異寫。根據碑刻文字形體變異規律，待考字右上構件或爲"兀""𤴓"的變體。由此判斷，該字既可能爲"延"，又可能爲"匹"。《新藏》録文取前者。調查碑刻文獻"延""匹"二字的變異情況，"延"之構件"𤴓"多作"𠭥"，上部多作撇畫，左下部常帶鈎畫；而"匹"之構件"兀"或作"丅"，左下部通常無鈎畫。如：唐天寶四年（745）《張都護墓誌》："其後苗裔蔓延。""延"作"𨒂"。唐開元二十六年（738）《柳崇敬墓誌》"厥後德水誕靈"之"誕"作"誕"。唐大和六年（832）《裴清墓誌》"上延妣夫人"之"延"作"迊"。唐開成二年（837）《趙運墓誌》"所謂天道福善，神延其齡"之"延"作"迊"。相較而言，待考字當爲"匹"。從表義看，"延"與下句"比曾參而罔極"之"比"並不照應，而"匹""比"同義對舉，均表比配、相類義。

誌文此處用漢二十四孝之董永賣身葬父的典故。相傳董永爲東漢千乘（今山東博興）人，少偏孤，與父居。家貧，父亡無以葬，乃賣身爲奴，籌款而葬之。因孝義感動上蒼，天神派仙女求爲其妻，並爲其織縑償債。事見《太平御覽》卷四一一引劉向《孝子傳》、《太平廣記》五九引《搜神記》。撰文者以"董永""曾參"作比，贊頌誌主嗣子守忠等盡孝盡忠，勒銘永記雙親之美德。可見，上引誌文中的"迊"應釋爲"匹"，《新藏》録文當正之。

6. 唐開元二十年（732）《李德墓誌》：“輟想晗酸，罷機流涕。”（401/10）

按：原刻“酸”前之字作“唅”，爲“含”之加形異體字。碑刻有類似字例。北魏景明年間（500—503）《魏靈藏薛法紹等造像記》：“慧日潛暉，唅生銜道慕之痛。”《金石文字辨異·馬》：“唅生，有生命的衆生。唅，本作‘含’。”北齊天保八年（557）《劉碑造像銘》：“菩薩立侍，唅聲未吐。”唅，同“含”。《新藏》録“唅”作“晗”，誤辨左邊構件。晗，天色將明。《集韻·覃韻》：“晗，欲明也。”其詞義與誌文不吻合。而“含酸”指心含悲痛，與下句“流涕”正相對仗。故《新藏》所録之“晗”應校改爲“含”。

7. 唐長慶二年（822）《杜式方墓誌》：“南方昔歲寇盜，百姓十亡一存。”（574/14）

按：拓本“方”後之字作“”，《新藏》録文作“昔”，雖意思可通，但字形難合，恐非。因誌拓該字右下稍泐，容易影響字形辨認。排除干擾因素，可得字形“”，此即“仍”之異體，其典型形變特徵爲構件“亻”被移至字形的左上角。碑刻文字尤其是隸書文字有類似字例。如北魏太昌元年（532）《王温墓誌》之“僞”作“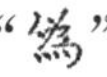”，唐開元十年（722）《董虔運墓誌》之“依”作“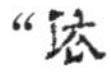”，唐天寶三年（744）《史思禮墓誌》之“佐”作“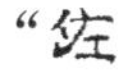”。“仍歲”即頻歲。文獻用例如《魏書·穆崇》：“若仍歲頻興，恐民力凋弊。”唐會昌元年（841）《李璆墓誌》：“俄以病免，仍歲寖劇。”唐大中十年（856）《孫景商墓誌》：“時黨羌仍歲擾邊，上怒，命宰相出征。”上引誌文表達南方連年遭受侵擾劫掠，老百姓存者十之一。此爲表現誌主卓越的治理能力埋下伏筆，於是墓誌後文云“公至則治”。故《新藏》所録之“昔”應改爲“仍”。

8. 唐大中八年（854）《宋晏繼室趙氏墓誌》：“桂月初團，逢朓朒。”（646/8）

按：拓本“朓朒”，《新藏》按原刻字形轉録；《西安碑林博物館新藏墓誌彙編》（下簡稱《彙編》）[①]摹録作“眺眴”，第二字右邊構件轉寫失真；兩書實際上均未明兩者爲何字。據碑刻文字構件“月”“目”訛混之通例，“朓”“朒”或均從月。“朒”右邊當爲“肉”之變體。東魏武定四年（546）《元融妃盧貴蘭墓誌》之“肉”，唐大中六年（852）《董惟靖墓誌》之“肉”，兩者均爲“肉”的俗體，“朒”右邊構件構形特徵與之大致相同。因此，原刻“朓朒”應分别爲“朓”“朒”。朓朒，同“朒朓”，指舊曆月初月見於東方和月末月見於西方。南朝宋謝莊《月賦》：“朒朓警闕，朏魄示冲。”李善注：“警闕謂朒朓失度，則警人君有所闕德。”每月朔晦變换，月亮有盈虧變化，誌文喻指趙氏以朒朓失度爲警示，讓

①趙力光：《西安碑林博物館新藏墓誌彙編》，綫裝書局，2007年，第776頁。

自己始終保持崇高品格，於是後文云其“於是松筠並操，冰雪渝堅”。因此，《新藏》所録之“眺䀇”應校改作“脁肭”。正如《新藏》注釋[七]所言，該句“句意不明，疑原刻有脱文”，但所脱之字無考。

9. 唐乾符六年（879）《樊思瑾墓誌》：“望期偕老，髽髪敗容。”（708/9）

按：原刻“容”前之字作“敳”，《新藏》録文作“敗”。碑誌“敗”未見如此寫法，亦未見“敗容”之文例，則待考字恐非“敗”。今謂該字應爲“毀”。碑誌有相關字例。唐開元二十年（732）《趙南山及妻郭氏墓誌》：“毀不滅性，視息苟存。”唐咸通八年（867）《劉府君及夫人墓誌》：“嗣子等杖經菅屨，柴毀其形。”其中的“毀”分别作“毀”“毁”，寫本文字構件“殳”“攵”常换用不别，故兩字形與待考字構形特徵相近，構形理據一致。

毀容，因居喪哀戚而儀容憔悴，誌銘“損容”與之義同，碑文常見用例。北魏正始二年（505）《崔隆墓誌》：“子嘉，舉秀才，哀慟毀容。”唐貞元十九年（803）《苗君夫人元氏墓誌》：“泣血過制，絶漿毀容。”武周神功元年（697）《朱仁表及妻梁氏墓誌》：“嗣子光庭、玄福，並欒棘毀容，羸瘠滅性。”髽髪，服喪之法，即以枲麻綫束頭髪，以示喪悼。上引誌文“髽髪毀容”表達因居喪而過度哀慟，以致面容憔悴。唐大中元年（847）《張亮墓誌》：“撫孤號慟，髽髪毀容。”其行文與待考字所在文句相同，可爲此條考釋提供直接證據。《新藏》所録之“敗”應校改作“毀”。

10. 唐乾寧四年（897）《閻府君夫人趙氏墓誌》：“祖諱則，伯諱瑜。万實亦諱珣。祖乃已列名誌。”（724/3）

按：拓本“實”前之字作“万”，《新藏》録文缺，當爲不識。據待考字構形特徵判斷，其寫法與“万”之異體非常接近。唐建中四年（783）《宋儼墓誌》：“榮枯萬世，惟德洋洋。”其“萬”作“万”。唐大中四年（850）《劉繼墓誌》：“而述冰清之德，萬無紀一。”又云：“唯餘芳聲，萬古不滅。”兩“萬”字分别作“万”“万”。唐大中九年（855）《盧子謇妻鄭氏墓誌》：“千齡萬代兮歸先墳。”其“萬”作“万”。“万”中“丁”之横筆向左穿插，乃這些字形的共同特徵。由此可知，待考字亦爲“万”，通作“萬”。該段誌文介紹趙氏夫人的祖、伯等之名諱，其中“万實”即“萬（万）實”，當爲其父之名，又諱珣。

此誌下文有云：“夫閻万忠，盡力家財。”（724/9）其“万”亦即“万”。《新藏》亦缺。“閻萬（万）忠”爲趙氏的丈夫，誌文記其“竭尽家財”安葬其妻趙氏，並立石勒銘。故《新藏》兩處缺文均應補作“万”。

四、失考殘泐字而缺誤

1. 東魏元象元年（538）《郭挺墓誌》：“君撫養有方，□導多致，嚴風未闡，惠化先敷。”（19/11）

按：拓本“導”前之字作“”，左邊構件作“糸”，右下部可辨構件“女”，右上部稍泐，《新藏》録文缺。據現存構件和殘畫推之，該字應爲“綏”。綏導，安撫引導。此乃文治化民的手段，既與儒家統治思想相合，又與上下文相承。其他碑刻亦見用例。北周建德三年（574）《張僧妙法師碑》：“才任綱維，德堪綏導。”唐貞觀二十一年（647）《樂善文墓誌》：“君綏導多方，化如風靡。”《新藏》缺録字應補爲“綏”。

2. 唐開元二十六年（738）《景晙墓誌》：“卒於綏德之里第，春秋廿九。”（420/10）

按：拓本“秋”後之字作“”，中間有泐痕，《新藏》録文作“廿”。據誌文，景晙“廿九，調補朔州司法參軍”；任職期滿，節度信安郡王“委以屯田之務於雲中”；又過了半年，因“患以日漸”，遂“棄事而歸”。這表明，誌主廿九歲以後還工作了相當長一段時間，如云其“春秋廿九”，豈不矛盾。故待考字不應是“廿”。諦視原刻字形，其中間的泐痕處隱約可見竪畫，去掉石花，可得字形“”，此爲“卅”之異寫。故誌主應“春秋卅九”，即享壽三十九歲。如此則前後文時間邏輯才相一致，也才與景晙實際履歷相符。《新藏》概因受石花干擾而誤釋。

3. 安慶緒大燕天成元年（758）《程思泰墓誌》：“惟祖惟文兮，晦迹林園。”（485/17）

按：拓本“兮”前之字作“”，《新藏》録作“文”。墓誌序文云：“祖，父基，並晦迹韜光之士也。”原刻“祖”下失其名，父諱基。上引兩句銘文應與此相關聯，故待考字當爲“父”字，只因原刻該字上部微泐，粗略看易與“文”相混淆。《新藏》所録銘文應校理爲：惟祖惟父兮，晦迹林園。如此方能取得序銘照應、上下文協調的效果。

4. 唐乾符四年（877）《王翰及夫人賈氏墓誌》：“夫人襄陵賈氏，閨儀令德，作□貞姿。”（706/6）

按：原刻“德”下兩字形有不同程度的泐蝕，難以準確辨識。《新藏》將前一字録爲“作”，後一字缺録。前者原刻字作“”，其右下無横畫，故該字並非

“作”，而形似“竹”；後者原刻作“”，下部構形與“衣”的下部相同，上部似有兩横筆，故整字當爲“表”。調查碑誌文獻，撰者常用“松”“竹”等物象映射人物品質，如唐開成元年（836）《鄭易妻盧氏墓誌》：“夫人貞姿松質，柔範蘭馨。”唐大中九年（855）《張懷清妻石氏墓誌》：“乃守貞姿於松竹，四序難侵。”碑誌有“竹表貞姿”之文例。唐開成五年（840）《李榮及妻常氏墓誌》：“玉旌温美，竹表貞姿。”由此可見，《新藏》誤録缺録的文字應爲“竹表”。唐光啓二年（886）《陳公誼妻李氏墓誌》：“夫人隴西李氏，閨儀令德，竹表貞姿。”其行文與上引誌文基本一致，可爲佐證。故《新藏》所録“作□”應校補爲“竹表”。

五、不辨隸古定字而誤

1. 武周垂拱二年（686）《宋讓墓誌》：“闃寂一隴，荒浪草樹。”（291/18）

按：拓本“隴”前之字上部泐蝕，但其主要筆畫、整字輪廓明確，並不影響判斷。去其背景，可得字形“”，此爲“丘”的常見隸古定形體。《新藏》録文作“一”，字形不合，“一隴”不辭，於文意不通，誤。丘隴，墳墓。碑誌文習見。北周建德元年（572）《步六孤須蜜多墓誌》：“摇落丘隴，荒凉封域。”唐貞觀十九年（645）《贈比干詔並祭文》：“荒凉丘隴，空負其名。”上引兩句銘文意謂寂静墳塋，長滿草樹，一片荒凉，烘托出悲悽的氣氛。《新藏》僅辨認待考字下部較粗的横畫，而忽略其上部筆畫，導致誤釋。

2. 唐長慶二年（822）《杜式方墓誌》：“不顯大師，令德冠世。”（574/29）

按：拓本“德”前之字作“”，由亼、工兩構件組成，應爲“全”字。碑刻文字常見其例。北魏正光六年（525）《元茂墓誌》之“”，東魏天平三年（536）《高盛墓碑》之“”，北齊武平五年（574）《張思伯造浮圖記》之“”，皆其比。其形成，當與隸古定有關。全，戰國文字作“”，後在下部“工”形部件的中竪上增加飾點，並演變爲短横，如包山楚簡之“”。或將中竪上端向右折，如睡虎地秦簡之“”，隸、楷書文字據此隸定，並將中竪不穿出中横，即變成“”這樣的形體。《集釋》録文作“令”。碑刻“令”確有類似字形，如北齊河清三年（564）《韓山剛造碑像記》之“”，但此僅爲偶見例，且其下部構件保留折畫，字形行草書特徵明顯，與“”近而不同。全德，道德上完美無缺。文獻多見用例，《後漢書·桓榮傳論》：“而佚廷議戚援，自居全德，意者以廉不足乎？”李賢注：“全德言無玷缺也。”北齊乾明元年（560）《高湝墓誌》：“獨悟真宰，藴兹全德。”唐大中七年（853）《高元裕墓碑》：“惟公始終，可謂全德矣。”杜

氏族人因“全德”而冠世，語義通暢。可見，待考字應釋作“全”。

六、未解典故而誤釋文字

1. 武周垂拱三年（687）《高懷義墓誌》：“揮豪多顧鵲之奇，披卷得懷㚥之學。”（299/19）

按：拓本“懷”後之字中部有一道泐痕，造成左邊構件稍顯模糊，影響辨認。《新藏》録文作“㚥”。但“懷㚥”意思費解，其判斷恐誤。據誌文之意，待考字應爲“蛟”，因泐蝕而致其構件“虫”似“土”，容易誤辨。懷蛟，爲才學卓異之典。語出《西京雜記》：“董仲舒夢蛟龍入懷，乃作《春秋繁露》詞。”其他碑誌文獻亦有用此典者。唐弘道二年（684）《鄭肅墓誌》：“覃思書帷，孕懷蛟之敏學；締情文囿，該吐鳳之宏詞。”唐聖曆二年（699）《王望之及崔氏墓誌》：“微言精義，入靈府而冰開；吐鳳懷蛟，下詞場而綺合。”上引誌文“懷蛟”與“顧鵲”對舉，贊頌高懷義書法佳妙，才學出衆。可見，《新藏》因不明用典而誤辨字形，其所録文句應校理爲：披卷得懷蛟之學。

2. 武周聖曆二年（699）《司徒臻墓誌》：“□南逐除，空此號鶴。”（333/14）

按：（1）拓本“南”前之字作“”，當爲“偩”的行草寫法。《新藏》未釋，存疑待考。“偩”同“負”，遭受。（2）拓本“空”後之字作“”，右邊構件“也”清晰，左邊似爲“氵”，則整字當爲“池”。《新藏》録文作“此”。空池，誌文當喻指幽寂荒涼之地。（3）拓本“鶴”前之字作“”，部分泐蝕，《新藏》録文作“號”，並注云：“號鶴，鳴叫的白鶴。‘鶴鳴’指賢者隱居之義，墓誌當取此意。”“號鶴”與“鶴鳴”結構和語義有别，將兩者等同起來，未免牽强。今謂待考字或爲“弔”字之訛。弔鶴，爲頌揚死者之典。語出《世説新語·賢媛》“陶公少時作魚梁吏”劉孝標注引《陶侃别傳》：“及侃丁母憂，在墓下，忽有二客來弔，不哭而退，儀服鮮異，知非常人。遣隨視之，但見雙鶴冲天而去。”碑誌有較多用例。北周建德二年（573）《宇文顯和墓誌》：“室進巢鸞，門通弔鶴。”唐武德十年（627）《封嗣道墓誌》：“無復談鷄，空餘弔鶴。”唐龍朔四年（664）《李辨墓誌》：“青田弔鶴，切迴露之哀；素軫臨啼，悽流水之咽。”

從上下文看，該誌前文云：“鴻翔之志既高，鶴版之祅遄及……哀哀原鳥，痛法庭荆。”這些記述透露誌主或因官得禍，而非善終，故銘辭云其被逐南方；“空池弔鶴”則意在表達對誌主的惋惜、悲悼和頌揚之情。上引兩句誌文應校理爲：僨南逐除，空池弔鶴。

3. 唐開元二十七年（739）《桓臣範墓誌》：“禮從窀穸，筮叶光遠。”（438/43）

按：拓本“叶”後之字本爲“先”，《新藏》録文作“光”。碑誌文確實存在“光”“先”形近訛混現象，但原刻此處就是“先”字。先遠，指葬日。典出《禮記·曲禮上》：“喪事先遠日。”孔穎達疏：“卜先從遠日而起，示不宜急，微伸孝心也。”《左傳》宣公八年：“禮，卜葬先遠日，辟不懷也。”楊伯峻注：“卜葬者，卜葬日也。先遠日者，此月下旬先卜來月下旬，不吉則卜中旬，又不吉則卜上旬，由遠日而及近日。蓋古人以爲父母既葬，其哀漸奪，非孝子之所欲，由於不得已而爲，故卜葬期先遠日，表示不急於求葬，微伸孝心耳。”筮，卜筮，誌文指選擇葬日。叶，同“協”，指和洽、相合。《易·蒙》：“初筮告，再三瀆，瀆則不告。”王弼注：“筮者，决疑之物也。”古代風俗，以龜筮占卜，决定和選擇埋葬死者的方位、地點、時間，碑誌文有較多類似表述。唐顯慶元年（656）《楊岳墓誌》：“龜筮叶從，遷厝于雍州萬年縣黄臺鄉少陵原。”同年《柳君夫人蕭嫕媄墓誌》：“龜筮叶從，龍輴就駕。”上引誌文是説選擇良辰吉日安葬逝者，葬儀符合禮制規定。

七、字形轉寫失真

1. 東魏天平四年（537）《王茂墓誌》：“故能秉鉞一麾，應機櫥覆。”（13/11）

按：拓本“覆”前一字作“𢺀”，可轉寫作“擶”，同“揃”。《龍龕手鑑·手部》：“擶，同揃。”原刻該字左邊應爲構件“扌”的變體，《新藏》録文作“櫥”，將“扌”轉寫作“木”，與原刻不符。

2. 唐大曆七年（772）《李仲珪墓誌》：“長子曰嵩，皇前進士。次子菽、崟、嶷、崘、巒、嶼、峯、岩。”（499/19）

按：原刻“崟”前之字作“𡾊”，可轉寫爲“崈”，上爲構件“山”，與誌文所列誌主其他幾個兒子之名均用從“山”之字的特徵一致。《新藏》録文作“菽”，上部構件失之。原刻“嶷”後有“嵷”字，《新藏》脱録，應補。故《新藏》録文應校理爲：長子曰嵩，皇前進士。次子崈、崟、嶷、嵷、崘、巒、嶼、峯、岩。共列誌主之子十人，與前文“生十子一女”的表述相合。

3. 唐會昌四年（844）《栗府君焦夫人墓誌》：“滄水不勉皈其盡。”（625/3）

按：拓本“勉”後之字作“𣦼”，可轉寫作“皈”，同“皈”，通作“歸”。

《新藏》轉録作“皈”，轉寫失真。

八、誤衍誤脱誌銘文字

1. 武周垂拱二年（686）《宋昉墓誌》：“去總章元十二月，卒於私第。”（293/7）

按：拓本“元”後另起一行，以“年”字開始，《新藏》録文脱。上引誌文應校補爲：去總章元年十二月，卒於私第。

2. 唐元和十二年（817）《崔頲墓誌》：“不激起生事，而以取名立跡。”（566/17）

按：原刻“事”後無“而”字，《新藏》録文誤衍，應删。

3. 唐開成二年（837）《趙運墓誌》：“公曾亮。”（609/5）

按：拓本“曾”後有“諱”字，《新藏》録文脱。原刻“曾”下當漏刻“祖”，誌文依次介紹公之曾祖、祖、父，這樣内容才完整，文意才順暢。上引録文應校補爲：公曾祖諱亮。

4. 唐咸通十一年（870）《張府君及任夫人墓誌》：“唐故張府君及夫人任氏夫人墓誌銘并序。”（675/1）

按：復覈墓誌原文，“任”前無“夫人”二字，《新藏》録文誤衍，應删。

九、失考時間、地理而誤

1. 唐調露二年（680）《申屠鍾墓誌》：“即以調露二年，歲次庚辰，四月乙巳朔，五日乙酉，合葬于潞城西北二里平原，禮也。”（276/10）

按：拓本“日”後之字作“巳”，可轉寫爲“巳”。根據寫本文字“己”“巳”“已”訛混之通例，結合干支用字，此處“巳”應爲“己”字之訛。《新藏》録文作“乙”，誤。考長曆，調露二年（680）歲次庚辰，四月朔日爲乙巳，五日應爲己酉，非“乙酉”。故誌主合葬時間應爲四月乙巳朔五日己酉。

2. 唐開元十五年（727）《賈讚詠墓誌》：“而以開元十五年，歲次丁卯，十一月己亥朔，十一日乙酉。”（384/14）

按：拓本"日"後之字作"己"，乃"己"字，《新藏》録文作"乙"，誤。考長曆，開元十五年（727）歲次丁卯，十一月朔日爲己亥，十一日應爲己酉，非"乙酉"。故誌主合葬時間應爲十一月己亥朔十一日己酉。

3. 唐元和九年（814）《劉夫人裴氏墓誌》："遷亳盧二州刺史。"（558/6）

按：原刻"亳"後之字作"廬"，其上部明顯有構件"广"，該字應爲"廬"之異體。《新藏》録文作"盧"，誤辨字形。廬州，隋开皇元年（581）改合州置，治所在合肥縣（今安徽合肥市），轄境相當今安徽合肥、巢湖、廬江、無爲、舒城、六安、霍山、金寨等市縣地。大業初改爲廬江郡。唐復爲廬州。後轄境略有縮小[①]。盧州，據史料記載，唐渤海國有置，屬中京顯德府。而渤海國與唐朝爲宗藩關係，是相對獨立的東北部少數民族政權。誌文記裴氏長子伯英以門蔭早達而遷任，因此，從政治和地理上説，伯英不可能任職盧州。故"廬"應爲"廬"字無疑。該誌後文云"嫡孫武，蜀州司馬，即廬州令子也"（558/11），"廬"《新藏》録文作"廬"，是也。

4. 唐咸通八年（867）《楊栖愈墓誌》："今號之閿鄉縣，官路之左。"（662/5）

按：拓本"今"後之字作"虢"，爲"號"之異體，唐代其他碑誌有類似字例。如武周長安三年（703）《劉齊賢墓誌》之"虢"，唐貞元十四年（798）《李皋妻崔無生忍墓誌》之"虢"。同書所收唐咸通十一年（870）《郭行脩墓誌》："其先太原人，虢叔之後。"（677/3）其"虢"作"虢"，可資比勘。閿鄉縣，古縣名。隋開皇十六年（596）置，屬陝州。治所在今河南靈寶市西北雙橋河入黄河口處東岸文底。大業三年（607）屬河南郡。唐屬虢州[②]。可見，上引誌文中的"虢"指虢州，與古代地理沿革相合。《新藏》釋待考字爲"號"，誤。

十、不辨行草書字而誤

1. 唐開耀二年（682）《趙自慎墓誌》："系項疏胄，匡周錫履。"（281/34）

按：拓本"周"前之字作"臣"，書寫略草，《新藏》録文作"匡"。雖"匡周錫履"意思能通，但實際字形完全看不出構件"王"的特徵，故"匡"字恐誤。"臣"應爲"臣"字。臣周，做周的臣子。唐代其他墓誌亦見此搭配。唐長安四年（704）《李軍妻趙氏墓誌》："朕虞佐舜，司御臣周。"唐景雲元年（710）《李渾金

①史爲樂：《中國歷史地名大辭典》，中國社會科學出版社，2005年，第1307頁。

②史爲樂：《中國歷史地名大辭典》，第2414頁。

墓誌》："指李臣周，仙宗降於魁極；祚茅師趙，世禰叶於人謀。"《墓誌續編》録待考字爲"臣"[①]，甚是。上引兩句誌文描述誌主家族之洪源峻趾，其族屬乃顓頊之後裔，周室之臣子。這樣，誌文前四句銘辭語意完整連貫，内容貼切，邏輯嚴密。

2. 唐開元十年（722）《浩君墓誌》："惟大唐開元十年，歲次壬戌，二月癸酉朔。"（378/1）

按：拓本"大"前之字作"維"，左邊應是構件"糸"之草寫，右邊爲構件"隹"，整字可轉寫作"維"，在誌文中作句首助词。類似用例如：《詩 • 小雅 • 六月》："維此六月，既成我服。"東魏興和二年（540）《李欽妻墓誌》："維大魏興和二年閏五月丁丑朔。"唐永泰二年（766）《牛敬福墓誌》："維大唐永泰二年，歲次丙午，十一月癸丑朔。"《新藏》將待考字録作"惟"，雖語法功能與"維"相同，但字形不同，應以原刻爲準。

3. 唐大曆十一年（776）《魚府君辯江墓誌》："惟彼資幹，惟天挺生。"（504/21）

按：拓本"幹"前之字作"聳"，上部書寫較草率。《新藏》録該字作"資"。但原刻字形上部並非"次"，且"資幹"與下句的"挺生"不對仗，故《新藏》"資"字之釋恐誤。諦視字形，其上部當爲"從"之草寫，則原字當爲"聳"。"聳幹"與"挺生"對舉，均有挺拔、傑出之義，行文和諧。

十一、誤以同音字録文

1. 唐天寶四年（745）《張都護墓誌》："孤寡乃矜，豪滑是糾。"（466/7）

按：拓本"豪"後之字作"猾"，《新藏》録文以同音的"滑"代之，恐誤。豪猾，强横狡猾而不守法紀之人。誌文言誌主張都護擢用爲朔州刺史後，同情關照孤儿寡母，懲治違法亂紀之人，取得下文所云"政聲猶著，惠化弘敷"之治理成效。碑誌文常見"豪猾"用例。唐開元二十一年（733）《梁璵墓誌》："豪猾以之屏息，貧窮由是獲安。"唐開元二十六年（738）《柳崇敬墓誌》："君性唯忠公，志屏豪猾。"若作"豪滑"，則詞不達意。

2. 唐貞元元年（785）《盧夫人李慎墓誌》："皆少尊女憲，寧止大家之誡。"（517/16）

①趙力光：《西安碑林博物館新藏墓誌續編》，第178頁。

按：拓本“少”後之字作“遵”，即“遵”字，《新藏》録文作“尊”，並注云：“尊，與‘遵’字同源通用。”女憲，婦女應謹守的行爲規範，與原刻“遵守”之“遵”正相搭配。《新藏》以同音的“尊”字録之，恐未妥；注語贅述“尊”“遵”之字際字詞關係，實無必要。

十二、字詞訓釋欠妥

1. 唐景雲二年（711）《衛俊墓誌》：“冠冕靈口，簪裾遞襲。”（351/8）

按：拓本“靈”後一字清晰作“紡”，《新藏》缺録。其原因，概爲其注釋所云：“字形似‘紡’，但文義費解，不能確定，存疑待考。”雖持論嚴謹，但問題依舊。我們認爲原刻實爲“紡”字，當通“芳”[①]，本指香草，引申指懿德美譽，又指賢德之人。《楚辭·離騷》：“昔三後之純粹兮，固衆芳之所在。”王逸注：“衆芳，喻羣賢。”靈，美、善。《廣雅·釋詁一》：“靈，善也。”王念孫疏證：“靈者，《多士》云：‘丕靈承帝事。’《多方》云：‘不克靈承於旅。’皆謂善也。”靈芳[②]，美名和功德，誌文喻指世代賢能衆多。其表達效果與下句“遞襲”相似。碑誌或謂“重芳”。唐天寶七年（748）《斛斯翹墓誌》：“祖宗冠冕，奕葉重芳。”上引誌文承接前文所叙，其祖、父“並譽重當時，流芳不絶”，因而冠冕代襲，簪裾相承。碑誌文有類似表述。唐貞觀二十三年（649）《賈昂墓誌》：“簪裙韡曄，冠冕蟬聯。”唐儀鳳三年（678）《周廣及妻傅氏朱氏墓誌》：“簪裾弈葉，冠蓋蟬聯。”唐天寶十五年（756）《趙留四墓誌》：“既而承宗弈世，軒冕蟬聯，昭穆相纘，簪裾不絶。”這些例子意在頌揚各家族代爲公卿，門襲冠冕，芳名相繼，綿延不絶。《新藏》缺録字可補作“芳”。

2. 唐開元八年（720）《王承懔夫人姜温墓誌》：“夜川恒閲，晨風坐驚。”（364/23）

按：原文“坐”，《新藏》注云：“坐驚，突然驚起。坐，通‘猝’，突然。”其問題有二：一是“坐”通“猝”，文獻無用例，無法驗證其可靠性。二是從意思上看，“突然驚起”與“恒閲”不甚契合。上引誌文前句指夜川不息，後句謂晨風徒驚。故“坐”應表“白白、徒然”義。兩句與緊接的“鸞移舊鏡，鶴吊新塋”相照應，表達出斯人已去，無可挽回的悲傷與無奈。

①簡帛有方、紡互通的用例，見白於藍編著《簡帛古書通假字大系》，福建人民出版社，2017年，第1013、1016頁。“芳”亦以“方”爲聲符，故“紡”“芳”符合通假條件。

②原刻“靈”或爲“重”之誤。

3. 唐貞元二十年（804）《郭府君夫人趙氏墓誌》：“飛翠落羽，華桂錧蘩。”（545/14）

按：拓本“蘩”爲“叢”之異體字。《廣韻·東韻》：“蘩，叢俗字。”《新藏》按原刻照録，不合凡例之要求，應以通行規範的“叢”字録之。原刻“錧”《新藏》徑録之，但“錧叢”何意，無説。《彙編》[①]釋作“館”，“館叢”亦費解。其實，此處“錧”應同“輨”，代指車，如輀車之類。《篇海類編·珍寶類·金部》：“錧，與輨同。”《儀禮·既夕禮》：“木錧，約綏約轡。”賈公彦疏：“其車錧常用金，喪用木，是取少聲也。”表明“車錧”或與喪葬有關，此可佐證誌文之“錧（輨）”指代喪車，此處用作動詞，表扶輨之類的意思，與“落”相對。落羽，受傷墜地的鳥。晉潘尼《東武館賦》：“遊鱗雙躍，落羽相尋。膳夫進俎，虞人獻鮮。”誌文婉指趙氏喪亡。華桂，當指賢達。兩句銘文承接前述“錦衾夜卷，蘭幄晨空”等文句，其意是説誌主趙氏不幸離世，有德行聲望之人扶輀送行。其後銘文云“笥緘鳴玉，匣委雕桐。地久天長，懽浮事徂。魂號歸來，髣髴惟燭”，更烘托出一種悲涼的氛圍。已有録文應校理爲：飛翠落羽，華桂輨叢。

十三、句讀誤施

1. 唐大曆十一年（776）《李元琮墓誌》：“贈縑布弍百端匹緇黄。軍旅感恩，號慟行路，士庶惜賢灑淚。”（508/25）

按：誌文“贈縑布弍百端匹”句意已完足，《新藏》録文未在“匹”後斷句，而贅以“緇黄”一詞，導致文句不通，文意費解。細品原文，該段話實表達兩層意思：一是介紹皇帝賵贈，二是描述各階層人士對誌主離世的哀痛之情，包括緇黄（即僧道）、軍旅、士庶等。故原文正確的斷句、標點應爲：贈縑布弍百端匹。緇黄軍旅，感恩號慟；行路士庶，惜賢灑淚。

2. 唐廣明元年（880）《楊府君宋氏夫人墓誌》：“奉舅姑孝，傳義則追。鄰理欽仰無喧。”（718/7）

按：《新藏》所録此段話語義難明，邏輯混亂，原因在於句子多處被點破。其“理”或爲“里”之誤，或通“里”。依撰者行文思路，該段話正確的斷句、標點應爲：奉舅姑，孝傳義則；追鄰理，欽仰無喧。該段話贊頌楊先望夫人宋氏守女則，行孝義，爲鄰里所欽仰。可見，如此施句讀，文句對仗，文意順暢。

---

①趙力光：《西安碑林博物館新藏墓誌彙編》，中册第605頁。

十四、正俗體前後録文不統一

1. 唐麟德二年（665）《房德墓誌》：“黑山紛糺，蔽虧日月。”（234/13）

按：拓本“糺”乃“糾”之異體。《集韻·黝韻》：“糾，或作糺。”《字彙·糸部》：“糺，同糾。”《新藏》應按凡例規定，以通行規範字“糾”録之。唐開耀二年（682）《趙自慎墓誌》“糺摘所以無虧”（281/18）之“糺”，《新藏》録作“糾”，是也。但全書應統一。

2. 唐天寶三年（744）《王元謙墓誌》：“恒式之外，賜絹百疋，以敦舊也。”（466/21）

按：誌文“疋”爲量词，用於絲織物。“匹”也有此用法。《字彙補·疋部》：“匹，匹、疋二字自漢已通用矣。”學者們一般將“疋”視爲“匹”的異體字。《廣韻·質韻》：“匹，俗作疋。”唐天寶七年（748）《王守忠墓誌》：“主上歎惜，禮贈之外，賜帛百疋。”（470/13）唐咸通三年（862）《郭騫及夫人苗氏墓誌》：“爲時輩莫之倫疋也。”（657/8）“疋”“疋”均即“疋”，《新藏》録作“匹”，符合主流學術觀點。但上引誌文中的“疋”，《新藏》照録而無説，既不合凡例之規定，又造成全書體例不一。故此處“疋”應校改作“匹”。唐大中十一年（857）《陸耽墓誌》：“帛之疋者九十萬。”（649/24）其“疋”《新藏》亦應録作“匹”。

Some Questions on the Annotations and Explanatory Notes of *The Collected Explanations of New Collection Epitaphs in Southwest University*

He Shan

Abstract: *The Collected Explanations of New Collection Epitaphs in Southwest University* catalogues 259 new epitaphs from the Northern Wei Dynasty to the Five Dynasties, most of which are published for the first time, and have outstanding research value in literature and history. The book which combined rubbings, abstracts, annotations and explanatory notes has a relatively high overall level and can be regarded as a model for the edtion of scattered epitaphs. However, there are some problems and even errors in some aspects, such as textual interpretation and research, words and historical annotations, style of writing, sentence punctuation. This paper chooses fourteen typical examples of errors in this book to proof reading, aiming at providing reference for more scientific and effective use of the material and the following collation and research of the related literature.

Key Words: New collection epitaphs in Southwest University; Interpretation and arrangement; Careless mistake; Textual research; Research on inscriptions and modern Chinese characters

（何山，西南大學漢語言文獻研究所　北碚　400715）

敦煌賦字詞校釋*

張小豔

摘　要：敦煌賦中有一些字面普通但不易理解的字詞，前人或有失校、誤録甚至歧解。本文對其中的“冤冤”“火幕”“姪慄”“凍傈”“鏤掌紅犀”“跢”“撼戰”“歌卧”等八則字詞作了較爲詳盡的校釋。

關鍵詞：敦煌文獻；賦；字詞；校釋

敦煌文獻中保存有二十餘種“賦”類作品，備受學界關注。潘重規《敦煌賦校録》、伏俊連《敦煌賦校注》、張錫厚《敦煌賦匯》先後對這類作品做過集中的校録整理①，其中以《校注》最爲全備、詳贍，被譽爲“探幽發微，佚篇薈萃”的集大成之作②。由於當時刊布的敦煌文獻多爲不清晰的黑白圖版或縮微膠卷，加之寫本字多俗訛或音借、詞多俗語等校理上的特殊困難，因而上述整理本中仍遺留有一些

* 本文爲國家社會科學基金重大招標項目“5—11世紀中國文學寫本整理、編年與綜合研究”（批准編號：16ZDA175）、上海市教委科研創新計劃資助項目“敦煌文獻通假字匯纂”（批准編號：2017-01-07-00-07-E00054）的階段性成果。寫作中得到趙鑫曄老師的寶貴意見，謹此致謝。

①潘重規：《敦煌賦校録》（簡稱《校録》），《華岡文科學報》1978年第11期，第275—303頁；伏俊連：《敦煌賦校注》（簡稱《校注》），甘肅人民出版社，1994年；張錫厚：《敦煌賦匯》（簡稱《賦匯》），江蘇古籍出版社，1996年。下文徵引此三書徑於書名簡稱後括注頁碼，特此説明。

②張錫厚：《探幽發微 佚篇薈萃——讀〈敦煌賦校注〉》，《西北師大學報》1996年第1期，第73—75頁。

疑難字詞有待進一步的校考[①]。本文即嘗試對其中的“寃寃”“火幕”“姪慄”“凍傈”“鏤掌紅犀”“踣”“撼戰”“歌卧”等八則字詞進行校釋。不妥之處，祈請讀者指正。

一、寃寃

P.2819V 王績《遊北山賦》：“天網寃寃，人生豈難。飲河知足，巢林必安。亦何榮於拾紫，亦何羡於還丹。”

按：“寃寃”，韓理洲會校五卷本《王無功文集》，據清李氏研録山房鈔本作“寛寛”，指出其他校本多作“何寛”，唐寫本（筆者按：即P.2819V）作“寃寃”，當是“寛寛”形近之誤[②]。《校注》（136）據韓氏會校本作“寛寛”，認爲“寃”是“寛”的形近訛誤，寛寛猶恢恢。《賦匯》（146）作“寛寛”，校記稱原作“寃寃”。

“寃寃”，傳世異文作“寛寛”或“何寛”，前賢校理時均毫無例外地選擇“寛寛”，以爲“寃”係“寛”之形訛。然“寛寛”叠用的表達唐代文獻極爲罕見（目力所及，僅此一例），且以“寛寛”形容天網，與賦文的遣詞用語格格不入。竊謂“寃寃”當作“宛宛”，“寃”爲“宛”之音借。“宛”可讀於袁切，與“寃”音同，文獻中二字通借頗爲經見。《説文解字 • 兔部》：“寃，屈也。”段玉裁注：“屈，不伸也。古亦叚宛爲寃。”如《楚辭 • 屈原〈九章 • 悲回風〉》：“悲回風之摇蕙兮，心寃結而内傷。”宋洪興祖《考異》：“寃，一作宛。”又玄應《一切經音義》卷四《大方便報恩經》第三卷音義“煩寃”條：“寃，亦煩也，屈也。經文作宛、惋二形，非體也。”唐義净譯《金光明最勝王

① 《校録》《校注》《賦匯》出版後，學者們又撰文對敦煌賦中新見的寫本或以往整理本中某些字詞的校注作了訂補，主要有如下論著：袁津琥：《〈敦煌賦匯〉校勘一則》，《文獻》1998年第2期，第152頁；伏俊璉：《〈敦煌賦校注〉補正》，《敦煌學》第二十二輯，1999年，第35—40頁；徐俊：《隋魏澹〈鷹賦〉校訂——敦煌文學文獻零札之一》，《文獻》2003年第2期，第36—44頁；趙紅：《〈駕幸温泉賦校注〉補校》，《敦煌研究》2003年第4期，第92—94頁；秦丙坤：《敦煌寫本〈吴都賦〉校釋》，《圖書館雜誌》2005年第2期，第73—74頁；戎輝兵：《〈敦煌賦校注 • 天地陰陽交歡大樂賦〉校釋拾遺》，《敦煌學研究》2006年第1期（創刊號），第287—296頁；付月卓：《敦煌賦補校》，南京師範大學碩士學位論文，2007年，第6—38頁；蕭旭：《敦煌賦校補》，原載《敦煌學研究》2007年第2期、2008年第1期，後收入《群書校補》第叁册，廣陵書社，2011年，第801—865頁，此據後者徵引；吴浩軍：《敦煌賦三篇注釋商訂》，《河西學院學報》2008年第1期，第27—30頁；張文冠：《敦煌俗賦校讀札記》，《敦煌學》第三十輯，2013年，第77—86頁；項楚：《敦煌本〈醜婦賦〉校注商榷》，《2013敦煌、吐魯番國際學術研討會論文集》，臺灣成功大學中國文學系，2014年，第411—416頁。

② （唐）王績著，韓理洲校點：《王無功文集五卷本會校》，上海古籍出版社，1987年，第26頁。

經》卷十捨身品："如針遍刺身，煩宛胸欲破。""宛"，《大正藏》校記稱宋、明、宮本作"惋"，元本作"冤"。P.5000《女壻張志豐祭文》："忽云告殁，悲悼難言。男女悲死（怨？），痛苦如煎。一過峻速，宛魂太偏。"上舉四例中，前二例"冤"異文作"宛"，第三例"宛"異文作"冤"，末例"宛"借作"冤"。然則二字通借，當無疑義。

詞義上，"宛宛"常用來描摹一種四面高、中間低的形狀。《詩·陳風·宛丘》："子之湯兮，宛丘之上兮。"毛傳："四方高、中央下曰宛丘。"孔穎達疏："《釋丘》云：'宛中，宛丘。'言其中央宛宛然，是爲四方高、中央下也。"《釋名·釋丘》："中央下曰宛丘。有丘宛宛如偃器也。"清馬瑞辰《毛詩傳箋通釋·陳風·宛丘》："宛之言椀，其形如仰盂然，故《釋名》謂'如偃器'。偃即仰也。(《廣雅》："偃，仰也。"《晉語》"籧篨不可使俛"，韋注："籧篨，偃人。"即仰人也。《參同契》曰："男生而伏，女偃其軀。"偃對伏言，義亦爲仰。是皆偃、仰同義之證。）既如仰器，則其形爲四方高、中央下矣。又《説文》：'宛，屈草自覆也。'屈、曲義近。焦循曰：'凡从宛之字，皆有曲義。馬屈足爲踠，貌委曲爲婉。睕爲目深，謂目上下高，中深，正與宛丘同。'"可知"宛宛"爲形容詞，指如仰盂般凹陷的形狀。如S.610《啓顔録·昏忘》："梁時有人，合家俱癡，遣其子向市買帽。謂曰：'吾聞帽擬成（盛）頭，汝爲吾買帽，必須得容頭者。'其子至市覓帽，市人以皂絁帽與之。見其叠着未開，謂無容頭之理，不顧而去。曆（歷）諸行鋪，竟日求之不獲。最後至瓦器行，見大口甕子，以其腹中宛宛，正是好容頭處，便言是帽，取而歸。""宛宛"，董志翹釋爲"低凹、凹陷"[①]，是也。又如元王惲《大都通州郭氏遷塋碑銘并序》："張華西里，其平宛宛。風水攸寧，鬱焉新仟。哀哀送終，棺衾華鮮。"清張穆《道光本遺山先生文集序》："吾家陽泉山莊，即詩所詠棲雲道院。山莊東北一里而遥，有土岡斗上，中央宛宛若盂，俗名圍窪。"此二例中"宛宛"，都形容山岡上凹陷若盂的地形。

明白"宛宛"之義後，再來看賦文中"天網冤冤，人生豈難"句，可知"冤冤"者，"宛宛"也，"天網宛宛"寫的其實是"天似穹廬，籠蓋四野"的狀貌。"穹廬"就像倒覆的椀盂，"宛宛如"也。活在如此寬緩宛曲的世間，"人生豈難"耶？

弄清了"冤冤"與"宛宛"的關係後，再來看一則與之近似的異文。唐韓愈《祭女挐女文》："我歸自南，乃臨哭汝。汝目汝面，在吾眼旁。汝心汝意，冤冤可忘？"整理者校："冤冤，一作'宛宛'。"注云："此處'冤冤'、'宛宛'，即'鬱鬱'，煩冤思念也，憂傷抑鬱也。《楚辭·哀郢》：'慘鬱鬱而不通兮，蹇侘傺而含慼。'王逸注：'鬱鬱，中心憂滿慮閉塞也。'此文'冤冤可

①舊題（隋）侯白撰，董志翹箋注：《啓顔録箋注》，中華書局，2014年，第41頁。

忘’，謂憂傷思念，無時或忘，與《楚辭 • 哀郢》略同。”[①]此例“冤冤”或作“宛宛”，校注者未作辨析取捨，皆讀爲“鬱鬱”，釋作“煩冤思念、憂傷抑鬱”，不妥。例中“冤冤”亦當讀爲“宛宛”，指“清晰可見”，句言女兒的面容、心意皆歷歷在目，清晰可見，豈能忘懷？如此淒婉動人的畫面，注者以“憂傷思念，無時或忘”解之，得其理而失其情韻矣！由此可見，古代文獻中“宛宛”與“冤冤”關係密切，二者音近義通，整理相關文獻時，須格外留意。

二、火幕

P.2976劉瑕《温泉賦》：“然後雨師潑地，風伯行吹；紅旗掞天，火幕填烟。”

按：《校注》（194）云：火幕，所指不詳，疑爲紅旗類之儀仗。填烟，疑當作“填咽”，布滿之意。後伏氏修正舊説，認爲“火幕”當是紅色車蓋，極寫天子駕幸，文武百官侍從烜赫的聲勢。據《舊唐書 • 輿服志》，王公以下，親王及武職一品，自餘及二品、三品、四品、五品，“諸輅皆朱質朱蓋、朱旂旜”，賦中“紅旗掞天，火幕填烟”中的“紅旗”即朱旂旜，“火幕”即朱蓋，言侍從所乘之車騎遍滿[②]。

伏説有一定的道理，但文獻中似未見“火幕”指“朱蓋”的其他用例。從“火幕”在文獻中的使用看，它主要指一火軍士所備的帳幕[③]。唐李筌《太白陰經》卷六《陣圖 • 握騎外壘》：“一軍一萬二千五百人，以十人爲一火，一千二百五十火。幕亦如之。幕長一丈六尺，舍十人。”十人一火，一幕舍十人，恰好一火舍一幕，故稱“火幕”。唐顏師古《匡謬正俗》卷六“什器”條：“軍法：五人爲伍，二五爲什，一什之内，共有器物若干，皆是人之所須，不可造次而廢者，或稱‘什物’。猶今軍行戍役工匠之屬，十人爲火，一火内共畜器物謂之火幕調度耳。”《唐律疏議》卷十六《擅興》：“不憂軍事者，杖一百。（謂臨軍征討，闕乏細小之物。）”疏議曰：“謂隨身七事及火幕、行具細小之物，臨軍征討，有所闕乏，一

①（唐）韓愈撰，劉真倫、岳珍校注：《韓愈文集彙校箋注》，中華書局，2010年，第1505—1513頁。

②伏俊璉：《〈敦煌賦校注〉補正》，第35—36頁。

③王啓濤：《吐魯番出土文獻詞典》（巴蜀書社，2012年，第471頁）“火幕”條釋爲：“即火内的幕布等所有軍需物資，火幕就是每火具備的烏布幕。”近是。顏師古《匡謬正俗》稱“一火内共畜器物謂之火幕調度耳”，“火幕調度”指火幕及一火之内共畜的其他器物，“調度”泛指用具、器物（參見李維琦《佛經詞語匯釋》，湖南師範大學出版社，2004年，第78—81頁）。《唐律疏議》謂“隨身七事及火幕、行具細小之物”，也將“火幕”與行具細小之物並稱，兩書都明確地將“火幕”與其他物資分別指稱，説明“火幕”主要指每火所具的烏布幕，並不包含“所有軍需物資”。

事不充，即杖一百。”《太平廣記》卷一二四“韋處士”條（出《北夢瑣言》）：“（韋）承臯嘗謂之曰：‘某頃軍中與行真同火幕，遇一韋處士，授以作金術。’”又卷二六二“楊錚”條（出《王氏見聞》）：“（錚）裝修卷軸，投謁王侯門，到者無不逢迎。雄藩火幕，争馳車馬迎之。”《新唐書·兵志》：“十人爲火，火有長。火備六馱馬。凡火具烏布幕、鐵馬盂、布槽、鍤、钁、鑿、碓、筐、斧、鉗、鋸皆一，甲牀二，鎌二。”《資治通鑑·隋煬帝大業八年》：“（宇文）述等兵自瀘河、懷遠二鎮，人馬皆給百日糧，又給排甲、槍矟并衣資、戎具、火幕，人别三石已上，重莫能勝致。下令軍中：‘士卒有遺棄米粟者斬！’軍士皆於幕下掘坑埋之，纔行及中路，糧已將盡。”皆其例。

明白“火幕”的含義後，再來看“紅旗掞天，火幕填烟（咽）”句的意思。趙紅指出“掞”有“舒展”義，“掞天”即“鋪天”[①]，故整句所寫爲：帝王儀仗的旗幟遮蔽天空，隨行軍士的帳幕布滿地面，形容天子儀仗侍從之盛。

三、姪慄 凍傈

P.2633劉長卿《酒賦》：“户外多應姪㮚寒，延（筵）中不若（弱）三春日。”

按：“姪㮚”，異本P.2555作“姪渟”，P.2544作“凍傈”，S.2049作“凍溧”。《校録》（291、294）作“凍溧”，校記稱後字他本作“傈”“塛”“漂”者當爲“溧”之誤字。柴劍虹録作“侄漂”[②]，任半塘録作“凍慄寒”，稱别本作“凍僄寒”“姪慄寒”“姪漂寒”均不甚通；龍晦校作“姪慄寒”，意亦嫌晦[③]。《校注》（213、239）作“侄溧”，疑爲疊韻聯綿詞，復疑“侄溧”爲“栗烈”之音變，並指出《素問·風論》中的“怢慄”與“侄溧”應是一個詞。《賦匯》（202、222）作“值慄寒”，認爲“姪”“值”同音假借，故校“姪”作“值”。項楚認爲“凍慄寒”不順口，當以“姪慄寒”與“姪漂寒”作校訂基礎，“漂”爲“慄”字形誤，“姪”爲“極”字形誤，蓋“極”字右邊的“亟”，和“姪”字右邊的“至”，草書形極似，兩字遂易相混，此三字當作“極慄寒”[④]。徐俊録校作“姪溧（凍慄）寒”[⑤]。付月卓認爲“凍僄”爲“凍慄”之誤，“凍慄”即“凍

①趙紅：《〈駕幸温泉賦〉補校》，第92—93頁。
②柴劍虹：《敦煌唐人詩文選集殘卷（伯2555）補録》，《文學遺産》1983年第4期，第151頁。
③任半塘：《敦煌歌辭總編》，上海古籍出版社，1987年，第1781頁。
④項楚：《敦煌歌辭總編匡補》，巴蜀書社，2000年，第247頁。
⑤徐俊：《敦煌詩集殘卷輯考》，中華書局，2000年，第732頁。

溧”，爲溧烈、寒冷之意；“姪”爲“凍”之誤，“慓”“僄”爲“慄”之形近誤字，“溧”爲“慄”之音借；“凍慄”典籍習見，“侄溧”費解[①]。蕭旭指出，姪讀爲恎，《廣雅》：“恎，懼也。”“凍”讀爲恫，亦恐懼義；溧、慄應讀爲凓，《説文》：“凓，寒也。”“溧寒”同義連文；僄、漂爲形誤字[②]。

前賢對各本異文的選擇與校正，衆説紛紜，莫衷一是。其實，四卷異文，應源自兩種不同的傳本系統，一作“姪塛”“姪漂”，一作“凍僄”“凍僄”。前組中，“塛”爲“塛”的手寫，“塛”又當是“慄”的形訛（手書“土”與“忄”形近易訛）；“漂”爲“漂”的手寫訛變，其形當由“塛”訛寫而來，亦“慄”之形訛，故“姪塛”“姪漂”當作“姪慄”。後組中，“僄”“僄”皆“僄”的手寫，“僄”又爲“傈”之形訛，“傈”通“慄”，“凍傈”即“凍慄”。“姪慄”“凍慄”都用來修飾“寒”，説明“寒”的程度或狀貌。

确如付月卓所言，“凍慄”典籍習見，但“凍慄”並不同於“凍溧”，二者在用字、構詞、表義、出現時間、使用頻率等方面都各不相同。“凍溧”爲近義連用，指冷凍、溧烈，謂異常寒冷，文獻中出現較晚。如明鄒元標《願學集》卷五上《明新書院記》：“有人於此身苦凍溧，望火室止足焉。雖寒有濟，然所止既去，寒溧依然。”例中“凍溧”即“寒溧”。又如清徐鼒《小腆紀年附考》卷十七：“時天氣嚴寒，（提督楊）名高謂諸將曰：‘海賊赤脚，可乘凍溧擊之。’”“凍溧”與前文“嚴寒”義近。而“凍慄”爲動補式，指冷得發抖，“慄”謂戰慄，《廣雅・釋言》：“慄，戰也。”如《黄帝内經素問》卷九《逆調論》：“帝曰：人有身寒，湯火不能熱，厚衣不能温，然不凍慄，是爲何病？”宋陳旉《農書》卷中《牛説》：“彼稾秸不足以充其飢，水漿不足以禦其渴，天寒嚴凝而凍慄之，天時酷暑而曬暴之。”宋鄭剛中《北山集》卷二七《擬墓表係省記》：“遇大寒，獨處一室，竊竊誦書。夫人往窺之，多見其單露凍慄，問衣之所在，則曰‘解付某人矣’，率以爲常。”宋徐夢莘《三朝北盟會編》卷六五：“然矢石交下，將士負盾而立，不寐達旦。加以天寒大雪，平地深數尺，凍慄墮指。”皆其例。

那麼，“姪慄”罕見，“意亦嫌晦”，是否就講不通，而必須校作“值”“極”或“恎”呢？

從讀音看，《廣韻》“姪”音直一切，爲澄紐質韻；“慄”讀力質切，屬來紐質韻，二字韻同，正如伏氏所言，“姪慄”爲叠韻聯綿詞，它與“怢慄”應是一個詞。“姪”可换旁作“妷”，《玉篇・女部》：“妷……亦音帙，與姪同。”“怢”單用時讀他骨切（tū），指忽視、忽忘，爲“㤸”的異體。《玉篇・心部》：“㤸，他對、他没二切，肆也，忘也，忽也。怢、𢙺，並同上。”當它與“慄”連言時，

①付月卓：《敦煌賦補校》，第13頁。

②蕭旭：《敦煌賦校補》，第821、878頁。

“怢”可能原作“失”，因與“慄”連用而類化增旁；亦可能本爲“帙”，因手寫形訛（“巾”“忄”二旁手寫形近易訛）而作“怢”。“失”“帙”皆爲質韻，如此方可與“慄”連言爲叠韻詞。若原作“帙”，“帙”“姪”音同，“姪慄”與“怢慄”很可能爲同詞異寫，二者僅前字的寫法不同。因此，就讀音而言，“姪慄”“怢慄”當是一個詞。

詞義上，“怢慄”可指戰慄、發抖，如《黄帝内經素問》卷十二《風論》：“風者，善行而數變……其寒也，則衰食飲；其熱也，則消肌肉，故使人怢慄而不能食，名曰寒熱。”唐王冰注：“怢慄，卒振寒貌。”“卒振寒貌”言身體因受寒而突然振動[1]。又《普濟方》卷一〇三“諸風門”：“甘草湯出《聖濟總録》，治中風、發熱、惡寒、身體疼痛、怢慄、煩躁。”是其例。聯綿詞字無定形，“怢慄”又作“佶栗”“佶傈”（“佶”《廣韻》音巨乙切，羣紐質韻，與“姪”“怢”“慄”“栗”“傈”韻同）。如唐李商隱《驕兒詩》：“豪鷹毛崱屴，猛馬氣佶傈。”唐温庭筠《郭處士擊甌歌》：“佶栗金虬石潭古，勺陂瀲灩幽脩語。”元顧瑛編《草堂雅集》卷六張翥《紫檀篳篥曲贈善吹者任子中》：“當頭獨發調最高，響來直在青雲裏。頓令陽春變秋色，佶栗吴霜飛繞指。”唐陸龜蒙《奉和襲美太湖詩二十首》之一《初入太湖》：“耳目駭鴻濛，精神寒佶栗。”同作者《吴俞兒舞歌·劍俞》：“龍魂清，虎尾白，秋照海心同一色。纛影吒沙干影側，神豪髮直。四睨之人股佶栗，欲定不定定不得。”前二例中“佶傈”“佶栗”形容馬、龍聳動貌。後三例中“佶栗”指戰慄、抖動貌，前例寫吹篳篥者竭力吹出高調而使身體顫動、頭髮（“吴霜”喻白髮）飛揚；第二例中“寒佶栗”亦用“佶栗”形容“寒”的程度，言太湖鴻濛的氣象令詩人心駭神寒而發抖，與上揭賦文中以“姪慄寒”形容凝冬户外冷得令人發抖一樣，都因寒而慄，可知“佶栗”“姪慄”義同；第三例中“股佶栗”謂大腿打顫。不難看出，“姪慄”“怢慄”“佶傈”“佶栗”應爲同一聯綿詞的不同書寫形式[2]，表戰慄、抖動。

值得注意的是，“姪慄”“怢慄”“佶傈”“佶栗”這組叠韻聯綿詞中，其詞義主要由“慄/傈/栗”來承擔。三字中，“慄、傈”皆“栗”的後起分化字。“栗”本指栗樹，《説文·木部》：“栗，木也。从木，其實下垂，故从卤。”因栗樹木質緊緻細密，“栗”又可用爲形容詞，表“堅實”，如《禮記·聘義》：“夫昔者君子比德於玉焉：温潤而澤，仁也；縝密以栗，知也……”鄭玄注：“栗，堅

①“怢慄”，《漢語大詞典》釋爲“突然怕冷發抖”，並將“怢慄”歸在“怢1”（tū）下，或因“怢”有“忽”義。然所謂“忽”實指“忽略，忘却”，與“突然”義無涉；且“怢慄”爲叠韻詞，其中“怢”並非“突然”義。《漢語大詞典》有關“怢慄”的釋義、注音恐有不妥。參羅竹風主編《漢語大詞典》第7册，漢語大詞典出版社，1991年，第480頁。

②據邵荣芬先生的擬音，“姪”“怢←失/帙”“佶”“栗/慄”的中古音分別爲：“ȡiet”“ɕjet/ȡiet”“kjet”“ljet”，諸字除聲紐、韻頭有别外，主要元音和韻尾完全相同。

貌。”以其堅緻，“栗”又可指“謹敬”，如《書・舜典》：“帝曰：夔！命汝典樂，教胄子，直而温，寬而栗。”孔安國注：“教之正直而温和，寬弘而能莊栗。”孔穎達疏：“謂矜莊嚴栗，栗者，謹敬也。”使人“謹敬”者自然也讓人生畏，故“栗”又可引申指“畏懼”，如《大戴禮記・曾子立事》：“居上位而不淫，臨事而栗者，鮮不濟矣。”阮元注：“栗，懼也。”内心的恐懼，表現於外在，便是“瑟縮、發抖”，由此“栗”遂有了“顫抖”義，如《論語・八佾》：“哀公問社於宰我。宰我對曰：‘夏后氏以松，殷人以柏，周人以栗。曰使民戰栗也。’”梁皇侃義疏：“言周人所以用栗，謂種栗而欲使民戰栗故也。”“使民戰栗”其實是讓老百姓産生敬畏之心，因其義與“心”有關，遂在“栗”的基礎上增“忄”旁作“慄”來專表此義。由此看來，“栗”表“戰慄”，實由其本義逐步虚化引申而得，而“慄”指“戰慄”，則因其爲“栗”之後起分化字[①]。“傈”指古代廟堂供奉的神主，因用栗木製作，故稱“栗”，其字本用“栗”，後涉義增旁作“傈”。《玉篇・人部》：“傈，力質切，廟主也。本作栗。”故“傈”亦“栗”的後起分化字。“慄”“傈”表戰慄，實皆源自“栗”。

在“姪慄”“佚慄”“佶傈”“佶栗”這組詞中，前字“姪、佚、佶”既不表意，那它們怎麽來的呢？這牽涉漢語單音詞雙音化的另一種構詞方式，即音變構詞，指某些單音詞通過叠韻變聲形成雙音詞的過程。如“姪慄”即由“慄”向前叠加一個與之韻同紐異的“姪”而得，其中“姪”僅標音，無實意，是一個羨餘音節。正因爲如此，其用字較爲紛繁，如“姪慄”組詞的前字即有“姪/佚/佶”三種寫法。

綜上所述，《酒賦》中的“姪慄寒”與“凍傈寒”用語雖别，而表義相同，均指凝冬户外嚴寒，並形象地傳達了“冷”的程度——令人戰慄、發抖。

四、鏤掌紅犀

P.2539白行簡《天地陰陽交歡大樂賦》：“薰香則彫檀素象，插梳則鏤掌紅犀。”

按《校注》（272）云：“插梳：又稱插櫛，婦女插入髮中的櫛梳，裝飾品。鏤掌紅犀：不詳。疑指用犀角雕刻而成的有紅色圖案的髮梳。”

①現行不少大型工具書，論及“栗”之“瑟縮、發抖”義時，多認爲是由“慄”通假而來，如《漢語大字典》（第二版，四川辭書出版社、崇文書局，2010年，第1281頁）“栗”的義項⑦：“通‘慄’。因恐懼或寒冷而發抖。”《漢語大詞典》（第1册，漢語大詞典出版社，1989年，第964頁）“栗”的義項⑦：“通‘慄’。哆嗦，發抖。”可謂本末倒置。故此不憚煩瑣，具引文獻辭例，詳述“栗”的詞義引申脉絡，借以釐清“栗”與“慄”的字際關係。

“插梳”釋義近是，“鏤掌紅犀”之疑釋，則不可信。“插梳則鏤掌紅犀”，言插梳的梳背乃用紅色犀角雕飾而成。“掌”指梳掌，即插梳的梳背。如北魏賈思勰《齊民要術》卷四《柰林檎》“作柰麨法”：“瀉去汁，置布於上，以灰飲汁，如作米粉法。汁盡，刀劚大如梳掌，於日中曝乾，研作末，便成。”石聲漢注：“梳上有許多齒，像手指，梳背像手掌，所以叫‘梳掌’。”[①]唐白居易《和夢遊春詩一百韻》：“裙腰銀線壓，梳掌金筐蹙。”唐段公路《北户録》卷一通犀：“今廣州有善理犀者，能補白犀。補時以鐵夾夾定，藥水煮而拍之，膠爲一體。製梳掌，多作禽魚，隨意匠物。論其妙，至於鑄玉者方之蔑如也。”以犀角製成的插梳，稱“犀梳”（參圖1）[②]。如唐唐彦謙《無題》之二：“醉倚闌干花下月，犀梳斜軃鬢雲邊。”前蜀李珣《南鄉子》詞之九：“攏雲髻，背犀梳，焦紅衫映緑羅裾。”梳掌上可雕製各種紋飾，如唐陳陶《西川座上聽金五雲唱歌》：“低叢小鬢膩鬖髿，碧牙鏤掌山參差。”應是在碧緑的象牙梳掌上鏤刻起伏的山峰。由此可知，“鏤掌紅犀”是説紅犀梳掌上雕有別緻的紋飾。

圖1：插在鬢前的犀梳（唐人佚名《搗練圖》局部）

五、跢

P.3716V 趙洽《醜婦賦》：“結束則前褰後跢，披掩則藏頭出脣。”

按：“跢”，S.5752同。《校注》（320）云：結束，裝束打扮。褰，揭衣。跢（dài），《方言》“跌，蹶也”郭璞注：“偃地也，江東言跢。”《玉篇》：“跢，

①（北魏）賈思勰著，石聲漢校釋：《齊民要術今釋》，中華書局，2009年，第375—376頁。

②此圖引自孟暉《花間十六聲》，生活 • 讀書 • 新知三聯書店，2006年，第244頁。

倒也。”前褰後跢，謂裝束時提起前面的，後面的就掉了下去，邋遢不堪也。披掩，謂包上頭巾。“脣”疑爲“齒”字之誤。“藏頭出齒”寫醜女青面獠牙之狀，作“脣”既意不工，又不叶韻。蕭旭疑“跢”讀爲“移”，實爲迻；句言扯了前面的，移動了後面的[1]。項楚指出，伏注疑“脣”爲“齒”字之誤，並不恰當；原文“結束則前褰後跢，披掩則藏頭出脣”，“結束”“披掩”皆指衣裝穿着而言，並非形容容貌；疑“脣”是“尾”字之誤；“藏頭出尾”正是形容穿着之“前褰後跢”、顧此失彼[2]。

經過前輩學者的校讀，整句話的意思已大抵明了。唯“跢”究竟當如何解讀，仍有待進一步探討。句中“跢”與“褰”對舉，“褰”謂揭衣，向上翹舉，過短；那麽，與之相反的“跢”，則應指向下拖地，過長。竊疑“跢”當爲“嚲”的音借字，指垂嚲。讀音上，“跢”《廣韻》又音丁佐切，爲端紐箇韻；“嚲”讀丁可切，屬端紐哿韻，二字紐同韻近（僅調有去、上之異），可得通借。詞義上，“嚲”可指下垂，S.2071《切韻箋注·哿韻》：“嚲，垂皃。”P.3201V《王錫上吐蕃贊普書》：“若隨軍旅，犯封境，作威作福，乍寒乍暑，臣必緘其口而不能言，嚲其舌而不能舉。”隋闍那崛多譯《佛本行集經》卷四一：“其迦拘婆此樹已前枝不垂下，今日何緣如是嚲垂？不知何緣忽然如此？”宋張商英述《續清凉傳》卷上：“於是南北兩燈，黄光白焰，前昂後嚲，騰空至前。”將上舉例中的“嚲其舌而不能舉”“前昂後嚲”與“前褰後跢”比勘，適可互證。是知“跢”當讀同“嚲”，謂下垂。“結束則前褰後跢，披掩則藏頭出脣（尾）”，所寫即醜婦穿着時前高翹後垂嚲、顧此失彼的樣子。

六、撼戰

P.3716V 趙洽《醜婦賦》：“聞人行兮撼戰，見容（客）過兮自捶。”

按：《校注》（322）云：撼戰，挑起事物。此解恐未確。“撼”典籍多指摇動，《廣雅·釋詁一》：“撼，動也。”王念孫疏證：“《説文》：‘㩃，摇也。’㩃，與撼同。司馬相如《長門賦》云‘擠玉户以撼金鋪兮’，撼之言感也。《召南·野有死麕》篇‘無感我帨兮’，毛傳云：‘感，動也。’《釋文》：‘感如字。又胡坎反。’是感、撼同聲同義。”如唐韓愈《調張籍》：“蚍蜉撼大樹，可笑不自量。”P.2187《破魔變》：“披其（簸旗）弄於山川，呼吸吐其雲霧。摇動日

①蕭旭：《敦煌賦校補》，第838頁。
②項楚：《敦煌本〈醜婦賦〉校注商榷》，第413頁。

月，震撼乾坤。”P.2594《白雀歌》：“金鞍山上白犛牛，擺撼霜毛始舉頭。”後二例中“震撼”“擺撼”爲同義複詞。“戰”亦可指搖晃、顫動。如三國吴支謙譯《菩薩本緣經》卷下：“爾時，龍王既被剥已，遍體血出，苦痛難忍，舉身戰動，不能自持。”P.2324《難陀出家緣起》：“怕怖莫知爲計，魂飛膽戰心堆（摧）。”前例“戰動”爲同義連用，後例“戰”“堆（摧）”相對，亦指顫抖。“撼戰”連言，爲同義複詞，指搖動、顫抖。如P.2187《破魔变》：“我佛現其定力，外道波旬無門怯懼，大者霧中覓走，少（小）者雲中撼戰。”《古尊宿語録》卷二四洪諲禪師語録“應機揀辨”：“問：‘覺花未發時，如何辨其真實？’師云：‘冬寒夏熱。’又云：‘天寒打撼戰。’”宋张端義《贵耳集》卷下：“端平四年，敵圍城，炮聲震天，鐵佛爲之撼戰。”“撼戰”又作“撼顫”，如P.4976《兒郎偉》：“諸幼郎君英傑，彎狐（弧）百獸驚忙；六蕃聞名撼顫，八蠻畏若秋霜。”是其例。

從獲義之由來説，“撼戰”的“戰”從戈，本指戰鬥；其表“晃動、顫抖”義，當用爲“顫”的音借字。“顫”本指頭動不停，後泛指搖動。《説文・頁部》：“顫，頭不正也。”清朱駿聲釋爲“頭搖動不定也”。《玉篇・頁部》：“顫……又顫動也。”《淮南子・説山》：“故寒顫，懼者亦顫，此同名而異實。”《説文・疒部》：“疚，顫也。从疒，又聲。”段玉裁注：“與頁部頄、疣音義同。”並於“頄”下注：“其字從頁、又聲，今本《説文》作頄、尤聲，非古也……《通俗文》曰：‘四支寒動謂之顫頄。’”唐玄應《音義》卷十五《僧祇律》第二十一卷音義“疚頭”條：“古文訧、疚、頄三形，今作疣，同。有霤反。《説文》：‘頄，顫也。’謂顫掉不正也。顫又作戰。”是其證。

七、歌卧

P.2555V《月賦》：“自憐遘疾獨歌卧，耳聞寒蟬心欲破。歲時悤向愁處抛，風月偷從病中過。城下擣衣聲徹天，百憂從此更相煎。”

按：《校注》（337、339）録校作“歌（歇）”，云“歌，疑爲‘歇’之形誤”。蕭旭認爲“歌字不誤”，引宋陸遊《小葺村居》“且當復其初，浩歌卧環堵”爲證[①]。伏氏疑“歌”爲“歇”之形誤，二字形雖近，但仍有一定距離。蕭氏引陸遊“浩歌卧環堵”證明“歌”字不誤，然引證詩句與賦文不論内容還是情境都不具有可比性。陸詩以“浩歌”點出“卧環堵”時内心難以掩飾的歡欣和喜悦；

①蕭旭：《敦煌賦校補》，第839頁。

《月賦》所寫則是一位深秋遇疾、獨卧難眠、聞蟬心碎、百憂相煎的病者，此情此境的他，恐怕很難“歌卧”。這或許正是伏氏疑“歌”爲“歇”字形誤的原因。

竊謂“歌”爲“攲”之形訛。二字形近，易於致誤，且古籍中即有兩字形訛之例。《元好問全集》卷三四《鷓鴣天》十五：“愁易積，夢頻驚，閑衾歌枕覺霜清。”“歌枕”，校記稱《全金元詞》作“攲卧”①。“攲”同“攲”，異文作“歌”，“歌”顯爲“攲”之形訛。“攲卧”爲詞，文獻習見。如北周庾信《枯樹賦》：“橫洞口而攲卧，頓山腰而半折。”宋王讜《唐語林》卷五：“時楊素家紅拂妓張氏奔李靖，將歸太原……張氏以髮長垂地，立梳牀前，靖方刷馬，忽虬鬚客乘驢而來，投革囊於爐前，取枕攲卧，看張氏梳頭。”句中“攲”同“攲”。又宋陳與義《春日二首》之二：“萬事一身雙鬢髮，竹床攲卧數窗櫺。”皆其例。故上揭《月賦》中的“歌卧”當校作“攲卧”，指側躺、斜卧。

Interpretation of Some Difficult Words in Dunhuang Fu

Zhang Xiaoyan

Abstract: It is generally noted that some words in Dunhuang Fu(賦) may have not been collated, even inaccurately transcribed or irrelevantly interpreted. This paper aims to offer a detailed explanation on the following eight words: *yuānyuān*(冤冤), *huǒmù*(火幕), *zhílì*(姪慄), *dònglì*(凍傈), *lòuzhǎnghóngxī*(鏤掌紅犀), *duò*(跢), *hànzhàn*(撼戰), *gēwò*(歌卧).

Key Words: Dunhuang manuscripts; Fu; Difficult words; Collation and annotation

（張小豔，復旦大學出土文獻與古文字研究中心　上海　200433）

①姚奠中主編：《元好問全集》，三晉出版社，2013年，第869頁。

圖書在版編目（CIP）數據

出土文獻綜合研究集刊. 第十一輯/西南大學出土文獻綜合研究中心、西南大學漢語言文獻研究所主辦. —成都：巴蜀書社，2020.6

ISBN 978-7-5531-1353-1

Ⅰ.①出… Ⅱ.①西…②西… Ⅲ.①出土文物－文獻－研究－中國－叢刊 Ⅳ.①K877.04-55

中國版本圖書館CIP數據核字(2020)第163466號

出土文獻綜合研究集刊（第十一輯） 西南大學出土文獻綜合研究中心 西南大學漢語言文獻研究所 主辦

CHUTU WENXIAN ZONGHE YANJIU JIKAN

責任編輯	周昱岐
封面設計	冀帥吉
出　　版	巴蜀書社
	成都市槐樹街2號　郵編 610031
	總編室電話 （028）86259397
網　　址	www.bsbook.com
發　　行	巴蜀書社
	發行科電話 （028）86259422　86259423
經　　銷	新華書店
印　　刷	成都蜀通印務有限責任公司
	電話 （028）64715762
版　　次	2020年6月第1版
印　　次	2020年6月第1次印刷
成品尺寸	260mmx185mm
印　　張	11.25
字　　數	220千
書　　號	ISBN 978-7-5531-1353-1
定　　價	70.00圓

本書如有印裝質量問題，請與本社發行科聯繫調换